Die stille Gesellschaft in der Insolvenz

Schriften zum Wirtschafts- und Medienrecht, Steuerrecht und Zivilprozeßrecht

Herausgegeben von Jürgen Costede
und Gerald Spindler

Band 27

PETER LANG
Frankfurt am Main · Berlin · Bern · Bruxelles · New York · Oxford · Wien

Lena Katharina
Landsmann

Die stille Gesellschaft
in der Insolvenz

PETER LANG
Europäischer Verlag der Wissenschaften

Bibliografische Information der Deutschen Nationalbibliothek
Die Deutsche Nationalbibliothek verzeichnet diese Publikation in der Deutschen Nationalbibliografie; detaillierte bibliografische Daten sind im Internet über <http://www.d-nb.de> abrufbar.

Zugl.: Hamburg, Univ., Diss., 2006

D 18
ISSN 1614-2071
ISBN-10: 3-631-56323-X
ISBN-13: 978-3-631-56323-6

www.peterlang.de

MEINER MUTTER

Vorwort

Die vorliegende Arbeit wurde im Jahre 2006 von Fakultät für Rechtswissenschaften der Universität Hamburg als Dissertation angenommen. Rechtsprechung und Literatur sind bis zum Herbst 2006 berücksichtigt.

Mein Dank gilt Herrn Professor Dr. *Heribert Hirte*, LL.M. (Berkeley), der diese Arbeit betreut und begleitet hat. Herrn Professor Dr. *Reinhard Bork* danke ich für die Übernahme und die zügige Erstellung des Zweitgutachtens.

Den größten Dank aber schulde ich meiner Familie, ohne deren Verständnis und Unterstützung diese Arbeit nicht zustande gekommen wäre.

Hamburg, im November 2006 *Lena Katharina Landsmann*

Inhaltsverzeichnis

A. Einleitung

I. Einführung

Der Begriff der stillen Gesellschaft ist im Handelsgesetzbuch (HGB) gesetzlich nicht definiert.[1] Aus den §§ 230 ff. HGB ist jedoch eine Wesensbeschreibung zu entnehmen, wonach sich ein stiller Gesellschafter an dem Handelsgewerbe eines anderen dergestalt beteiligt, dass seine Einlage in das Vermögen des Inhabers des Handelsgeschäfts übergeht. Nur dieser wird aus den im Betrieb geschlossenen Geschäften berechtigt und verpflichtet. Daraus ergibt sich, dass die stille Gesellschaft eine Gesellschaftsform ohne Rechtspersönlichkeit ist, eine reine Innengesellschaft, die eigenes Gesellschaftsvermögen nicht bildet. Insoweit gilt es, im Hinblick auf den Titel der vorliegenden Arbeit Missverständnisse zu vermeiden: Nicht die Insolvenz der stillen Gesellschaft als solcher bildet den Gegenstand der Untersuchung, denn diese ist mangels eigenen Gesellschaftsvermögens nicht insolvenzfähig. Denkbar ist allein die Insolvenz eines an der stillen Gesellschaft beteiligten Gesellschafters. Ihre Auswirkungen auf die im Rahmen der stillen Gesellschaft bestehenden Rechtsverhältnisse sollen im Einzelnen beleuchtet werden.

Charakteristisch für die stille Gesellschaft ist dabei insbesondere die Tatsache, dass sich die Rechtsbeziehungen zwischen den Gesellschaftern in ihren wesentlichen Gesichtspunkten auf schuldrechtliche Ansprüche beschränken. In ihrer gesetzestypischen Ausgestaltung ist die stille Gesellschaft daher, obwohl anerkanntermaßen echte Gesellschaft im Sinne der §§ 705 ff. BGB, in vielerlei Hinsicht einem Darlehensverhältnis angenähert. Jedoch sind die gesetzlichen Regelungen in weiten Teilen dispositiv, der Gestaltungsfreiheit der Parteien sind nur wenige Grenzen gesetzt. Es sind mithin vertragliche Ausgestaltungen der stillen Gesellschaft denkbar, die mit der gesetzestypischen Erscheinungsform wenig gemein haben, was naturgemäß nicht ohne Auswirkung auf die Rechtsverhältnisse der Gesellschafter untereinander bleiben kann. Nicht zuletzt deswegen ist der Rechtscharakter der stillen Gesellschaft mit seinen Auswirkungen auf die stille Einlage noch immer umstritten. Gerade in der Insolvenz zeigt sich hier sehr deutlich, dass es ein einheitliches Recht der stillen Gesellschaft nicht gibt und in sachgerechter Weise wegen der starken Ausdifferenzierung auch nicht geben kann. Unter Berücksichtigung der denk-

---

[1] Anders noch im ADHGB von 1861, dort hieß es in Art. 250 Abs. 1: „Eine stille Gesellschaft ist vorhanden, wenn sich Jemand an dem Betriebe des Handelsgewerbes eines Anderen mit einer Vermögenseinlage gegen Anteil an Gewinn und Verlust beteiligt.“.

baren und praxisüblichen Besonderheiten zur wissenschaftlichen Klärung beizutragen, ist Anliegen dieser Arbeit.

II. Historische Entwicklung

Die historischen Grundlagen der stillen Gesellschaft reichen bis in das 12. Jahrhundert zurück. Das kanonische Recht verbot zu dieser Zeit den Einsatz von Darlehenskapital zur Gewinnerzielung in Form von Zinsen. Als Alternative bildete sich ein Rechtsverhältnis heraus, im Zuge dessen einem Kaufmann von einer anderen Person Kapital in Form von Geld oder Waren zur Verfügung gestellt wurde, damit der Kaufmann unter Einsatz dieser Güter Handelsgeschäfte zum gemeinsamen Nutzen abschließe. Während der Kaufmann, der regelmäßig nur seine Arbeitskraft zur Verfügung stellte, mit seinem gesamten Vermögen für Verluste einzustehen hatte, haftete der andere Teil lediglich mit dem eingesetzten Kapital. Mit der Hinwendung zu einer längerfristigen Verbindung entwickelte sich diese Form gemeinschaftlichen Handelns zum Vorläufer sowohl der Kommanditgesellschaft als auch der stillen Gesellschaft.

Die rechtliche Trennung von stiller Gesellschaft einerseits und Kommanditgesellschaft andererseits war mithin nicht immer selbstverständlich und erfolgte erst spät. Noch in der ersten Lesung zum Allgemeinen Deutschen Handelsgesetzbuch (ADHGB) von 1861 war eine einheitliche Behandlung beider Rechtsverhältnisse vorgesehen.[2] Erst in zweiter Lesung kam Kritik auf, die sich insbesondere auf die Gleichbehandlung im Konkurs des Geschäftsinhabers stützte:[3] Da die stille Gesellschaft anders als die Kommanditgesellschaft nicht aus dem Handelsregister hervorgehe, bestehe kein Anlass, das Zugriffsvertrauen der Gläubiger in besonderem Maße gegen das Risiko zu schützen, dass ein weiterer Gläubiger - wie beispielsweise ein stiller Gesellschafter - Forderungen gegen die Konkursmasse geltend machen könne. Mit dieser Betonung des kreditrechtlichen Charakters wurde in dritter Lesung zum ADHGB der Weg geebnet für eine Sonderstellung der stillen Gesellschaft, die sodann auch in das HGB von 1897 Eingang fand und im Wesentlichen bis heute unverändert ist.

---

2 Vgl. Engler, S. 33 f.; allgemein zur historischen Entwicklung vgl. auch Lübbert, ZHR 58 (1906), 464 ff.

3 Schubert, Protokolle, S. 4547 f.

III. Wirtschaftliche Bedeutung und rechtstatsächliche Ausgangslage

Die stille Gesellschaft unterliegt (von besonderen, sich aus den §§ 292 ff. AktG ergebenden rechtsformabhängigen Publizitätsanforderungen einmal abgesehen) keinerlei Offenlegungspflichten - sie ist, wie ihr Name sagt, „still". Vielfach wird gerade diese Tatsache bei der Wahl der Rechtsform eine nicht unerhebliche Rolle spielen. Das führt aber auch dazu, dass verlässliche Aussagen über Häufigkeit und wirtschaftlichen Umfang nicht getätigt werden können. Es besteht jedoch eine Reihe von Anhaltspunkten dafür, dass stille Gesellschaften im Wirtschaftsleben eine durchaus bedeutsame Rolle spielen.[4] So verzeichnet etwa die juristische Datenbank Juris allein im Zeitraum von Anfang des Jahres 2000 bis zum Herbst 2006 im Bereich des Handels- und Wirtschaftsrechts nahezu 500, im Bereich des Steuerrechts gar fast 1000 Gerichtsentscheidungen unter dem Stichwort „Stille Gesellschaft". Hier zeigt sich, dass es oftmals steuerliche Beweggründe sind, die die Entscheidung zur Gründung einer stillen Gesellschaft beeinflussen.

Steuerliche Aspekte sind insbesondere auch häufiges Motiv für die stille Beteiligung an so genannten Publikumspersongesellschaften oder auch Aktiengesellschaften, die Kapital über eine Vielzahl von Anlegern einsammeln. Hier hat es einige Fälle von erheblichem wirtschaftlichem Ausmaß gegeben, die die Zivilgerichte beschäftigt haben. So waren etwa an der Hanseatischen AG, einer Gesellschaft aus dem Energie- und Umweltbereich, über deren Vermögen 1997 das Konkursverfahren eröffnet wurde, 38.500 (!) Anleger als typisch oder atypisch stille Gesellschafter beteiligt. Nach Schätzungen des Magazins „Öko test" haben die Anleger dabei durch den Konkurs rund eine Milliarde D-Mark verloren.[5] Wiederkehrende Schwierigkeiten solcher auf dem so genannten „Grauen Kapitalmarkt" agierenden Gesellschaften scheinen, soweit ersichtlich, insbesondere im Bereich einer ungenügenden Aufklärung der Anleger über die Risiken der Beteiligung zu liegen.[6]

Maßgebliche wirtschaftliche Bedeutung kommt der stillen Gesellschaft dabei als Instrument so genannter „mezzaniner Finanzierungen" zu. Hierbei handelt es sich um Kapital, das je nach Ausgestaltung mit eigenkapitalähnlichen Attri-

---

4 Zu den verschiedenen Erscheinungsformen der stillen Gesellschaft und den Beweggründen für die Rechtsformwahl vgl. ausführlich C.I.

5 Öko test, Heft Januar 1998, www.oekotest.de.

6 Vgl. HansOLG Hamburg v. 7.4.00 - 11 U 42/99 - juris; OLG Braunschweig v. 8.9.2004 - 3 U 118/03, NJW-RR 2005, 341.; HansOLG Bremen v. 1.10.04 - 4 U 33/04 - juris; oder die Anleger wurden gar durch Täuschung zum Beitritt veranlasst, vgl. OLG Hamm v. 19.5.04 - 8 U 189/03, ZIP 2005, 257.

buten ausgestattet sein kann[7] und deswegen eine Stellung zwischen Eigen- und Fremdkapital einnimmt. Gerade mittelständischen Unternehmen, die ihren Kapitalbedarf nicht über einen Börsengang decken können oder wollen, steht damit ein bedeutsames Finanzierungsinstrument zur Verfügung. Die praktische Relevanz der stillen Gesellschaft in diesem Bereich wird beispielsweise anhand eines joint ventures der Kreditanstalt für Wiederaufbau (KfW) mit der Deutschen Industriebank deutlich, die im Dezember 2002 einen Mezzanine Fonds mit einem Volumen von 100 Millionen Euro aufgelegt haben. Der Fonds soll die Kapitaldecke mittelständischer Unternehmen durch Gewährung atypisch stiller Beteiligungen verbessern.[8] Autoren aus der Beratungspraxis bezeichnen denn die stille Gesellschaft auch als die - nach der Begebung von Nachrangdarlehen - bisher am häufigsten gewählte Form mezzaniner Finanzierungen.[9]

Wenngleich diese Fakten keine gesicherten Rückschlüsse über die genaue Zahl und das Kapitalvolumen stiller Gesellschaft in der Rechtswirklichkeit zulassen, so wird doch hinreichend deutlich, dass angesichts der nach wie vor hohen Zahl von Insolvenzverfahren[10] ein praktisches Bedürfnis dafür besteht, die Auswirkungen der Insolvenz eines Gesellschafters auf die stille Gesellschaft näher zu untersuchen.

IV. Gang der Untersuchung

Im Mittelpunkt der vorliegenden Untersuchung steht mithin die Frage, welche Rechtsfolgen die Eröffnung eines Insolvenzverfahrens über das Vermögen eines an der stillen Gesellschaft Beteiligten hat[11]. Zum Verständnis der dabei auftretenden Rechtsfragen bedarf es jedoch einer gewissen Vorarbeit.

Einleitend wird daher zunächst die stille Gesellschaft als Gesellschaftsform mit ihren wesentlichen konstitutiven Merkmalen vorgestellt. Besondere Auf-

---

7 Häger/Elkemann-Reusch, Rz. 5.

8 Vgl. Pressemitteilung der KfW v. 18.11.2002.

9 Häger/Elkemann-Reusch, Rz. 83.

10 Das Statistische Bundesamt verzeichnet allein für den Monat Oktober 2005 11.131 Insolvenzen, davon 2.828 Unternehmensinsolvenzen, siehe www.destatis.de.

11 Demgegenüber kann der Geschäftsinhaber durch die Anordnung von Sicherungsmaßnahmen nach den §§ 21 f. InsO bereits im Insolvenzeröffnungsverfahren in seiner Verfügungsbefugnis - auch gegenüber dem stillen Gesellschafter - beschränkt werden. Spezifische Besonderheiten für das Recht der stillen Gesellschaft ergeben sich hieraus jedoch noch nicht.

merksamkeit verdient dabei die Abgrenzung der stillen Gesellschaft gegenüber den partiarischen Rechtsverhältnissen. Hier wird sich zeigen, dass die Differenzierung zwischen stiller Gesellschaft und Austauschvertrag, wie sie ganz überwiegend angenommen wird, sich insbesondere im Hinblick auf partiarische Darlehensverhältnisse nur schwerlich aufrechterhalten lässt. In diesem Zusammenhang wird es außerdem auch erforderlich sein, Aussagen über die Rechtsnatur der stillen Gesellschaft als Rechtsverhältnis im Grenzbereich zwischen Gesellschaft und Kreditverhältnis zu treffen. Sodann ist es notwendig, die verschiedenen Erscheinungsformen der stillen Gesellschaft näher zu beleuchten. In Abgrenzung zur gesetzestypischen stillen Gesellschaft werden gebräuchliche atypische Ausgestaltungen vorgestellt.

Darauf aufbauend können die Rechtsfolgen einer Insolvenz des Geschäftsinhabers für das stille Gesellschaftsverhältnis untersucht werden. Einen Schwerpunkt der Untersuchung bildet die Fragestellung, wann die Rechtsstellung des stillen Gesellschafters - in Anlehnung an die zuvor dargestellten Gestaltungsmöglichkeiten - derart atypisch ausgestaltet ist, dass es entgegen der für die stille Gesellschaft so charakteristischen Regelung des § 236 HGB nicht mehr gerechtfertigt ist, ihm die Position eines Insolvenzgläubigers im Hinblick auf seine stille Einlage zu gewähren. Besonderes Augenmerk gilt dem Spannungsverhältnis zwischen Fremd- und Eigenkapital. Die gefundenen Ergebnisse wirken sich auch auf die verfahrensrechtliche Stellung des stillen Gesellschafters aus.

Nach einem Exkurs zu der Frage, ob jedes kapitalersetzende Darlehen als stille Beteiligung zu qualifizieren ist, schließt sich eine Darstellung der Insolvenzgründe unter besonderer Berücksichtigung der Bilanzierung der stillen Einlage im Überschuldungsstatus an. Hier zeigen sich Parallelen zur vorab analysierten Rechtsstellung des stillen Gesellschafters als Insolvenzgläubiger. Des Weiteren wird die Art und Weise der Auseinandersetzung anlässlich der insolvenzbedingten Auflösung der stillen Gesellschaft dargestellt. Im Vordergrund steht dabei die rechtsdogmatisch zweifelhafte Anwendbarkeit der Regelung des § 84 Abs. 1 InsO.

Eine Untersuchung über die stille Gesellschaft in der Insolvenz wäre unvollständig ohne eine Erörterung der Insolvenzanfechtungsgründe. Insbesondere die speziell auf die stille Gesellschaft zugeschnittene Vorschrift des § 136 InsO wird daher umfassend erörtert. Schließlich wird auch die Stellung des stillen Gesellschafters im Insolvenzplanverfahren angesprochen.

Im Anschluss sind in einem weiteren Komplex die spezifischen Probleme einer Insolvenz des stillen Gesellschafters zu prüfen, die sich jedoch wesentlich kürzer fassen lassen als diejenigen in der Insolvenz des Geschäftsinhabers.

B. Begriff und Rechtsnatur

Der Gesetzgeber hat darauf verzichtet, eine Legaldefinition der stillen Gesellschaft in das HGB aufzunehmen. Ungeachtet des Fehlens eines gesetzlich definierten Begriffs herrscht jedoch Einigkeit über die für jede stille Gesellschaft notwendigen Gestaltungsmerkmale. Die Mindestanforderungen für das Entstehen einer stillen Gesellschaft lassen sich danach den §§ 230, 231 Abs. 2 HGB entnehmen, wonach folgende Definition anerkannt ist:
Die stille Gesellschaft ist eine Personengesellschaft, bei der sich der stille Gesellschafter (zumindest) an dem Gewinn eines fremden Handelsgewerbes mit einer Einlage derart beteiligt, dass die Einlage in das Vermögen des Geschäftsinhabers übergeht und die Gesellschaft nicht am Rechtsverkehr teilnimmt.[12]
Die gesetzliche Regelung der §§ 230 – 236 HGB ist in weiten Teilen dispositiv, so dass sich die Beziehungen der Beteiligten im Innenverhältnis in erster Linie nach dem Gesellschaftsvertrag bestimmen. Stets ist die stille Gesellschaft dabei als Sonderfall der BGB-Gesellschaft anzusehen. Ihre Qualifikation als Personengesellschaft im Sinne von § 705 BGB ist heute nicht mehr zweifelhaft.[13] Neben den handelsrechtlichen Vorschriften kommen daher die §§ 705 ff. BGB subsidiär zur Anwendung, vgl. Art. 2 EGHGB, soweit sie nicht die Außenbeziehungen der Gesellschafter regeln und daher für die stille Gesellschaft unanwendbar sind.[14]

I. Die gesetzlichen Merkmale

Im Folgenden sollen kurz die wesentlichen Merkmale skizziert werden, also diejenigen Mindestanforderungen, die zwingend für die Annahme einer stillen Gesellschaft sind.

1. Beteiligung an einem Handelsgewerbe eines anderen

Der stille Gesellschafter beteiligt sich notwendig am Handelsgewerbe eines anderen. Der Geschäftsinhaber muss folglich als Kaufmann eine auf Gewin-

---

12 Koller/Roth/Morck, HGB, § 230 Rz. 2; Kübler/Assmann, § 9 I 1.; Hueck/Windbichler, § 19 Rz. 1; Klauss/Mittelbach, Rz. 19; Koenigs, S. 5.

13 Allg. Ansicht, BGH v. 10.10.1994 – II ZR 32/94, WM 1994, 2246, 2249; Baumbach/Hopt, HGB, § 230 Rz. 2; GroßkommHGB/Zutt, § 230 Rz. 21; Blaurock, Rz. 4.17; MünchHdb. StG/Bezzenberger/Keul, § 72 Rz.169; zu den früher vertretenen Positionen K. Schmidt, ZHR 140 (1976), 475, 478; Koenigs, S. 16 ff.; Rasner, S. 27 ff.

14 Kübler/Assmann, § 9 I 1.b).

nerzielung gerichtete, gewerbliche Tätigkeit ausüben, wobei es unerheblich ist, ob er als Einzelkaufmann oder als Handelsgesellschaft auftritt und aus welchen der §§ 1 ff. HGB sich diese Eigenschaft ergibt.[15] Fehlt es dem Geschäftsinhaber - wie etwa der Partnerschaftsgesellschaft (§ 1 Abs. 1 S. 2 PartGG) - an der Kaufmannseigenschaft, kann eine stille Gesellschaft im Rechtssinne nicht entstehen. Dies führt jedoch nicht zur Nichtigkeit des Gesellschaftsvertrages, vielmehr liegt eine auf das Innenverhältnis beschränkte BGB-Gesellschaft vor.[16] Soweit der Geschäftsinhaber dennoch ein - wenn auch nichtkaufmännisches - Unternehmen betreibt, sind die §§ 230 ff. HGB aufgrund der identischen Interessenlage analog anzuwenden.[17] Dies wirft keine dogmatischen Schwierigkeiten auf, da die stille Gesellschaft nach der dargelegten, heute einhelligen Auffassung als Unterform der BGB-Gesellschaft anzusehen ist.

Keine stille Gesellschaft ist das so genannte Metageschäft, bei der eine Beteiligung nur an einem oder mehreren einzelnen Geschäften des Geschäftsinhabers besteht, die im Innenverhältnis auf gemeinsame Rechnung durchgeführt werden.[18] Demgegenüber können die Partner durchaus vereinbaren, dass der stille Gesellschafter an bestimmten Geschäften nicht teilhat.[19]

2. Fehlende Außenwirkung

Gemäß § 230 Abs. 2 HGB betreibt der Geschäftsinhaber das Handelsgewerbe in eigenem Namen, während der stille Gesellschafter nach außen nicht in Er-

---

15 GroßkommHGB/Zutt, § 230 Rz. 7; Heymann/Horn, HGB, § 230 Rz. 4; MünchHdb. StG/Bezzenberger/Keul, § 72 Rz. 10; Böttcher/Zartmann/Faut, S. 45; Klauss/Mittelbach, Rz. 34 ff.; weitergehend noch Schlegelberger/K. Schmidt, HGB, § 335 Rz. 14 und ders. in DB 1976, 1705, 1708, der die §§ 230 ff. HGB nicht nur auf Kaufleute, sondern auf jede stille Beteiligung an einem Unternehmen *unmittelbar* anwenden wollte, unter dem Eindruck des Handelsrechtsreformgesetzes nunmehr aufgegeben, vgl. MünchKommHGB/K. Schmidt, § 230 Rz. 19.

16 MünchKommBGB/Ulmer, § 705 Rz. 240; Kübler/Assmann, § 9 I 1.a)aa); Grunewald 1. D. Rz. 4.

17 BFH v. 10.7.2001 - VIII R 45/98, DB 2001, 2072; Ebenroth/Boujong/Joost/Gehrlein, HGB, § 230 Rz. 5; MünchKommHGB/K. Schmidt, § 230 Rz. 24 f.; GroßkommHGB/Zutt, § 230 Rz. 11; Baumbach/Hopt, HGB, § 230 Rz. 1; Koller/Roth/Morck, HGB, § 230 Rz. 9; Blaurock, Rz. 8.3; MünchHdb. StG/Bezzenberger/Keul, § 72 Rn. 10; ähnlich Grunewald 1. D. Rz. 4.

18 BGH v. 27.11.1963 – VIII ZR 142/62, DB 1964, 67; v. 11.10.1982 – II ZR 125/81, WM 1982, 1403; MünchKommHGB/K. Schmidt, § 230 Rz. 39; Zacharias/Hebig/Rinnewitz, S. 34.

19 V. Gerkan in: Röhricht/G. v. Westphalen, HGB, § 231 Rz. 6; Blaurock, Rz. 7.3.

scheinung tritt und am Rechtsverkehr nicht teilnimmt. Aus den Geschäften des Inhabers wird er weder berechtigt noch verpflichtet. Da es folglich an einer unmittelbaren Vertretung der nach außen nicht erkennbaren Gesellschaft durch die Gesellschafter fehlt, stellt die stille Gesellschaft eine reine Innengesellschaft dar.[20] Sie besitzt kein Gesellschaftsvermögen[21], Gesamthandsvermögen von stillem Gesellschafter und Geschäftsinhaber wird nicht gebildet. Stattdessen hat der Stille seine Einlage nach § 230 Abs. 1 HGB so zu leisten, dass sie in das alleinige Vermögen des Geschäftsinhabers übergeht. Demgemäß bestehen weder Gesellschaftsforderungen noch Gesellschaftsverbindlichkeiten. Die stille Gesellschaft erschöpft sich vielmehr in schuldrechtlichen Beziehungen zwischen Inhaber und Stillem[22] - hierin zeigt sich deutlich die Besonderheit der stillen Gesellschaft im Verhältnis zu anderen Gesellschaftsverhältnissen.

3. Beitragsleistung

Wie jeder andere Gesellschafter auch sind die Gesellschafter der stillen Gesellschaft durch § 705 BGB einander verpflichtet, den Gesellschaftszweck durch die Leistung von Beiträgen zu fördern.[23]

Der Beitrag, den der Geschäftsinhaber zu leisten hat, besteht im Führen seines Handelsgewerbes auf gemeinsame Rechnung.[24] Er hat dabei nach dem Gesetz einen großen kaufmännischen Handlungsspielraum. Ohne Zustimmung des Stillen darf er jedoch keine strukturändernden Maßnahmen durchführen, mit denen die wesentlichen Grundlagen des von ihm betriebenen Handelsgeschäfts geändert werden.[25]

---

20 Baumbach/Hopt, HGB, vor § 105 Rz. 10; Blaurock, Rz. 4.10.

21 GroßkommHGB/Zutt, § 230 Rz. 8; MünchKommHGB/K. Schmidt, § 230 Rz. 9; Blaurock, Rz. 4.11; MünchHdb. StG/Bezzenberger/Keul, § 72 Rz. 22.

22 Blaurock, Rz. 4.11; Kübler/Assmann, § 9 I 1.c); Koenigs, S. 17.

23 GroßkommHGB/Zutt, § 230 Rz. 15; MünchHdb. StG/Bezzenberger/Keul, § 72 Rz. 12; Blaurock Rz. 6.1.

24 Baumbach/Hopt, HGB, § 230 Rz. 13; MünchKommHGB/K. Schmidt, § 230 Rz. 137; Koenigs, S. 139.

25 BGH v. 25.9.1963 – V ZR 133/61, WM 1963, 1209, 1210; v. 10.10.1994 – II ZR 32/94, WM 1994, 2246, 2249; Baumbach/Hopt, HGB, § 230 Rz. 13; MünchKommHGB/K. Schmidt, § 230 Rz. 137; Koller/Roth/Morck, HGB, § 230 Rz. 20; Schulze zur Wiesche, Rz. 44a; Böttcher/Zartmann/Faut, S. 79; P. Hartmann, S. 59; Grunewald 1. D. Rz. 21.

Schwierigkeiten kann die Bestimmung des Beitrags des Stillen bereiten. Unter dem Begriff der Vermögenseinlage im Sinne des § 230 Abs. 1 HGB ist ein Beitrag des stillen Gesellschafters zu verstehen, für den ihm im Gegenzug ein Guthaben auf einem Einlagekonto beim Geschäftsinhaber gutgeschrieben wird.[26] Jedoch ist innerhalb der juristischen Literatur umstritten, welche Arten von Leistungen des stillen Gesellschafters als Vermögenseinlage erbracht werden können und ob eine stille Gesellschaft auch ohne Leistung einer Einlage begründet werden kann. Ein Teil des Schrifttums vertritt die Auffassung, Gegenstand der Einlage könne jeder vermögenswerte Vorteil sein, der in Geld bewertbar ist.[27] Neben Geld, anderen Sachen und rein wirtschaftlichen Werten (z. B. Know-how) könne die Vermögenseinlage auch in Form von Dienstleistungen oder Gebrauchsüberlassungen geleistet werden.[28] Dem tritt vor allem das neuere Schrifttum mit der Ansicht entgegen, Gegenstand der Einlage könne nur die Übertragung von Vermögensgegenständen sein, die der stille Gesellschafter zur bilanzierungsfähigen Vermehrung des Unternehmensvermögens erbringe.[29] Dies ergebe sich aus dem Wortlaut des § 230 Abs. 1 HGB, wonach die Vermögenseinlage so zu erbringen ist, dass sie in das Vermögen des Geschäftsinhabers „übergeht". Die Leistung von Diensten oder die Überlassung von Gegenständen zum Gebrauch scheide daher als mögliche Einlage aus.[30]

Die Auswirkungen des Meinungsstreits sind gering. Er gründet letztlich auf einem unterschiedlichen Verständnis der Begriffe „Beitrag" und „Einlage". Da nämlich nach älterer Auffassung die Leistung einer Vermögenseinlage konstitutives Merkmal der stillen Gesellschaft sein soll, musste der Begriff der Einlage folgerichtig weit verstanden werden. Die Gegenansicht verlangt zwar auch die Beteiligung mit einer zu verbuchenden Einlage, nicht aber, dass diese auf einer Leistung des Stillen beruhen muss.[31] Stets verlangt wird die Erbringung eines den Gesellschaftszweck fördernden Beitrags. Weil dieser auch in der Gebrauchsüberlassung von Sachen oder in der Leistung von Diensten be-

---

26 K. Schmidt, GesR, S. 1844.

27 Baumbach/Hopt, HGB, § 230 Rz. 20; GK-HGB/Fahse, § 230 Rz. 34; Paulick, S. 71; Koenigs, S. 122 ff.; Rasner, S. 28; Klauss/Mittelbach, Rz. 105.

28 Hueck/Windbichler, § 19 Rz. 12; Paulick, S. 71; Koenigs, S. 122 ff.; Klauss/Mittelbach, Rz. 105; P. Hartmann, S. 52; Schulze zur Wiesche, Rz. 61.

29 Schlegelberger/K. Schmidt, HGB, § 335 Rz. 141; MünchKommHGB/K. Schmidt, § 230 Rz. 165; v. Gerkan in: Röhricht/G. v. Westphalen, HGB, § 230 Rz. 32; Huber, S. 192; MünchHdb. StG/Kühn, § 83 Rz. 4; Blaurock, Rz. 6.7.

30 Huber, S. 194; Blaurock, Rz. 6.31, 6.38; MünchHdb. StG/Kühn, § 83 Rz. 11.

31 V. Gerkan in: Röhricht/G. v. Westphalen, HGB, § 230 Rz. 30.

stehen kann[32], lässt sich der Begriff der Einlage enger definieren. Dabei kann auch vereinbart werden, dem stillen Gesellschafter für die Gebrauchsüberlassung oder Dienstleistung einen Betrag als Guthaben auf seinem Einlagekonto gutzuschreiben. Dazu müssten Geschäftsinhaber und Stiller für die Leistung ein Entgelt vereinbaren, das wie eine Geldleistung verrechnet werden kann.[33] Es handelt sich dabei nicht um eine geschenkte Einlage, weil der stille Gesellschafter das Guthaben nicht ohne eigene Leistung erhält.

Im Ergebnis kann daher dem stillen Gesellschafter nach beiden Ansichten für Dienstleistungen oder Gebrauchsüberlassungen zu Gunsten des Geschäftsinhabers ein Guthaben auf seinem Einlagekonto verbucht werden. Eine stille Gesellschaft ohne ein Einlagekonto kann es begrifflich nicht geben, wohl aber eine stille Gesellschaft ohne eine Einlage*leistung* des Stillen.
Im Folgenden soll unter dem Begriff der Einlage eine Leistung des stillen Gesellschafters verstanden werden, für welche dieser ein Guthaben auf seinem Einlagekonto erhält bzw. dieses Guthaben sich erhöht. Gesellschaftsvertraglich vereinbarte Leistungen des Stillen, die nicht zu einer Erhöhung des Einlageguthabens führen, werden demgegenüber als sonstige Beiträge bezeichnet.[34]

4. Gewinnbeteiligung

An dem von dem Geschäftsinhaber erwirtschafteten Gewinn ist der stille Gesellschafter zwingend zu beteiligen. Als Regelfall sieht das Gesetz zugleich die Beteiligung auch am Verlust des Geschäftsinhabers vor, diese Verlustbeteiligung kann jedoch vertraglich ausgeschlossen werden, § 231 Abs. 2 HGB. Die Verlustbeteiligung ist mithin kein Wesensmerkmal der stillen Gesellschaft.

a) Voraussetzungen der Gewinnbeteiligung

Eine Gewinnbeteiligung als Tatbestandsmerkmal der stillen Gesellschaft erfordert, dass der Anteil des stillen Gesellschafters von dem Ergebnis des vom Inhaber geführten Handelsgewerbes abhängig ist, er also die Gefahr, dass kein Gewinn erzielt wird, mitträgt.[35] Die Art und die Höhe der Gewinnbeteiligung kann von den Gesellschaftern im Gesellschaftsvertrag frei geregelt werden. Sofern der Anteil am Gewinn nicht ausdrücklich bestimmt ist, legt § 231 Abs. 1 HGB einen den Umständen nach angemessenen Anteil zu Grunde - ange-

---

32 Schlegelberger/K. Schmidt, HGB, § 335 Rz. 138; MünchHdb. StG/Kühn, § 83 Rz. 11; Huber, S. 194; Blaurock, Rz. 6.31 ff.

33 Schlegelberger/K. Schmidt, HGB, § 335 Rz. 147; Huber, S. 194.

34 Vgl. Hense, S. 21.

35 RG v. 6.12.1928 – IV 93/28, RGZ 122, 387, 390; Blaurock, Rz. 7.2.

sichts dieser unbestimmten Regelung ist es vorzugswürdig und in der Praxis durchgehend üblich, die Einzelheiten der Gewinnbeteiligung vertraglich zu fixieren. Wird allerdings ausschließlich eine feste Verzinsung oder ein vom Geschäftsergebnis unabhängiger Anteil vereinbart, kann keine stille Gesellschaft entstehen. Genauso wenig ist eine bloße Umsatzbeteiligung zur Begründung einer stillen Gesellschaft ausreichend.[36]

Aufgrund der Gewinnbeteiligung als notwendigem Qualifikationsmerkmal ist die stille Gesellschaft aus aktienkonzernrechtlicher Sicht als Teilgewinnabführungsvertrag im Sinne von § 292 Abs. 1 Nr. 2 AktG anzusehen.[37] In der Aktiengesellschaft sind daher hinsichtlich des Abschlusses einer stillen Gesellschaft die konzernrechtlichen Sonderregeln der §§ 292 ff. AktG zu berücksichtigen. Damit einher gehen besondere Publizitätsanforderungen wie die konstitutiv wirkende Eintragung der stillen Gesellschaft einschließlich der Höhe der vereinbarten Gewinnbeteiligung in das Handelsregister, § 294 AktG.

b) Bedeutung für den Kreis der möglichen Geschäftsinhaber

Wie unter B. I. 1. dargelegt, muss der Geschäftsinhaber - jedenfalls bei unmittelbarer Anwendung der Regelungen der §§ 230 ff. HGB - Kaufmann sein. Der Kreis der möglichen Geschäftsinhaber wird darüber hinaus auch durch das zwingende Tatbestandsmerkmal der Gewinnbeteiligung weiter eingeschränkt.

Vor diesem Hintergrund scheidet etwa die stille Beteiligung an einer EWIV aus dem Anwendungsbereich der §§ 230 ff. HGB aus. Die EWIV gehört gemäß § 1 EWIV-Ausführungsgesetz zu den Formkaufleuten. Es ist ihr jedoch gemäß Art. 3 Abs. 1 EWIV-VO ausdrücklich untersagt, Gewinne für sich selbst zu erzielen. Zwar wird dadurch auch in der EWIV eine Gewinnerzielung im Ergebnis nicht ausgeschlossen und ist in der Praxis durchaus häufig. Die EWIV soll aber ihrem Unternehmenszweck nach nicht auf Gewinnerzielung ausgerichtet sein, so dass sie als Geschäftsinhaber einer stillen Gesellschaft nicht in Betracht kommt.

Derartige Bedenken bestehen hingegen mit Blick auf die eingetragene Genossenschaft nicht; diese ist daher durchaus in der Lage, Geschäftsinhaberin einer

---

36 OLG Hamm v. 4.4.2000 - 27 U 154/99, NZI 2000, 544, 545; Blaurock, Rz. 7.5.

37 BGH v. 21.7.2003 - II ZR 109/02, BGHZ 156, 38; OLG Stuttgart v. 16.6.1999 - 20 U 5/99, NZG 2000, 93, 94; OLG Celle v. 22.9.1999 - 9 U 1/99, NZG 2000, 85, 87; Hüffer, AktG, § 292 Rz. 15; MünchKommAktG/Altmeppen, § 292 Rz. 65; KölnKommAktG/Koppensteiner, § 292 Rz. 61; einschränkend für die „konzernexterne" stille Gesellschaft Schneider/Reusch, DB 1989, 713, 714 f.

stillen Gesellschaft zu sein. Auch die eingetragene Genossenschaft ist Formkaufmann (§ 17 Abs. 2 GenG), anders als die EWIV jedoch als Unternehmen auf Gewinnerzielung gerichtet.[38] Die ausdrückliche Regelung der Gewinn- und Verlustverteilung auf die Genossen in § 19 Abs. 1, Abs. 2 GenG steht nicht entgegen, denn sie hat lediglich die Verteilung desjenigen Bilanzgewinns zum Gegenstand, der nach Abzug des auf einen etwaigen stillen Gesellschafter entfallenden Gewinnanteils verbleibt.[39]

II. Abgrenzung zu partiarischen Rechtsverhältnissen

Schwierigkeiten bereitet die Abgrenzung der stillen Gesellschaft von den so genannten „partiarischen Rechtsverhältnissen". Diese stellen Austauschverträge dar, bei denen eine Leistung gegen eine Gegenleistung in Form einer Gewinnbeteiligung versprochen wird.[40]

1. Partiarisches Darlehen

Als besonders problematisch erweist sich dabei insbesondere die Behandlung des partiarischen Darlehens.

a) Herrschende Meinung

Gewährt ein Kapitalgeber einem Kaufmann Geld für den Betrieb seines Handelsgewerbes und lässt er sich dafür im Gegenzug eine Beteiligung am erzielten Gewinn einräumen, so stehen ihm dafür nach beinahe einhelliger Auffassung zwei verschiedene rechtliche Möglichkeiten zur Verfügung: Die stille Gesellschaft und das partiarische Darlehen. Die Abgrenzung erfolgt aufgrund der Fragestellung, ob die Vertragsparteien einen *gemeinsamen* Zweck verfolgen oder ob aufgrund der Wahrnehmung jeweils *eigener* wirtschaftlicher Interessen lediglich ein Austauschvertrag angenommen werden muss.[41] Da die Zuord-

---

[38] Lang/Weidmüller/Schulte, GenG, § 19 Rz. 1; Blaurock, Rz. 5.23.

[39] Lang/Weidmüller/Schulte, GenG, § 19 Rz. 8; MünchKommHGB/K. Schmidt, § 230 Rz. 20; Blaurock, Rz. 5.23.

[40] Blaurock, Rz. 8.16; P. Hartmann, S. 19.

[41] BGH v. 9.2.1967 – III ZR 226/64, WM 1967, 321, 322; v. 26.6.1989 – II ZR 128/88, WM 1989, 1850, 1851; v. 29.6.1992 – II ZR 284/91, NJW 1992, 2696; v. 10.10.1994 – II ZR 32/94, WM 1994, 2246, 2247; v. Gerkan in: Röhricht/G. v. Westphalen, HGB, § 230 Rz. 56; MünchKommHGB/K. Schmidt, § 230 Rz. 57; Koenigs, S. 28 ff.; Blaurock, Rz. 8.17; MünchHdb. StG/Bezzenberger/Keul, § 73 Rz. 10; Böttcher/Zartmann/Faut, S. 53; Klauss/Mittelbach, Rz. 269; Hueck/Windbichler, § 19 Rz. 8; Kühnle, S. 116 f.

nung im konkreten Fall Schwierigkeiten bereiten könne, sei sie in Form einer Gesamtwürdigung aller Einzelfallumstände unter Heranziehung indizieller Abgrenzungskriterien vorzunehmen.[42] Die Differenzierung sei vor allem im Hinblick auf die Rechtsfolgen von entscheidender Bedeutung.[43]

Die Frage nach der Abgrenzung zwischen stiller Gesellschaft und partiarischem Darlehen hat die Gerichte in einer Vielzahl von Entscheidungen beschäftigt und ist bis heute eine stetig wiederkehrende Streitfrage.[44]

b) Abweichende Auffassungen

Einen anderen Weg beschreiten *Larenz/Canaris*[45] und *Huffer*[46]. Sie verneinen die Möglichkeit einer klaren begrifflichen Abgrenzung zwischen partiarischem Darlehen und stiller Gesellschaft. Beide Rechtsformen gingen vielmehr nach Art eines Typenverschmelzungsvertrages fließend ineinander über, was einen ebenso fließenden Übergang der Rechtsfolgen nach sich zöge.

Noch weiter geht *Schön*[47]. Seiner Auffassung nach beruht die Differenzierung zwischen stiller Gesellschaft und partiarischem Darlehen lediglich auf einem historischen Missverständnis in der gesellschaftsrechtlichen Diskussion des 19. Jahrhunderts. Eine Abgrenzung auf Grundlage der von der herrschenden Meinung vorgenommenen Kriterien sei nicht möglich. Nach heutigem Verständnis sei sie jedoch auch weder nach den Voraussetzungen noch nach den Rechtsfolgen notwendig. In der Konsequenz sei das partiarische Darlehen daher unter die Vorschriften über die stille Gesellschaft zu subsumieren.

---

42 BGH v. 10.10.1994 - II ZR 32/94, WM 1994, 2246, 2247; GroßkommHGB/Zutt, § 230 Rz. 23; Heymann/Horn, HGB, § 230 Rz. 16; MünchKommHGB/K. Schmidt, § 230 Rz. 61 ff.; MünchHdb. StG/Bezzenberger/Keul, § 73 Rz. 11; Kübler/Assmann, § 9 I.1.b); Blaurock, Rz. 8.32; P. Hartmann, S. 19 f.

43 Vgl. BGH v. 29.6.1992 – II ZR 284/91, NJW 1992, 2696 ff.; GroßkommHGB/Zutt, § 230 Rz. 22; v. Gerkan in: Röhricht/G. v. Westphalen, HGB, § 230 Rz. 59; MünchHdb. StG/Bezzenberger/Keul, § 73 Rz. 13; Blaurock, Rz. 8.21 f.; Koenigs, S. 29 f.; P. Hartmann, S. 19 f.; ebenso auch Schlegelberger/K. Schmidt, HGB, § 335 Rz. 51, relativierend jetzt aber MünchKommHGB/K. Schmidt, § 230 Rz. 59, der auf die Überbewertung der Bedeutung für die Rechtsfolgen hinweist.

44 Vgl. aus jüngerer Zeit beispielhaft OLG Dresden v. 8.9.1999 - 19 U 101/99, DStR 2000, 649; OLG Celle v. 2.12.1998 - 3 U 230/97, NZG 99, 650; KG Berlin v. 4.12.2001, 14 U 103/01 - juris; Sächsisches FG v. 23.10.2003, 2 K 2212/01 - juris.

45 SchuldR II/2, § 63 III. 2; ebenso auch Medicus, SchuldR II, Rz. 591 ff.

46 S. 66 ff.

47 ZGR 1993, S. 210 ff.

c) Stellungnahme

Es stellt sich in der Tat die Frage, ob das Kriterium des gemeinsamen Zwecks für eine Unterscheidung der beiden Rechtsverhältnisse tauglich ist. Anders als die stille Gesellschaft soll das partiarische Darlehen als Austauschvertrag dadurch gekennzeichnet sein, dass die Parteien lediglich eigene Interessen wahrnehmen und ihre Beziehungen ausschließlich durch deren Verschiedenheit bestimmt werden.[48] Während der partiarische Darlehensgeber unmittelbar auf den Gewinnanteil als Gegenleistung abziele, sei der Wille der Gesellschafter einer stillen Gesellschaft in erster Linie auf den Betrieb des Handelsgewerbes gerichtet, aus dem die Gewinnbeteiligung nur mittelbar resultiere.[49] Die Gesellschaft gründe sich auf den Gemeinsinn, wohingegen die Parteien des partiarischen Darlehensvertrages sich als Fremde mit eigensüchtigem Interesse gegenüber stünden.[50]

Diese Auffassung verdient Widerspruch. Denn auch ein stiller Gesellschafter wird sich primär deswegen am Handelsgewerbe eines Kaufmanns beteiligen, weil er sich über die Gewinnbeteiligung eine möglichst hohe Rendite für das von ihm eingesetzte Kapital erhofft. Das gilt jedenfalls für den typischen stillen Gesellschafter, der nur vom Betriebsgewinn profitiert und an den stillen Reserven und am Geschäftswert nicht beteiligt ist. Ein Unterschied zu dem Interesse eines partiarischen Darlehensgebers an dem Erhalt der zugesagten Gewinnbeteiligung lässt sich für diesen Fall nicht feststellen.[51] Stets erhoffen sich nämlich die Parteien von der Vertragsdurchführung eine Umsetzung ihrer eigenen Präferenzen. Eine begriffliche Trennung von mittelbarem und unmittelbarem Rechtserfolg überzeugt ebenso wenig. Denn jede Beteiligung an einem fremden Gewinn setzt zunächst einmal die Erzielung eines solchen voraus, und zwar als Ergebnis der betrieblichen Tätigkeit des Kaufmanns. Diese muss daher stets auch vom Rechtsbindungswillen der Vertragsschließenden umfasst sein.[52]

---

48 BGH v. 10.6.1965 – III ZR 239/63, WM 1965, 1052; v. 26.6.1989 – II ZR 128/88, WM 1989, 1850, 1851; v. 10.10.1994 – II ZR 32/94, WM 1994, 2246, 2247.

49 So müssen wohl die Entscheidungen BGH v. 26.6.1989 – II ZR 128/88, WM 1989, 1850 ff. und OLG Frankfurt v. 1.12.1981 – 5 U 114/81, WM 1982, 198 ff. verstanden werden; vgl. auch Kühnle, S. 116.

50 Rasner, S. 39; Böttcher/Zartmann/Faut, S. 55

51 So auch Düringer/Hachenburg/Flechtheim, HGB, § 335 Anm. 11; H. Schmidt, ZHR 159 (1995), 734, 744.

52 Schön, ZGR 1993, 210, 219; Huffer, S. 52 f.

Zu berücksichtigen ist dabei der Charakter der stillen Gesellschaft als reine Innengesellschaft, der nicht ohne Auswirkung auf den Gesellschaftszweck bleiben kann. *Flume*[53] äußert sich dazu wie folgt: "Grundsätzlich anders als bei den Gesamthandsgesellschaften ist hinsichtlich des Merkmals des gemeinsamen Zwecks die Situation bei den reinen Innengesellschaften, und so auch bei der stillen Gesellschaft. Da es bei der stillen Gesellschaft ein gemeinsames Geschehen in der Weise, daß die Gesellschaft als Personengemeinschaft im Rechtsverkehr auftritt, nicht gibt, kann die Gemeinsamkeit des Zwecks nur über das Ergebnis hergestellt werden." Der gemeinsame Zweck resultiert folglich stets aus der – mittelbaren – Gewinnbeteiligung, so dass eine Differenzierung zwischen stillem Gesellschafter und partiarischem Darlehensgeber auf dieser Grundlage nur willkürlich erfolgen kann.

Die dargelegten Abgrenzungsschwierigkeiten führen für die herrschende Meinung dazu, die Unterscheidung im konkreten Einzelfall unter Heranziehung indizieller Abgrenzungskriterien vorzunehmen. Eine solche Vorgehensweise wird jedoch durch das methodische Problem erschwert, dass die gesetzlichen Regelungen sowohl zum Darlehensvertrag als auch zur stillen Gesellschaft in weiten Teilen dispositiv sind. Viele der Rechtsfolgen, die das Gesetz für das eine Rechtsverhältnis anordnet, können für das andere kraft vertraglicher Vereinbarung ausbedungen werden und umgekehrt. Die Bezeichnung durch die Vertragsparteien kann allenfalls einen Anhaltspunkt liefern, nicht mehr.[54] Dies hat zu widersprüchlichen Schlussfolgerungen geführt, auf die *Schön*[55] und *H. Schmidt*[56] zu Recht hinweisen. So soll die vertragliche Bezugnahme der Parteien auf Vorschriften über die stille Gesellschaft einmal selbstverständlich auch auf eine stille Gesellschaft hindeuten[57] – ein anderes Mal wird hierin ein Hinweis auf ein partiarisches Darlehen gesehen, da ein stiller Gesellschafter der ausdrücklichen Erwähnung dieser Rechtspositionen gar nicht bedürfe.[58] Auch der Bundesgerichtshof wertet die Einräumung von Kontroll- und Überwachungsmöglichkeiten in einem früheren Urteil als Ausdruck des Sicherungsinteresses des Darlehensgebers[59], während er später Kontroll- und Informationsrechte als Anzeichen für eine stille Gesellschaft ansieht.[60] Auffällig ist

53 Flume, S. 47.
54 Vgl. OLG Hamm v. 4.4.2000 - 27 U 154/99, NZI 2000, 544, 545; Kühnle, S. 149 f.
55 ZGR 1993, 210, 215.
56 ZHR 159 (1995), 734, 739.
57 Blaurock, Rz. 8.34.
58 Staudinger/Hopt/Mülbert, BGB (12. Aufl.), § 607 Rz. 96.
59 BGH v. 10.6.1965 – III ZR 239/63, WM 1965, 1052, 1053.
60 BGH v. 10.10.1994 – II ZR 32/94, WM 1994, 2246, 2247.

auch, dass vielfach Kriterien genannt werden, die wie etwa die Einräumung einer Verlustbeteiligung zwingend für eine stille Gesellschaft sprechen sollen, während zwingende Merkmale für ein partiarisches Darlehen nicht genannt werden können.[61] Auch die herrschende Meinung muss mithin eingestehen, dass partiarisches Darlehen und stille Gesellschaft „einer logischen Abgrenzung nicht zugänglich sind“[62] oder eine Entscheidung oft „hart an die Grenze des Zufälligen gerät“.[63] Ergebnisse, die wenigstens ein Mindestmaß an Rechtssicherheit gewährleisten, lassen sich so nicht erzielen.

Geht man von der hier vertretenen Annahme aus, dass stille Gesellschaft und partiarisches Darlehen auf der Tatbestandsseite nicht sachgerecht unterschieden werden können, so entstehen auch Zweifel an der Rechtfertigung einer unterschiedlichen Behandlung auf der Rechtsfolgenseite. Es wird etwa immer wieder betont, dass der Darlehensgeber seine Forderung im Wege der Abtretung frei übertragen könne, während dies für den stillen Gesellschafter wegen des subsidiär zur Anwendung gelangenden § 717 S. 1 BGB nicht zulässig sei.[64] Zu beachten ist jedoch die hervorgehobene Bedeutung der Person des Vertragspartners auch beim partiarischen Darlehen, seine interessen- und leistungsbezogene Verknüpfung mit der Ergebnisbeteiligung. Das partiarische Darlehen ist typischerweise verbunden mit Einsichtsrechten in die Geschäftsunterlagen des Kaufmanns. Diese können auf einer bankaufsichtsrechtlichen Verpflichtung beruhen (vgl. § 18 KWG), jedenfalls werden sie vertraglich regelmäßig vereinbart. Und auch wenn dies nicht geschehen ist, leitet die herrschende Meinung ein der Vorschrift des § 233 HGB angenähertes Kontrollrecht aus § 810 BGB ab.[65] Es liegt auf der Hand, dass das Interesse des Geschäftsinhabers darauf gerichtet ist, die Einsicht nur seinem Vertragspartner und nicht einem beliebigen Zessionar zu gewähren, dies dürfte auch dem gemeinsamen Parteiwillen entsprechen. Umgekehrt verzichtet der Darlehensgeber regelmäßig nur deshalb auf eine feste Vergütung, weil er ein besonderes Vertrauen in seinen Vertragspartner und dessen Geschicklichkeit setzt. Wird also bei einem Darlehensvertrag der Festzins durch die partiarische Gewinn-

---

61 Vgl. beispielhaft Schlegelberger/K. Schmidt, HGB, § 335 Rz. 55 ff.

62 BGH v. 26.9.1957 – II ZR 42/56, WM 1957, 1335, 1336.

63 MünchHdb. StG/Bezzenberger/Keul, § 73 Rz. 14; Koenigs, S. 33.

64 Schlegelberger/K. Schmidt, HGB, § 335 Rz. 58; Blaurock, Rz. 8.25; MünchHdb. StG/Bezzenberger/Keul, § 73 Rz. 13; Koenigs, S. 30; a. A. nunmehr MünchKomm-HGB/K. Schmidt, § 230 Rz. 59: Übertragung aufgrund der Interessenlage nach § 399 BGB zustimmungsbedürftig.

65 Blaurock, Rz. 8.35; für eine analoge Anwendung des § 233 HGB Larenz/Canaris, SchuldR II/2, § 63 III. 2. c).

beteiligung ersetzt, so kann dies die synallagmatische Verbindung zwischen Leistung und Gegenleistung nicht völlig unberührt lassen. Vielmehr entsteht ein engeres personenbezogenes Band zwischen den Parteien. Interesse und (mutmaßlicher) Wille der Vertragspartner legen es folglich nahe, unter Zugrundelegung einer - zumindest stillschweigenden - Vereinbarung gemäß § 399 BGB eine Übertragung auch des partiarischen Darlehens nur nach Zustimmung des Geschäftspartners zuzulassen.[66]

Davon zu unterscheiden sind die isolierten Ansprüche auf den Gewinnanteil und das künftige Auseinandersetzungsguthaben, die als vermögensrechtliche Individualansprüche stets übertragbar sind[67], vgl. §§ 398 ff. BGB und § 717 S. 2 BGB.

Teilweise wird auch darauf verwiesen, dass nur dem stillen Gesellschafter aufgrund des Gesellschaftsvertrages ein Anspruch auf zweckentsprechende Verwendung der Einlage im Handelsgeschäft des Inhabers zustehe, während der Darlehensgeber einer zweckwidrigen Verwendung des überlassenen Kapitals untätig zusehen müsse.[68] Eine Beachtung der dargestellten Interessenidentität muss jedoch notwendig dazu führen, dass sich ein solcher Gegensatz nicht mehr aufrechterhalten lässt. Die Problematik wird in der Praxis wohl selten relevant werden, da die Parteien des partiarischen Darlehens regelmäßig vertraglich festlegen werden, dass das Darlehen betrieblichen Zwecken zu dienen hat und nicht zum privaten Gebrauch bestimmt ist. Aber auch ohne ausdrückliche Vereinbarung würde die sanktionslose private Verwendung des hingegebenen Kapitals in deutlichem Widerspruch zur gemeinsamen Interessenlage und damit auch zum mutmaßlichen Parteiwillen bei Vertragsabschluss stehen. Die Gegenleistung in Form einer Gewinnbeteiligung wird von den Vertragsparteien auch in der Erwartung vereinbart, die Darlehensvaluta zur Erzielung des Gewinns einzusetzen. Bezeichnend ist in diesem Zusammenhang ein Beschluss eines Strafsenates des OLG Karlsruhe[69]. Die Richter subsumierten die zweckwidrige Verwendung einer stillen Einlage nicht unter den Tatbestand der Untreue und betonten dabei insbesondere die Ähnlichkeit der typischen stillen Gesellschaft mit einem Darlehensvertrag.

---

66 Ebenso MünchKommHGB/K. Schmidt, § 230 Rz. 59; Schön, a. a. O., S. 237; Larenz/Canaris, SchuldR II/2, § 63 III. 2. c); Huffer, S. 82 f.; Kühnle, S. 186.

67 GroßkommHGB/Zutt, § 230 Rz. 97; Blaurock, Rz. 14.58, 16.29.

68 Blaurock, Rz. 8.21; MünchHdb. StG/Bezzenberger/Keul, § 73 Rz. 13.

69 V. 24.2.1992 – 3 Ss 112/91, BB 1992, 1585 f.

Natürlich ist zumindest theoretisch auch die Möglichkeit denkbar, dass die Vertragspartner die Hingabe eines Darlehens zum privaten Konsum nicht über einen festen Zins, sondern über eine Gewinnbeteiligung am Unternehmen des Darlehensnehmers vergüten wollen. Diese ungewöhnliche Gestaltung wird aber ausdrücklich zu vereinbaren sein. In einem solchen – wohl nur akademischen – Fall kann schon deswegen keine stille Gesellschaft vorliegen, weil keine Buchung auf einem Einlagekonto erfolgt (vgl. B. I. 3.). Aber auch ein übereinstimmender gemeinsamer Zweck lässt sich nicht mehr feststellen. Zwar wird der Darlehensgeber immer an einem möglichst hohen Gewinn interessiert sein, dieser wird jedoch nicht unter Einsatz seines Kapitals, sondern völlig unabhängig davon erzielt. Die Interessenlage stimmt daher mit der eines typischen Austauschvertrages überein – mit der Folge, dass auch nur die Regelungen des Darlehensvertrages in den §§ 488 ff. BGB eine angemessene gesetzliche Grundlage darstellen.

Schließlich wird immer wieder auf die unterschiedlichen Kündigungsfristen der §§ 488, 489 BGB gegenüber § 234 HGB hingewiesen.[70] Die Überlegung kann aber nicht dahingehend angestellt werden, von einer gesetzlich angeordneten Nebenfolge eines Rechtsverhältnisses auf den Tatbestand zu schließen. Sachgerechterweise muss das methodische Vorgehen genau umgekehrt erfolgen. Insgesamt erscheint danach auch hier die Anwendung der Regelungen über die stille Gesellschaft auf jede Form der Kapitalüberlassung gegen Gewinnbeteiligung an einen Kaufmann interessengerecht und angemessen. Denn tendenziell werden die Interessen sowohl bei der stillen Gesellschaft als auch beim partiarischen Darlehen auf eine längerfristige Überlassung gerichtet sein. Dies gibt dem Kaufmann betriebswirtschaftliche Planungssicherheit. Vor allem aber kann die Gewinnbeteiligung nur so für beide Parteien ausgewogen, weil unabhängig von kurzfristigen Schwankungen, festgesetzt werden. Wünschen die Vertragspartner eine kurzfristigere Lösungsmöglichkeit, so bleibt es ihnen unbenommen, dies entsprechend zu vereinbaren.

Die Schwierigkeit der Abgrenzung wird von *Larenz/Canaris*, *Huffer* und *Medicus* zutreffend gesehen.[71] Die angebotene Lösung eines fließenden Übergangs der Rechtsfolgen kann jedoch keine Zustimmung finden. Rechtssicherheit und damit letztlich auch Rechtsstaatlichkeit verlangen, jedem Rechtsverhältnis nach Möglichkeit diejenigen Normen zuzuweisen, die auf das

---

70 MünchKommHGB/K. Schmidt, § 230 Rz. 59; MünchHdb. StG/Bezzenberger/Keul, § 73 Rz. 13; Blaurock, Rz. 8.22; Koenigs, S. 29.

71 Vgl. Fn. 45 und 46.

Verhältnis Anwendung finden, und sei es auch nur dispositiv. Mit den §§ 230 ff. HGB steht insoweit ein Normenkomplex zur Verfügung, der einen sachgerechten Interessenausgleich ermöglicht.

d) Zwischenergebnis

Im Ergebnis ist festzuhalten, dass eine Differenzierung zwischen partiarischem Darlehen und typischer stiller Gesellschaft tatbestandlich nicht willkürfrei möglich ist. Eine Abgrenzung ist allerdings mit Blick auf die Rechtsfolgen sachlich auch nicht notwendig. Mit den Vorschriften der §§ 230 ff. HGB besteht ein System gesetzlicher Regelungen, das der typischen Interessenlage jeder Form der Kapitalüberlassung gegen Gewinnbeteiligung an einen Kaufmann grundsätzlich gerecht wird. Der nachgiebige Charakter eines Großteils dieser Normen ermöglicht die individuelle Anpassung an die Vorstellungen der Vertragsparteien.
Eine Ausnahme bildet der wohl eher theoretische Fall, dass ein Darlehen zum Privatkonsum gegen Gewinnbeteiligung gewährt wird. Eine stille Gesellschaft liegt bereits begrifflich nicht vor, ein gemeinsamer Zweck lässt sich nicht feststellen. Folglich unterliegt ein solches Rechtsverhältnis als Austauschvertrag allein den Regelungen über das Gelddarlehen.

2. Partiarische Dienstverträge

Der stille Gesellschafter kann als gesellschaftsrechtlichen Beitrag seine persönliche Arbeitskraft zur Erbringung einer Dienstleistung gegen eine Gewinnbeteiligung einbringen. Aber auch Arbeitnehmern, insbesondere leitenden Angestellten, wird in Ergänzung oder an Stelle ihrer Lohn- und Gehaltsansprüche oftmals eine erfolgsabhängige Vergütung gezahlt, die Leistungsanreize schaffen soll. Es ist daher zu überlegen, ob und gegebenenfalls wie eine Differenzierung zwischen stiller Gesellschaft und partiarischem Dienstverhältnis zu erfolgen hat. Die Frage stellt sich allerdings nur, soweit dem Arbeitnehmer tatsächlich eine gewinnbezogene Vergütung gewährt wird. Eine bloße Umsatzbeteiligung vermag auch dann keine stille Gesellschaft zu begründen, wenn der Angestellte eine unternehmergleiche Stellung innehat und kapitalmäßig mit dem Unternehmen verbunden ist, denn es fehlt an dem für die stille Gesellschaft erforderlichen Merkmal der Gewinnbeteiligung.[72]

Ausgangspunkt muss wiederum der gemeinsame Zweck als das den Gesellschaftsbegriff notwendig kennzeichnende Merkmal sein. Zum partiarischen

---

72 BFH v. 11.11.1965 – IV 82/62, BStBl. III 1966, 95.

Darlehen wurde festgehalten, dass der gemeinsame Zweck sowohl bei diesem als auch bei der stillen Gesellschaft stets maßgeblich durch die Ergebnisbeteiligung unter Einsatz des überlassenen Kapitals definiert wurde.

Nun wird auch der am Gewinn beteiligte Arbeitnehmer ein Interesse an einem guten Betriebsergebnis haben. Die Situation stellt sich jedoch insgesamt anders dar. Während das Gesellschaftsverhältnis durch ein kooperatives Zusammenwirken prinzipiell gleichrangiger Partner gekennzeichnet ist, liegt dem Arbeitsverhältnis ein soziales Abhängigkeitsverhältnis zugrunde, das durch die Leistungspflicht des Arbeitnehmers geprägt wird.[73] Die zumindest teilweise Ersetzung der Gegenleistung in Form einer festen Vergütung durch eine variable Gewinnbeteiligung lässt das Über-Unterordnungsverhältnis im Regelfall unberührt. Findet keine darüber hinausgehende Koordinierung der Interessen und eine damit verbundene Gleichstellung der Vertragschließenden statt, bleibt der synallagmatische Charakter des Austauschverhältnisses weiter bestehen. Das partiarische Dienstverhältnis ist demnach nicht in gleicher Weise wie das partiarische Darlehen durch einen mit der stillen Gesellschaft übereinstimmenden gemeinsamen Zweck gekennzeichnet, so dass eine Differenzierung zwischen diesen beiden Rechtsverhältnissen notwendig ist.

Grundlage einer Abgrenzung kann die Bezeichnung des Vertragsverhältnisses durch die Parteien sein[74]; allerdings bietet sie nur begrenzt Hilfestellung. Ein wichtigeres Indiz für eine stille Gesellschaft ist die Verbuchung eines Guthabens für die geleisteten Dienste auf einem Einlagekonto, das zum Gewinnbezug berechtigt.[75] Das Einlagekonto ist Strukturmerkmal der stillen Gesellschaft. Denkbar sind aber auch Fälle, in denen die Gesellschafter nach Würdigung der Umstände eine stille Gesellschaft gewollt und vereinbart haben, die buchhalterische Umsetzung durch Errichtung eines Einlagekontos bislang aber unterblieben ist.[76] Der Wille der Vertragsparteien ist daher im Übrigen

---

73 BFH v. 12.7.1983 - I R 144/79, BStBl. II 1984, 373; Düringer/Hachenburg/Flechtheim, HGB, § 335 Anm. 10; Böttcher/Zartmann/Faut, S. 56; MünchHdb. StG/Bezzenberger/ Keul, § 73 Rz. 20; Post/Hoffmann, S. 32; Schön, ZGR 1993, 210, 225.

74 BGH v. 9.2.1967 – III ZR 226/64, WM 1967, 321, 322; BFH v. 22.10.1987 - IV R 17/84, BStBl. II 1988, 62; OLG Frankfurt v. 1.12.1981 – 5 U 114/81, WM 1982, 198, 199; MünchHdb. StG/Bezzenberger/Keul, § 73 Rz. 12; Koenigs, S. 30.

75 Niedersächsisches FG v. 25.6.2003 - 3 K 38/02, DStRE 2003, 1338, 1339; MünchKommHGB/K. Schmidt, § 230 Rz. 55; v. Gerkan in: Röhricht/G. v. Westphalen, HGB, § 230 Rz. 57.

76 GroßkommHGB/Zutt, § 230 Rz. 24.

unter Heranziehung aller erkennbaren Umstände zu ermitteln. Regelmäßig werden die Merkmale eines Dienstvertrages klar hervortreten, etwa durch die Vereinbarung eines Weisungsrechts, eines festen Gehalts, das für den Lebensunterhalt ausreichend ist oder die Sicherung der Altersversorgung.[77] Haben die Beteiligten hingegen Vereinbarungen getroffen, die bei einer Gesamtbetrachtung die Neben- oder Gleichordnung im Wege einer partnerschaftlichen Zusammenarbeit vorsehen, führt dies zur Annahme einer stillen Gesellschaft.[78] Dies setzt aber die besondere Einbindung des Dienstverpflichteten in das Unternehmen des Geschäftsinhabers voraus, etwa durch die Mitwirkung bei der Geschäftsführung, Teilnahme am Verlust oder sogar die schuldrechtliche Beteiligung am Unternehmensvermögen, wenn als Folge der wirtschaftliche Zweck der jeweiligen Leistungen so aufeinander abgestimmt ist, dass er die gesellschaftsrechtlichen Bindungen einer stillen Gesellschaft rechtfertigt.[79]

Davon zu unterscheiden ist der Anspruch auf Erteilung der für die Gewinnberechnung notwendigen Auskünfte, der auch dem partiarisch Dienstverpflichteten zusteht, gleichgültig ob er ihn selbst oder durch Einschaltung eines Wirtschaftsprüfers wahrnimmt.[80]

Nicht nur die Voraussetzungen eines partiarischen Dienstverhältnisses unterscheiden sich von denen einer stillen Gesellschaft, auch die Unterschiede in den Rechtsfolgen sind gravierend. Eine Gleichbehandlung widerspricht damit nicht nur den jeweiligen Parteiinteressen, sondern ist auch aus sozialpolitischen Erwägungen heraus abzulehnen. So sind Kündigungsfristen und Haftungsmaßstäbe betroffen. Insbesondere ist der stille Gesellschafter kein Arbeitnehmer im Sinne des Arbeits-, Sozial- und Steuerrechts, er kann also nicht auf den dort verankerten Arbeitnehmerschutz zurückgreifen.[81]
Abweichend von der Situation beim partiarischen Darlehen ist mithin im Ergebnis der deutlich zu Tage tretenden Unterscheidung zwischen partiarischem Dienstverhältnis und stiller Gesellschaft insbesondere auch mit Blick auf die Rechtsfolgenseite Rechnung zu tragen, indem eine tatbestandliche Abgrenzung anhand der dargelegten Kriterien erfolgt.

---

77 BFH v. 7.12.1983 - I R 144/79, BB 1984, 1028, 1029.

78 BFH v. 7.12.1971 – I R 78/68, BStBl. II 1971, 815; GroßkommHGB/Zutt, § 230 Rz. 24; Post/Hoffmann, S. 33.

79 BFH v. 7.12.1983 – I R 144/79, BB 1984, 1028, 1029; MünchHdb. StG/Bezzenberger/Keul, § 73 Rz. 22; Koenigs, S. 38 f.

80 Blaurock, Rz. 8.44.

81 MünchHdb. StG/Bezzenberger/Keul, § 73 Rz. 21; Koenigs, S. 38; P. Hartmann, S. 21.

3. Partiarische Miet- und Pachtverträge

Miet- und Pachtverträge können so ausgestaltet sein, dass an Stelle oder in Ergänzung eines festen Zinses eine Gewinnbeteiligung des Vermieters oder Verpächters vereinbart wird. Aber auch die Beitragsleistung des stillen Gesellschafters kann erbracht werden, indem er dem Geschäftsinhaber bestimmte Gegenstände zum Gebrauch überlässt, ohne das Eigentum an ihnen zu übertragen.

Auch hier ist zunächst die Frage nach einem gemeinsamen Zweck im Sinne des § 705 BGB zu stellen, der die stille Gesellschaft von einer schuldrechtlichen Gebrauchsüberlassung gegen Gewinnbeteiligung abgrenzen könnte. Zu Recht wird für diesen Fall auf die typisch synallagmatische Struktur einer entgeltlichen Gebrauchsüberlassung hingewiesen.[82] Während die Parteien des partiarischen Darlehens in gleichem Maße wie die einer stillen Gesellschaft an der Erzielung eines möglichst hohen Gewinns unter Einsatz des überlassenen Kapitals interessiert sind, können die Interessen der Beteiligten eines partiarischen Gebrauchsüberlassungsvertrages bezogen auf das Nutzungsrisiko, den Wertverzehr und den anfallenden Erhaltungs- und Investitionsaufwand für den zur Nutzung überlassenen Gegenstand durchaus in entgegengesetzte Richtungen weisen. Eine intensive Nutzung der überlassenen Sache kann den Gewinnanteil des Vermieters oder Verpächters erhöhen, gleichzeitig aber auch den Wert der Sache mindern.[83] Die Gewinnbeteiligung im Rahmen eines Miet- oder Pachtvertrages bleibt damit Bestandteil des durch Interessenpolarität gekennzeichneten Synallagmas, ohne einen gemeinschaftlichen Zweck zu begründen, der auf einen gesellschaftsrechtlichen Charakter des Rechtsverhältnisses hindeuten könnte. Auch hier bedarf es daher einer sorgfältigen Abgrenzung zwischen stiller Gesellschaft und partiarischem Rechtsverhältnis.

Wichtiges Kriterium für das Vorliegen einer stillen Gesellschaft ist bereits rein äußerlich, wie in der Abgrenzung zum partiarischen Dienstvertrag auch, die Errichtung eines Einlagekontos als zwingende Voraussetzung der stillen Gesellschaft.[84] Überwiegen wird die Ausgestaltung der Gebrauchsüberlassung als Austauschvertrag. Nur wenn sich aus bestimmten Hinweisen ergibt, dass ein besonders hohes Risiko eingegangen wird, verbunden mit einer höheren Vergütung und besonderen Kontrollbefugnissen oder Mitspracherechten, lässt

---

[82] Schön, ZGR 1993, 210, 221.

[83] Schön, a. a. O.

[84] MünchKommHGB/K. Schmidt, § 230 Rz. 56; v. Gerkan in: Röhricht/G. v. Westphalen, HGB, § 230 Rz. 58.

dies auf den Willen der Parteien schließen, sich zur Förderung eines gemeinsamen Zwecks gesellschaftsrechtlich zu verbinden.[85]

Auf der Rechtsfolgenseite sind vor allem die unterschiedlichen Kündigungsfristen und Haftungsmaßstäbe zu beachten[86], die im Falle des Fehlens vorrangiger vertraglicher Vereinbarungen zum Tragen kommen. Wichtige Unterschiede ergeben sich darüber hinaus auch aus dem Pfandrecht des Vermieters bzw. Verpächters an eingebrachten Sachen gemäß den §§ 562, 581 Abs. 2 BGB, sowie aus der Regelung der §§ 571, 581 Abs. 2 BGB, wonach bei Veräußerung der überlassenen Sache der Erwerber in das Miet- oder Pachtverhältnis eintritt. Schließlich erfasst der besondere insolvenzrechtliche Anfechtungstatbestand des § 136 InsO nur die stille Gesellschaft[87], so dass auch insoweit eine Abgrenzung bedeutsam werden kann.

4. Ergebnis

Die Abgrenzung der stillen Gesellschaft von partiarischen Rechtsverhältnissen gestaltet sich in der Praxis oftmals schwierig. Insbesondere für das partiarische Darlehen bleibt nur die Feststellung, dass eine sinnvolle Trennung von der typischen stillen Gesellschaft nicht möglich ist. Das Interesse an einer Gewinnerzielung mit Hilfe des überlassenen Kapitals ist bei den beiden Rechtsinstituten nicht unterscheidbar. Legt man diese Prämisse zugrunde, ergibt sich, dass eine Differenzierung nach den Rechtsfolgen - entgegen der traditionellen Auffassung - auch nicht notwendig ist. Das partiarische Darlehen ist daher den Regelungen über die stille Gesellschaft zu unterstellen.
Anders verhält es sich mit partiarischen Dienst- und Gebrauchsüberlassungsverträgen. Ein gemeinsamer Zweck, der ein gesellschaftsrechtliches Band zwischen den Beteiligten schaffen könnte, lässt sich hier nicht grundsätzlich feststellen. Es bleibt daher erforderlich, im konkreten Einzelfall im Rahmen einer Gesamtwürdigung aller Umstände den Parteiwillen hinsichtlich der Eingehung eines partiarischen Austauschverhältnisses oder einer stillen Gesellschaft zu ermitteln, um auf dieser Grundlage die einschlägigen Rechtsfolgen zu bestimmen.

---

85 MünchHdb. StG/Bezzenberger/Keul, § 73 Rz. 17; Blaurock, Rz. 8.48; Koenigs, S. 36.

86 Ausführlich Koenigs, S. 35; MünchHdb. StG/Bezzenberger/Keul, § 73 Rz. 16.

87 Zur analogen Anwendung des § 136 InsO auf alle Arten langfristiger Fremdfinanzierung vgl. D. VI. 3. d).

III. Rechtsverhältnisse bezüglich der Einlage

1. Die stille Einlage - im Grundsatz Fremdkapital

Gemäß § 230 Abs. 1 HGB hat der stille Gesellschafter seine Einlage so zu leisten, dass sie in das Vermögen des Geschäftsinhabers übergeht. Da demzufolge kein Gesellschaftsvermögen der stillen Gesellschaft entstehen kann, an dem der stille Gesellschafter gesamthänderisch beteiligt wäre, verbleibt ihm keinerlei dingliche Berechtigung in Bezug auf die geleistete Einlage. Nach Beendigung der stillen Gesellschaft kann er auch nicht die Herausgabe etwa eingebrachter Gegenstände verlangen. Lediglich ein obligatorischer, auf Geld lautender Anspruch gegen den Geschäftsinhaber steht dem Stillen im Hinblick auf die Einlage zu.[88]

Nach der gesetzlichen Regelung stellt die stille Einlage, im Gegensatz zur Hafteinlage des Kommanditisten im Sinne von §§ 171, 172 HGB, grundsätzlich kein haftendes Kapital dar. Zwar steht eine von dem stillen Gesellschafter geleistete Einlage den Gläubigern des Geschäftsinhabers vollen Umfangs zur Verfügung, denn sie unterliegt nach dem Übergang in das Vermögen des Inhabers uneingeschränkt dem Gläubigerzugriff im Wege der Zwangsvollstreckung.[89] Unmittelbar an den stillen Gesellschafter können sich die Gläubiger jedoch nicht halten, falls dieser die Einlage noch nicht erbracht hat; ebenso wenig ist der Stille nach Auflösung der Gesellschaft verpflichtet, seine rückständige Einlage über den Betrag hinaus zu erbringen, der zur Deckung seines Verlustanteiles erforderlich ist.[90] Besonders deutlich wird der Charakter der stillen Einlage in der Insolvenz: Gemäß § 236 HGB erhält der stille Gesellschafter bezüglich des seinen Anteil am Verlust übersteigenden Betrages die Stellung eines Insolvenzgläubigers, eine rückständige Einlage ist wie bei anderweitiger Auflösung nur in der Höhe des auf ihn entfallenden Verlustanteiles zu leisten. Im gesetzlichen Regelfall kommt der stillen Einlage daher lediglich die Bedeutung eines „internen Beitrages" zu, nicht jedoch einer „auch für das Außenverhältnis entscheidenden Haftsumme gegenüber den Gesellschaftsgläubigern", wie dies für Kommanditisten der Fall ist.[91] Wenngleich der

---

88 RG v. 20.12.1929 – II 66/29, RGZ 126, 386, 393; v. 20.4.1934 – II 39/34, RGZ 144, 246, 249 ff.; MünchHdb. StG/Kühn, § 83 Rz. 23; K. Schmidt, ZHR 140 (1976), 475, 481 u. 484 f.

89 Blaurock, Rz. 6.8; K. Schmidt, KTS 1977, 1, 4.

90 MünchHdb. StG/Kühn, § 83 Rz. 27.

91 BGH v. 24.9.1952 – II ZR 136/51, BGHZ 7, 174, 178; Heymann/Horn, HGB, § 230 Rz. 10; K. Schmidt, ZHR 140 (1976) 475, 481; vgl. auch Häsemeyer, Rz. 31.52, der darauf hinweist, dass die Einlage wie ein Darlehen behandelt wird.

Bundesgerichtshof feststellt, die stille Einlage sei „kein Leihkapital, sondern verantwortliches Kapital"[92], ist die stille Einlage damit nach der dargelegten gesetzgeberischen Konzeption zumindest im Grundsatz als Fremdkapital einzustufen.

Vertragliche Ausgestaltungen oder besondere gesetzliche Regelungen können eine Gleichbehandlung mit unternehmerischem Haftkapital erforderlich machen.[93] Dies ändert jedoch nichts an dem grundsätzlichen Fremdkapitalcharakter der stillen Einlage.

2. Differenzierung zwischen Einlage- und Organisationsverhältnis

Die Einordnung der stillen Gesellschaft als vertragliche Zweckgemeinschaft im Sinne der §§ 705 ff. BGB, also als Gesellschaft im Rechtssinne, wird heute nicht mehr in Frage gestellt.[94] Nach der Auffassung von *K. Schmidt*[95] sind jedoch bei der rechtlichen Beurteilung der stillen Gesellschaft zwei Ebenen zu unterscheiden: Zum einen das Einlageverhältnis, das die Guthaben und Leistungen unter den Gesellschaftern betrifft und das sich bilanziell ausdrücken lässt und zum anderen das Gesellschaftsverhältnis, das den Leistungen und Maßnahmen in der stillen Gesellschaft als Organisationsverhältnis zugrunde liegt.

Diese Differenzierung erscheint sinnvoll, weil sie auf der Basis einer teleologischen Auslegung der §§ 230 – 236 HGB die Struktur der stillen Gesellschaft zutreffend beschreibt. Die stille Gesellschaft ist Innengesellschaft ohne Gesamthandsvermögen, was dazu führt, dass schuldrechtliche Verbindungen zwischen den Gesellschaftern dominieren. Die Einlage hat typischerweise Fremdkapitalcharakter (s.o. B. III. 2.), sie lässt sich als „qualifiziertes Kreditverhältnis"[96] beschreiben. Zentrale Vorschrift im Hinblick auf die Regelung des Einlageverhältnisses ist § 230 HGB. Damit ist aber nicht gesagt, dass es sich bei der stillen Gesellschaft um einen bloß schuldrechtlichen Kredit handelt. Die mitgliedschaftlichen Rechte des stillen Beteiligungsverhältnisses haben insoweit schwerpunktmäßig in § 233 HGB ihren Niederschlag gefunden. Auch wenn der gesetzliche Regelfall die Rechte des Stillen, verglichen mit Ge-

---

92 BGH v. 24.2.1969 - II ZR 123/67, BGHZ 51, 350, 353.

93 Vgl. die ausführliche Darstellung unter D. II. 2.

94 Vgl. Fn. 13.

95 K. Schmidt, GesR, S. 1840; ders. DB 1976, 1705; ihm folgend Reusch, S. 68; Schlitt, S. 48.

96 K. Schmidt, ZHR 140 (1976), 475, 480; Schlitt, S. 48.

sellschaftern anderer Personengesellschaften, auf ein Minimum reduziert, so ist doch nicht zweifelhaft, dass die den Gesellschaftern gemeinsame Verpflichtung zur Förderung des Gesellschaftszwecks eine organisatorische Komponente erforderlich macht. Das Gesellschaftsverhältnis regelt folglich diese mitgliedschaftliche, nichtvermögensrechtliche Ausgestaltung der stillen Beteiligung. Eine Betrachtung der stillen Gesellschaft als einheitliche gesellschaftliche Beteiligung[97] wird dem vermögensrechtlichen Schuldverhältnis zwischen Stillem und Geschäftsinhaber in Bezug auf die Einlage hingegen nicht gerecht und vernachlässigt die besondere Stellung der stillen Gesellschaft im Gesamtgefüge der Personengesellschaften.

In der Praxis kann aufgrund des zumeist dispositiven Charakters der gesetzlichen Regelungen[98] eine erhebliche Abweichung vom gesetzlichen Leitbild eintreten, die nicht ohne Einfluss auf die Ausprägung und Gewichtung von schuldrechtlicher und mitgliedschaftlicher Komponente bleibt. Stets bleibt es aber bedeutsam, zwischen den beiden verschiedenen Ebenen zu differenzieren, um die Besonderheiten der stillen Gesellschaft sachgerecht zu erfassen.

---

97 GroßkommHGB/Zutt, § 230 Rz. 48; Koenigs, S. 130.

98 BGH v. 23.3.1961 – II ZR 256/59, WM 1961, 574, 575; GroßkommHGB/Zutt, § 230 Rz. 66; Kübler/Assmann, § 9 II. 1.; Koenigs, S. 17; Weigl, DStR 1999, 1568.

C. Besondere Erscheinungsformen der stillen Gesellschaft

I. Besondere Typenvielfalt

Die Gestaltungsmöglichkeiten bei der stillen Gesellschaft sind in besonderem Maße durch die Vertragsfreiheit geprägt. Aufgrund ihres Charakters als reine Innengesellschaft ohne Gesamthandsvermögen konnte anders als bei den Handelsgesellschaften auf gesetzliche Regelungen des Gläubigerschutzes, des Gesellschaftsvermögens sowie der Vertretungsmacht verzichtet werden.[99] Die wenigen im HGB niedergelegten Normen sind, vor allem in Bezug auf die Ausgestaltung des Innenverhältnisses, in weiten Teilen dispositiv. Lediglich die §§ 231 Abs. 2 Hs. 2, 233 Abs. 3, 234 Abs. 1, 236 Abs. 2 HGB enthalten zwingendes Recht[100] und bilden damit den für diese Gesellschaftsform notwendigen Rahmen. Weitere Beschränkungen können sich lediglich dann ergeben, wenn spezielle Regelungen für die Rechtsform des Geschäftsinhabers einschlägig sind. Insbesondere bei der vertraglichen Einräumung von Zustimmungs- und Weisungsrechten sind rechtsformspezifische Besonderheiten zu berücksichtigen. So ist beispielsweise im Recht der Aktiengesellschaft die ausschließliche Kompetenz zur Bestellung des Vorstands zwingend dem Aufsichtsrat zugewiesen (§ 84 AktG); diese Zuweisung kann nicht durch Einräumung eines Mitbestimmungsrechts an den stillen Gesellschafter unterlaufen werden.[101] Auch wenn das Recht des Vorstands zur eigenverantwortlichen Leitung der Aktiengesellschaft aus § 76 Abs. 1 AktG durch ein umfassendes Weisungsrecht des stillen Gesellschafters eingeschränkt werden soll, wird die Zulässigkeit eines solchen Vorgehens von der Vereinbarung eines Beherrschungsvertrages einschließlich der nach den §§ 291 ff. AktG verlangten formalen Voraussetzungen (insbesondere Zustimmung der Hauptversammlung und Eintragung in das Handelsregister) abhängen.[102]

Da aber - von den vorerwähnten rechtsformspezifischen Ausnahmen abgesehen - die Möglichkeit besteht, die stille Gesellschaft durch individuelle vertragliche Ausgestaltung mit größtmöglicher Flexibilität auf die Interessen der Gesellschafter abzustimmen, lässt sich mit ihr eine Vielzahl ausgesprochen unterschiedlicher Zwecke verfolgen. Dabei zeichnet sich die stille Gesellschaft dadurch aus, dass die Rechte des Stillen durch vertragliche Gestaltung, je nach

---

99 Düringer/Hachenburg/Flechtheim, HGB, § 335 Anm. 14; Blaurock, Rz. 4.24; MünchHdb. StG/Bezzenberger/Keul, § 73 Rz. 27.

100 V. Gerkan in: Röhricht/G. v. Westphalen, HGB, § 230 Rz. 65.

101 KölnKommAktG/Mertens, § 84 Rn. 9; Weigl, DStR 1999, 1568.

102 Weigl, DStR 1999, 1568, 1571.

Interessenlage, wesentlich stärker, aber auch erheblich schwächer ausgestaltet werden können, als dies für eine unmittelbare Beteiligung der Fall ist.

So eignet sich ein stilles Gesellschaftsverhältnis als Kapitalanlage mit begrenztem Risiko, beschränkt auf die Vermögenseinlage oder sogar unter völligem Ausschluss der Verlustbeteiligung. Die stille Gesellschaft stellt dabei ein wichtiges so genanntes „mezzanines Finanzierungsinstrument" dar, das heißt, sie ermöglicht die Zuführung von Kapital, das je nach Ausgestaltung mit eigenkapitalähnlichen Attributen ausgestattet sein kann.[103] In dieser Erscheinungsform schließt das stille Beteiligungsverhältnis die Lücke zwischen Krediten und „echtem" Eigenkapital und bietet dem Unternehmen die Vorteile einer Verbesserung der Bilanzstruktur ohne Einengung des Kreditspielraums und ohne Verwässerung der Anteilsstruktur der Altgesellschafter bei großer Flexibilität in der Ausgestaltung. Mit seiner Hilfe lässt sich zugleich der vielfach gehegte Wunsch verwirklichen, die Kapitalanlage vor der Öffentlichkeit geheim zu halten. Auch ist die Begründung und Auflösung einer Beteiligung grundsätzlich formlos und damit ausgesprochen unkompliziert möglich, wenngleich dieser Vorteil bei einer stillen Beteiligung an einer Aktiengesellschaft wegen ihrer Qualifikation als Teilgewinnabführungsvertrag[104] nicht zum Tragen kommt, da die Sondervorschriften der §§ 291 ff. AktG, d. h. insbesondere die Zustimmungspflicht der Hauptversammlung und die Eintragung in das Handelsregister, als konstitutive Wirksamkeitsvoraussetzungen zu beachten sind.

Gerade unter dem verhältnismäßig strikten Regime des Aktiengesetzes kann der stillen Beteiligung aber eine weitere wichtige Rolle zukommen. Wenngleich ein *umfassendes* Weisungsrecht, wie dargelegt, nur in Form eines Beherrschungsvertrags vereinbart werden kann, bietet ein stilles Beteiligungsverhältnis zumindest unterhalb dieser qualitativen Grenze die Möglichkeit, einem stillen Gesellschafter Einflussnahmemöglichkeiten auf die Geschäftsführung einzuräumen, während ein Aktionär grundsätzlich keinen unmittelbaren Einfluss auf die Geschicke der Gesellschaft nehmen kann. Diese Besonderheit macht die stille Beteiligung an einer Aktiengesellschaft insbesondere für Risi-

---

103 Häger/Elkemann-Reusch, Rz. 5.

104 BGH v. 21.7.2003 - II ZR 109/02, BGHZ 156, 38; OLG Stuttgart v. 16.6.1999 - 20 U 5/99, NZG 2000, 93, 94; OLG Celle v. 22.9.1999 - 9 U 1/99, NZG 2000, 85, 87; Hüffer, AktG, § 292 Rz. 15; MünchKommAktG/Altmeppen, § 292 Rz. 65; KölnKommAktG/Koppensteiner, § 292 Rz. 61; einschränkend für die „konzernexterne" stille Gesellschaft Schneider/Reusch, DB 1989, 713, 714 f.

kokapitalgeber (sog. venture-capital-Beteiligungen) attraktiv. Die Anlage von Risikokapital durch Unternehmensbeteiligungsgesellschaften in nicht börsennotierte Unternehmen zur Verbesserung der Kapitalausstattung wird durch das Gesetz über Unternehmensbeteiligungsgesellschaften[105] in besonderem Maße gefördert (§ 1a Abs. 2 UBGG). Auch die staatliche Förderung junger Unternehmen, zum Beispiel im politisch als förderungswürdig angesehenen Bereich der Windenergie, bedient sich der Rechtsform der stillen Gesellschaft. So hat etwa die Kreditanstalt für Wiederaufbau in einem joint venture mit der Deutschen Industriebank einen Mezzanine-Fonds aufgelegt, der Kapital in Form atypischer stiller Beteiligungen für mittelständische Unternehmen anbietet.[106]

Stille Publikumspersonengesellschaften wenden sich am so genannten „Grauen Kapitalmarkt" unter Betonung insbesondere steuerlicher Vorzüge an eine Vielzahl von Anlegern. Auch hier profitieren die Initiatoren von der großen Flexibilität der stillen Gesellschaft, die es ihnen ermöglicht, sich zur Wahrung der eigenen Vorteile die maßgebenden Entscheidungsbefugnisse und die dominierenden Gesellschafterstellungen unter gleichzeitiger Beschränkung der Mitverwaltungsrechte der Anleger einzuräumen.[107] Allerdings sind die Haftungsvorteile, die man sich aufgrund so genannter „gesplitteter Einlagen" - einer Kombination von Kommanditisten- und stiller Gesellschafterstellung - versprach, durch eine restriktivere Rechtsprechung gegenstandslos geworden.[108]

In einem gänzlich anders gelagerten Interessenbereich kann die stille Gesellschaft als Familiengesellschaft dazu dienen, Kinder an das Unternehmen heranzuführen und so auf eine Nachfolge vorzubereiten, sich dabei aber zugleich die Möglichkeit einer flexiblen Lösung offen zu halten. Die stille Gesellschaft kann Mittel zur Durchführung vorweggenommener Erbfolge sein oder testamentarische Erbansprüche abgelten und auf diesem Wege das Entstehen von Pflichtteilsansprüchen oder die Auseinandersetzung zwischen Gesellschafter- und Nichtgesellschafter-Erben vermeiden - so wird im Interesse des Unternehmens das Risiko eines Kapitalabflusses verringert.[109] In diesem Zusammenhang ist auch zu berücksichtigen, dass eine stille Beteiligung, jedenfalls in

105 In der Fassung v. 9.9.1998, BGBl I S. 2765.
106 Vgl. Pressemitteilung der KfW v. 18.11.2002.
107 Vgl. Reusch, S. 25.
108 Vgl. dazu ausführlich D. II. 2. b)aa).
109 Vgl. MünchHdb. StG/Bezzenberger/Keul, § 72 Rz. 37.

Form einer steuerrechtlich atypischen stillen Gesellschaft, sowohl im Hinblick auf bestimmte Vergünstigungen des ErbStG als auch unter bewertungsrechtlichen Gesichtspunkten erbschaftsteuerrechtlich günstiger sein kann als eine unmittelbare Beteiligung.[110] Beim Ausscheiden eines Gesellschafters aus einer handelsrechtlichen Personengesellschaft bietet ein stilles Beteiligungsverhältnis außerdem die Möglichkeit, der Gesellschaft den bisherigen Kapitalanteil als Vermögenseinlage zu überlassen, ohne dass der Gesellschafter für die nach dem Ausscheiden entstandenen Verbindlichkeiten persönlich haftet; seine Einlage kann er zurückfordern, ohne sich der Haftung des Kommanditisten aus §§ 172 Abs. 4, 171 Abs. 1 HGB aussetzen zu müssen.

Bei der Sanierung einer in die Krise geratenen Gesellschaft wiederum kann es sinnvoll sein, Forderungen als stille Beteiligungen einzubringen, die eventuell zu einem späteren Zeitpunkt in Anteile an der Geschäftsinhaber-Gesellschaft umgewandelt werden können, zumal auf diesem Wege vermieden werden kann, dass Zinszahlungen bei der Gesellschaft zu weiteren Verlusten führen. Auch wenn die Zuführung frischen Kapitals zu Sanierungszwecken beabsichtigt ist, kann die Begründung einer stillen Gesellschaft geeignetes Mittel sein, die Kapitalzufuhr ohne das formelle Verfahren einer Kapitalerhöhung zu bewirken.[111]

Ein weiterer praxisrelevanter Bereich findet sich in der Arbeitnehmerbeteiligung in Form einer stillen Gesellschaft. Die Teilhabe der Mitarbeiter am Unternehmenserfolg bietet den Vorteil größerer Lohnflexibilität bei höherer Motivation; dadurch kann insbesondere auch die Identifikation mit dem Unternehmen erhöht werden. Da der Gesetzgeber eine Beteiligung der Arbeitnehmer am Unternehmen rechtspolitisch für wünschenswert hält, wird die typische stille Beteiligung durch das 5. Vermögensbildungsgesetz[112] sogar staatlich bezuschusst.
Schließlich bieten sich zahlreiche steuerliche Gestaltungsmöglichkeiten, da sich mit der stillen Gesellschaft eine Vielzahl von Wegen für wirtschaftliche Verflechtungen und gegenseitige Beteiligungen eröffnet, mit Hilfe derer Einkünfte oder Verluste in steuerlich vorteilhafter Weise auf andere Personen oder Gesellschaften verlagert werden können.[113]

---

[110] Dazu Weigl, DStR 1999, 1568, 1573.
[111] Hess/Obermüller, Rz. 812; Vollmer/Maurer, DB 1994, 1173 ff.
[112] In der Fassung v. 29.12.2003, BGBl I S. 3076.
[113] Ausführlich Blaurock, Rz. 20.1 ff.; Koenigs, S. 43 ff.; Weimar, ZIP 1993, 1509, 1510.

Es liegt auf der Hand, dass die Vielzahl dieser stillen Gesellschaften und die sehr unterschiedlichen Beweggründe, die die Parteien jeweils zur Wahl dieser Rechtsform veranlasst haben, erhebliche Unterschiede in der praktischen Ausgestaltung der Rechtsbeziehungen nach sich ziehen. Daraus wird deutlich, dass sich die stille Gesellschaft in der Praxis zu einem sehr stark ausdifferenzierten Gesellschaftstyp entwickelt hat.[114]

II. Die typische stille Gesellschaft

Der Begriff der typischen stillen Gesellschaft stützt sich nicht auf die empirische Häufigkeit ihres Vorkommens. Er nimmt auch nicht Bezug auf bestimmte, festgelegte Tatbestandsmerkmale, sondern vielmehr auf den Gesamtzusammenhang des gesetzlichen Leitbildes, wie es in den §§ 230 ff. HGB verkörpert ist.[115] Dabei sind insbesondere die Merkmale des Fehlens einer Beteiligung des Stillen am Vermögen des Handelsgewerbes und an der Geschäftsführung hervorzuheben, darüber hinaus ist die typische stille Gesellschaft notwendig zweigliedrig ohne verbandsmäßige Organisation.[116]

III. Die atypische stille Gesellschaft

Die oben genannten Charakteristika sind zwar im Hinblick auf das gesetzliche Leitbild typisch, sie sind aber nicht begriffsnotwendig. Es bleibt daher den Gesellschaftern überlassen, im Hinblick auf den von ihnen verfolgten Gesellschaftszweck eine abweichende gesellschaftsvertragliche Ausgestaltung zu wählen, mit der sie ihre jeweiligen Interessen am vorteilhaftesten umsetzen können.

1. Begriff

Der Ursprung der begrifflichen Unterscheidung zwischen typischen und atypischen stillen Gesellschaften findet sich im Steuerrecht.[117] Ausgehend vom

---

[114] MünchKommHGB/K. Schmidt, § 230 Rz. 73; Post/Hoffmann, S. 26; Koenigs, S. 17.

[115] BGH v. 29.6.1970 – II ZR 158/69, BGHZ 55, 5, 7 (Die Parteien hatten die stille Gesellschaft gesellschaftsvertraglich als „atypisch" bezeichnet, der BGH stellte aber fest, dass es sich um eine im Allgemeinen der gesetzlichen Regelung entsprechende und damit „typische" stille Gesellschaft handelte); Blaurock, Rz. 4.25; MünchHdb. StG/Bezzenberger/Keul § 73 Rz. 28.

[116] MünchHdb. StG/Bezzenberger/Keul, § 73 Rz. 29; Blaurock, Rz. 4.25; Klauss/Mittelbach, Rz. 214.

[117] Düringer/Hachenburg/ Flechtheim, HGB, Vorbem. § 335 Anm. 2; Schulze-Osterloh, FS Kruse, S. 377 ff.

Begriff des Mitunternehmers handelt es sich im steuerrechtlichen Sinne um eine atypische stille Gesellschaft, wenn der stille Gesellschafter nicht nur an Gewinn und Verlust, sondern auch an den stillen Reserven beteiligt ist und ihm Mitspracherechte eingeräumt werden.[118] Dabei kann im Wege einer wirtschaftlichen Gesamtbetrachtung die weniger starke Ausprägung eines dieser Elemente ausgeglichen werden, wenn einem anderen Element dafür ein stärkeres Gewicht zukommt.[119] Als Folge erzielt der atypische stille Gesellschafter - im Gegensatz zum typischen stillen Gesellschafter - keine Einkünfte aus Kapitalvermögen, die nach § 20 Abs. 1 Nr. 4 EStG zu besteuern wären. Seine Einkünfte aus der stillen Beteiligung unterfallen vielmehr, wie Einkünfte aus einer Personenhandelsgesellschaft, den gewerblichen Einkünften im Sinne des § 15 Abs. 1 Nr. 2 EStG.

Der steuerrechtlichen Darstellungsweise folgend werden zum Teil auch in der gesellschaftsrechtlichen Literatur nur diejenigen stillen Gesellschaftsverhältnisse als „atypisch" bezeichnet, die eine Vermögens- oder Geschäftsführungsbeteiligung des stillen Gesellschafters vorsehen.[120] Nach ganz herrschender Terminologie ist demgegenüber immer dann von einer atypischen stillen Gesellschaft zu sprechen, wenn im Gesellschaftsvertrag von bedeutsamen, strukturbildenden Merkmalen des gesetzlichen Leitbildes, also der typischen stillen Gesellschaft, abgewichen wird.[121] Damit sind neben den oben genannten vor allem auch solche Gesellschaften mit erfasst, die von der Gesetzesvorstellung der Zweigliedrigkeit abweichen und eine verbandsmäßige Organisationsstruktur aufweisen. Die Frage der Verlustbeteiligung hingegen stellt kein geeignetes Abgrenzungskriterium dar, da sowohl die Vereinbarung als auch der Ausschluss der Verlustbeteiligung noch dem gesetzlichen Leitbild entsprechen, vgl. § 231 Abs. 2 HGB.

---

118 L. Schmidt, EStG, § 15 Rz. 343 f.; Schulze-Osterloh, FS Kruse, S. 377; Döllerer, DStR 1985, 295.

119 BFH v. 25.6.1984 – GrS 4/82, BStBl II 1984, 751, 769; L. Schmidt, EStG, § 15 Rz. 344; ausführlich zum Mitunternehmerbegriff im Allgemeinen Knobbe-Keuk, § 9 II 3.

120 V. Gerkan in: Röhricht/G. v. Westphalen, HGB, § 230 Rz. 66 ff., Kübler/Assmann, § 9 II. 2. c); Klaus/Mittelbach, Rz. 215 f.; Koenigs, S.50.

121 BGH v. 29.6.1970 – II ZR 158/69, BGHZ 55, 5, 7; MünchKommHGB/K. Schmidt, § 230 Rz. 74; Klauss/Mittelbach, Rz. 214; Rasner, S. 47; weiter Aulinger, S. 16, und Post/Hoffmann, S. 28, die jedwede Erweiterung der gesetzlichen Rechte des Stillen, bei der die gesetzlichen Regeln in irgendeiner Weise abgeändert werden, als „atypisch" bezeichnen.

Einigkeit besteht darüber, dass es sich bei den angesprochenen Gesellschaftsformen stets um Typen handelt, die ihrerseits flexibel ausgestaltet und auch miteinander kombiniert werden können.[122] Die Beteiligten haben die Möglichkeit, die fließenden Grenzen zwischen typischer und atypischer stiller Gesellschaft ihren ganz individuellen Bedürfnissen anzupassen. Daraus wird, insbesondere im Hinblick auf die eingangs geschilderte Typenvielfalt, deutlich, dass es „die" atypische stille Gesellschaft im Rechtssinne nicht gibt. Es kommt also im Gesellschaftsrecht weniger auf den Inhalt der jeweiligen Sprachregelung an, der nicht immer ganz deckungsgleich ist. Entscheidend für die Beantwortung einer gesellschaftsrechtlichen Fragestellung ist vielmehr stets die konkrete Ausgestaltung des jeweiligen Gesellschaftsvertrages im Einzelfall.[123] Nur auf dieser Grundlage lässt sich sodann sachgerecht entscheiden, ob die Abweichung vom gesetzlichen Leitbild derart gravierend ist, dass sie eine abweichende Behandlung auch im Hinblick auf die jeweils in Rede stehende Rechtsfolge erforderlich macht.

2. Erscheinungsformen der atypischen stillen Gesellschaft

In der Vielzahl der denkbaren Abweichungen vom gesetzlichen Idealtypus lassen sich gewisse Muster erkennen, die in der Praxis besonders häufig anzutreffen sind. Hervorzuheben sind die atypische stille Gesellschaft durch Gewährung von Verwaltungsrechten, durch vermögensmäßige Beteiligung des Stillen sowie die mehrgliedrige stille Gesellschaft. Diese sollen aus Gründen der leichteren Verständlichkeit und in Anlehnung an die gebräuchliche Sprachregelung als atypisch bezeichnet und im Folgenden näher erläutert werden. Werden dem stillen Gesellschafter neben der Vermögensbeteiligung auch Mitwirkungsrechte eingeräumt, die denen eines Kommanditisten entsprechen, bezeichnet *K. Schmidt*[124] diese Rechtsgebilde mit dem Begriff der „virtuellen Kommanditgesellschaft" oder „Innen-KG". Auch hier gilt jedoch, dass es angesichts der Vielzahl unterschiedlicher Ausprägungen weniger auf die Terminologie als auf die konkrete Bewertung im Einzelfall ankommt.

---

122 MünchKommHGB/K. Schmidt, § 230 Rz. 76; MünchHdb. StG/Bezzenberger/Keul § 73 Rz. 28; Blaurock, Rz. 4.26; Klauss/Mittelbach, Rz. 217; Koenigs, S. 17 ff.

123 MünchHdb. StG/Bezzenberger/Keul, § 73 Rz. 31; Klauss/Mittelbach, Rz. 217; Post/Hoffmann, S. 29.

124 MünchKommHGB/K. Schmidt, § 230 Rz. 81.

a) Atypische stille Gesellschaft durch Gewährung von Verwaltungsrechten

Die gesetzliche Regelung sieht vor, dass die Geschäftsführung allein in den Händen des Geschäftsinhabers liegt. Geschäfte der stillen Gesellschaft sind also solche des Inhabers, der sie im eigenen Namen führt und der nach außen auch nicht etwa als Vertreter der stillen Gesellschaft, sondern in eigener Sache auftritt, vgl. § 230 Abs. 2 HGB. Dem stillen Gesellschafter stehen demgegenüber im Innenverhältnis Kontrollrechte zu. Gemäß § 233 Abs. 1 HGB sind diese aber darauf beschränkt, die abschriftliche Mitteilung des Jahresabschlusses zu verlangen, verbunden mit einem Einsichtsrecht in Bücher und Papiere, um die Richtigkeit des Abschlusses zu überprüfen.

Davon abweichend ist es gesellschaftsvertraglich möglich, dem stillen Gesellschafter weitergehende Befugnisse verschiedener Intensität einzuräumen. Die Kontrollrechte des § 233 HGB können etwa erweitert werden, wobei jedoch allein hierin erst bei einer merklichen Abweichung von den gesetzlich vorgezeichneten Strukturen eine „Atypik" des Gesellschaftsverhältnisses im dargelegten Sinne zu sehen sein wird[125], da die Kontrollrechte noch keinen Einfluss auf die Geschäftsführung begründen. Sie dienen vielmehr der Sicherung der Vertragserfüllung durch den Geschäftsinhaber. Eine atypische stille Gesellschaft ist demgegenüber dann anzunehmen, wenn das Verhältnis zwischen den Gesellschaftern dahingehend verändert wird, dass dem Stillen ein maßgeblicher Einfluss auf die Geschäftsführung des Unternehmens eingeräumt ist.[126] Das kann dadurch geschehen, dass dem stillen Gesellschafter Zustimmungs- oder Widerspruchsrechte gewährt werden[127], wenn diese nicht auf den Fall der Änderung der Grundlagen des stillen Gesellschaftsverhältnisses beschränkt sind und damit unter Umständen auch dem typisch still Beteiligten zustehen.[128] Diese Zustimmungs- oder Widerspruchsrechte können entweder

---

125 MünchHdb. StG/Bezzenberger/Keul, § 73 Rz. 37; Blaurock Rz. 4.32; a.A. Böttcher/Zartmann/Faut, S. 134, allerdings davon ausgehend, dass die Erweiterung der Kontrollrechte zumeist mit einer Beteiligung an der Geschäftsführung und/oder am Vermögen einhergeht.

126 BGH v. 29.11.1952 – II ZR 15/52, BGHZ 8, 157, 160; v. 18.10.1965 – II ZR 232/63, WM 1966, 29, 30; v. 29.6.1992 - II ZR 284/91, NJW 1992, 2696, 2697; MünchHdb. StG/Bezzenberger/Keul, § 73 Rz. 37; Zacharias/Hebig/Rinnewitz, S. 36 f.; Koenigs, S. 156.

127 Ebenroth/Boujong/Joost/Gehrlein, HGB, § 230 Rz. 59; v. Gerkan in: Röhricht/G. v. Westphalen, HGB, § 230 Rz. 68; Blaurock, Rz. 4.32; MünchHdb. StG/Bezzenberger/Keul, § 73 Rz. 37.

128 MünchHdb. StG/Kühn, § 81 Rz. 17; Böttcher/Zartmann/Faut, S. 133; vgl. dazu auch Aulinger, S. 29, und Rasner, S. 78 f.

mit allgemeiner Geltung vereinbart oder auf bestimmte Geschäfte beschränkt werden.[129] Insbesondere in der Praxis der stillen Gesellschaft als mezzanines Finanzierungsinstrument werden dem Kapitalgeber regelmäßig neben umfassenden Informations- und Kontrollrechten wie etwa der regelmäßigen Übersendung betriebswirtschaftlicher Auswertungen häufig umfangreiche Zustimmungsvorbehalte für Geschäftsführungsentscheidungen eingeräumt, die nicht nur im Gesellschaftsvertrag, sondern auch in einer Geschäftsordnung für die Geschäftsführung verankert sein können.[130]
Weitergehend kann vertraglich ein Weisungsrecht des stillen Gesellschafters gegenüber dem Geschäftsinhaber festgelegt werden[131], denkbar ist auch die volle Gleichberechtigung des Stillen in der Geschäftsführung.[132] In diesem Fall kann die Geschäftsführung durch Geschäftsinhaber und stillen Gesellschafter intern als Einzel- oder Gesamtgeschäftsführung ausgestaltet sein, sogar eine Alleingeschäftsführung des Stillen ist in der atypischen stillen Gesellschaft möglich.[133]

Dabei ist stets zu beachten, dass sich die Rechte des stillen Gesellschafters auf das Innenverhältnis beschränken. Sie sind lediglich schuldrechtlich vereinbart und schränken die Verfügungsmacht des Geschäftsinhabers nicht ein, vgl. § 137 S. 1 BGB, § 126 Abs. 2 HGB, § 37 Abs. 2 GmbHG, § 82 Abs. 1 AktG. Folglich behält eine Geschäftsführungsmaßnahme des Inhabers ihre Wirksamkeit im Außenverhältnis, auch wenn sie ohne die vorgesehene Zustimmung, gegen den Widerspruch oder entgegen einer Weisung des still Beteiligten vorgenommen wird. Dieser ist darauf beschränkt, wegen einer Vertragsverletzung Schadensersatz zu verlangen oder die Gesellschaft aus wichtigem Grund zu kündigen.[134]

---

129 Ebenroth/Boujong/Joost/Gehrlein, HGB, § 230 Rz. 59; Koenigs, S. 156.

130 Häger/Elkemann-Reusch, Rz. 99.

131 BGH v. 29.11.1952 – II ZR 15/52, BGHZ 8, 157, 160; Rasner, S. 75; Schneider/Reusch, DB 1989, 713, 714.

132 BGH v. 6.11.1963 – IV ZR 32/63, WM 1964, 296; v. 18.10.1965 – II ZR 232/63, WM 1966, 29, 30; MünchKommHGB/K. Schmidt, § 230 Rz. 77; Zacharias/Hebig/Rinnewitz, S. 37; Koenigs, S. 156; beachte aber für den Bereich des Aktienrechts die unter C. I. dargelegten Einschränkungen.

133 Düringer/Hachenburg/Flechtheim, HGB, § 335 Anm. 25; GroßkommHGB/Zutt, § 230 Rz. 94; MünchKommHGB/K. Schmidt, § 230 Rz. 77; v. Gerkan in: Röhricht/G. v. Westphalen, HGB, § 230 Rz. 68; Zacharias/Hebig/Rinnewitz, S. 37; Klauss/Mittelbach, Rz. 230; ein uneingeschränktes Weisungsrecht gegenüber einer Handelsgesellschaft wird teilweise als bedenklich angesehen, vgl. Weigl, DStR 1999, 1568.

134 Koenigs, S. 159.

Von der Einräumung von Geschäftsführungsbefugnissen zu unterscheiden ist eine Vertretungsbefugnis des stillen Gesellschafters für das Unternehmen des Inhabers, die mit der Geschäftsführung verbunden werden kann.[135] Handelt es sich bei dem Unternehmen um einen Einzelkaufmann oder eine Personengesellschaft, kann die Vertretungsmacht nur rechtsgeschäftlich begründet werden, denn hier ist eine organschaftliche Vertretung durch außenstehende Dritte nicht möglich.[136] Bei einer Kapitalgesellschaft hingegen kann der stille Gesellschafter auch zum Geschäftsführer bzw. Vorstand ernannt werden, vgl. § 6 Abs. 2 S. 1 GmbHG und § 76 Abs. 3 AktG. Da die Vertretungsbefugnis das Innenverhältnis zwischen den Gesellschaftern nicht beeinflusst, vermag sie allein - anders als die Einräumung von Geschäftsführungsbefugnissen von einigem Gewicht - noch keine atypische stille Gesellschaft zu begründen.[137]

Die Umsetzung der Überwachungs- und Entscheidungsrechte kann durch die Berufung des stillen Gesellschafters in die Aufsichtsorgane einer Geschäftsinhaber-Gesellschaft erfolgen. Die Rechtsprechung hat in einigen Entscheidungen zu einer Personengesellschaft als Geschäftsinhaberin sogar anerkannt, dass dem stillen Gesellschafter das obligatorische Recht eingeräumt werden kann, in dem Mitgliederorgan des Geschäftsinhabers mitzuwirken und dort Stimmrechte auszuüben[138], eine mitgliedschaftliche Stellung erlangt der Stille dadurch nicht. Die Mitwirkung des ausschließlich still Beteiligten durch Ausübung von Stimmrechten in der Gesellschafterversammlung einer Kapitalgesellschaft wird hingegen abgelehnt.[139] Es bleibt jedoch möglich, dem stillen Gesellschafter in der Personen- wie in der Kapitalgesellschaft für bestimmte Angelegenheiten schuldrechtlich wirkende Zustimmungsvorbehalte gegenüber Gesellschafterbeschlüssen zu gewähren.[140]

b) Vermögensbeteiligung des stillen Gesellschafters

Gemäß § 230 Abs. 1 HGB geht die Einlage des stillen Gesellschafters in das Vermögen des Geschäftsinhabers über mit der Folge, dass die stille Gesell-

---

135 BGH v. 23.3.1961 – II ZR 256/59, WM 1961, 574, 575.

136 Vgl. zum Begriff der Selbstorganschaft K. Schmidt, GesR, S. 409 ff.

137 MünchKommHGB/K. Schmidt, § 230 Rz. 78; v. Gerkan in: Röhricht/G. v. Westphalen, HGB, § 230 Rz. 69.

138 BGH v. 17.12.1984 – II ZR 36/84, WM 1985, 284; v. 7.11.1988 – II ZR 46/88, WM 1989, 14, 15; ablehnend MünchKommBGB/Ulmer, § 717 Rz. 10; K. Schmidt, GesR, S. 605 f.

139 Rowedder/Schmidt-Leithoff/Koppensteiner, GmbHG, § 47 Rz. 25; Roth/Altmeppen, GmbHG, § 47 Rz. 19; Schulze zur Wiesche, Rz. 53.

140 Scholz/K. Schmidt, GmbHG, § 47 Rz. 12; MünchHdb. StG/Kühn, § 81 Rz. 40.

schaft kein gemeinschaftliches Gesellschaftsvermögen haben kann. Es kann aber dennoch ein Bedürfnis der Gesellschafter bestehen, den Stillen auch an Sachwerten teilhaben zu lassen und ihm eine Wertbeteiligung an der Substanz des Handelsgewerbes zu verschaffen. Gesellschaftsvertraglich lässt sich dies durch eine Abrede umsetzen, nach der der stille Gesellschafter am Gesellschaftsvermögen beteiligt wird. Auch hier entsteht aber kein Gesamthandsvermögen, an dem der Stille dinglich berechtigt sein könnte; lediglich schuldrechtlich wird er gegenüber dem Geschäftsinhaber so gestellt, als ob zwischen ihnen eine dingliche Vermögensgemeinschaft bestehen würde.[141]

Als Folge dieser Vereinbarung werden die Vermögensrechte des stillen Gesellschafters erweitert; sie hat Auswirkungen auf seinen Anteil am Gewinn und auf die Ermittlung des bei Auflösung der Gesellschaft entstehenden Auseinandersetzungsguthabens. Dritten gegenüber, also insbesondere Gläubigern des Inhabers, bleibt die obligatorische Mitberechtigung hingegen stets ohne Wirkung.[142] Sie hat allein im Innenverhältnis Auswirkungen, während das Handelsgewerbe nach außen weiterhin ausschließlich im Namen des Inhabers geführt wird.

aa) Auswirkungen auf die Gewinnermittlung

Gemäß § 231 Abs. 2 Hs. 2 HGB ist der stille Gesellschafter zwingend am Gewinn zu beteiligen, dieser ist gemäß § 232 Abs. 1 HGB am Schluss eines jeden Geschäftsjahres zu ermitteln. Ist der stille Gesellschafter auch am Verlust beteiligt, so sind die folgenden Ausführungen zur Gewinnermittlung sinngemäß auf einen eventuellen Verlustanteil zu übertragen.

Gewinn wird als positive Differenz zwischen Ertrag und Aufwand einer Rechnungsperiode definiert, die sich in der Vermehrung eines Reinvermögens niederschlägt[143], es ist zur Gewinnermittlung also ein Vermögensvergleich erforderlich.[144] Da kein Gesellschaftsvermögen der stillen Gesellschaft besteht, kann es bei der Gesellschaft aber keinen Vermögensvergleich und damit

---

141 RG v. 20.12.1929 – II 66/29, RGZ 126, 386, 390; BGH v. 24.9.1952 – II ZR 136/51, BGHZ 7, 174, 178; Düringer/Hachenburg/Flechtheim, HGB, § 335 Anm. 28; GroßkommHGB/Zutt, § 235 Rz. 24; MünchKommHGB/K. Schmidt, § 230 Rz. 79 f.; Ebenroth/Boujong/Joost/Gehrlein, HGB, § 230 Rz. 58; Blaurock, Rz. 4.28; MünchHdb. StG/Bezzenberger/Keul, § 73 Rz. 32; Zacharias/Hebig/Rinnewitz, S. 36; Rasner, S. 60; Koenigs, S. 50.

142 Blaurock, Rz. 4.29; Böttcher/Zartmann/Faut, S. 129.

143 Staudinger/Keßler, BGB, § 722 Rz. 1 f.

144 Döllerer, DStR 1985, 295.

auch keinen Gewinn geben. Der Gewinn aus der stillen Gesellschaft kann demnach kein eigenes Ergebnis der stillen Gesellschaft selbst sein. Maßgeblich ist vielmehr ein Vermögensvergleich des Geschäftsinhabers mit dem daraus abzuleitenden Gewinn, an dem der stille Gesellschafter anteilig partizipiert.[145] Gesetzlich ist allerdings nicht geregelt, wie der Gewinn, an dem der stille Gesellschafter teilhat, im Einzelnen zu berechnen ist. Auch schreibt § 232 Abs. 1 HGB nicht ausdrücklich vor, dass die Ermittlung notwendig anhand des handels- oder steuerrechtlichen Jahresabschlusses des Geschäftsinhabers zu erfolgen hat.

Vertraglich kann als Bemessungsgrundlage im Ausgangspunkt sowohl die Handels- als auch die Steuerbilanz herangezogen werden.[146] Die handelsrechtlichen Bewertungsvorschriften sind in stärkerem Maße als die steuerrechtlichen durch das Vorsichtsprinzip gekennzeichnet, folglich ist es dem Geschäftsinhaber in größerem Umfang gestattet, stille Reserven durch Unterbewertung von Aktiva und Überbewertung von Passiva zu bilden, was sich zu Lasten des jährlichen Gewinns niederschlägt. Die Steuerbilanz andererseits kann den Jahresgewinn nicht exakt abbilden, weil bestimmte Aufwendungen steuerlich nicht als Betriebsausgabe anerkannt werden und das Ergebnis auf diese Weise verzerren.[147] Es empfiehlt sich, im Gesellschaftsvertrag im Einzelnen zu regeln, welche Bilanz als Grundlage für die Ermittlung des Gewinnanteils dienen soll und wie Bewertungswahlrechte auszuüben sind. Ohne vertragliche Regelung wird mangels anderer Anhaltspunkte der Handelsbilanzgewinn als Ausgangsgröße zu wählen sein. [148]

Damit ist der Vorgang der Gewinnermittlung aber nicht abgeschlossen. Jedenfalls für den typischen, nicht am Gesellschaftsvermögen beteiligten stillen Gesellschafter bleibt es erforderlich, intern Korrekturen vorzunehmen, da nicht immer alle Gewinne und Verluste zwischen ihm und dem Inhaber maßgeblich sind. Der im Jahresabschluss berechnete Gewinn umfasst das gesamte Ergebnis des Ermittlungszeitraums und damit möglicherweise auch Erträge, an denen der stille Gesellschafter nicht beteiligt ist.

Unstrittig ist dabei, dass unzulässige oder private Geschäfte keinen Einfluss auf die Gewinnermittlung beim Stillen haben.[149] Weitere Einzelheiten der Ge-

---

145 MünchHdb. StG/Bezzenberger/Keul, § 86 Rz. 1; Döllerer, DStR 1985, 295.

146 BFH v. 9.7.1969 – I R 188/67, BStBl II 1969, 690 ff.; Goette, DStR 1995, 1843.

147 Vgl. Blaurock, Rz. 14.31.

148 Koller/Roth/Morck, HGB, § 232 Rz. 1; Blaurock, Rz. 14.18; Post/Hoffmann, S. 57; Schulze-Osterloh, FS Kruse, S. 386; Sudhoff, NJW 1960, 2121.

149 RG v. 8.3.1918 – II 409/17, RGZ 92, 292, 293; BGH v. 29.6.1987 – II ZR 173/86, WM 1987, 1193, 1194; GroßkommHGB/Zutt, § 232 Rz. 92; Baumbach/Hopt, HGB,

winnermittlung werden hingegen uneinheitlich beurteilt. Die herrschende Meinung differenziert für den typischen stillen Gesellschafter nach der Herkunft der Gewinne und Verluste: Sie sind nur zu verteilen, wenn sie auf dem Geschäftsbetrieb des Inhabers beruhen, das heißt, wenn sie aus Geschäften erzielt werden, die der gewöhnliche Betrieb des Handelsgewerbes mit sich bringt.[150] Dieser so genannte Betriebsgewinn erfasst jegliche Wertveränderungen des Umlaufvermögens, soweit sie im Jahresabschluss realisiert sind.[151] Dies betrifft sowohl Gewinne aus Umsatzgeschäften als auch andere erfolgswirksame Veränderungen.[152]

Auch Wertveränderungen des Anlagevermögens sind zu berücksichtigen, soweit sie auf die Unternehmenstätigkeit zurückzuführen sind. Dies ist etwa für Abschreibungen wegen abnutzungsbedingter Wertminderungen der Fall.[153] Aber auch der An- und Verkauf von Gegenständen des Anlagevermögens kann dem Betriebsgewinn unterfallen, wenn die realisierten Erträge auf frühere Minderungen des Betriebsgewinns zu Lasten des Stillen zurückzuführen sind und die Umsätze sich im betriebsüblichen Rahmen halten.[154] Wertveränderungen des Anlagevermögens, die nicht im Zusammenhang mit der Unternehmenstätigkeit stehen, sondern extern, z. B. marktbedingt, sind, berücksichtigt die herrschende Meinung für die Gewinnermittlung des typischen stillen Gesellschafters hingegen nicht. Dies ergebe sich daraus, dass das geltende Recht Wertveränderungen an Vermögensgegenständen dem Rechtsträger zuweise und ein Dritter daran nur teilhaben könne, wenn dies schuldrechtlich wirksam vereinbart sei.[155] Des Weiteren beteilige sich der stille

---

§ 232 Rz. 2; MünchKommHGB/K. Schmidt, § 232 Rz. 7; Ebenroth/Boujong/Joost/Gehrlein, HGB, § 232 Rz. 11; MünchHdb. StG/Bezzenberger/Keul, § 86 Rz. 15; Schulze-Osterloh, FS Kruse, S. 380.

150 RG v. 20.12.29 – II 66/29, RGZ 126, 386, 393; GroßkommHGB/Zutt, § 232 Rz. 6; Ebenroth/Boujong/Joost/Gehrlein, HGB, § 232 Rz. 9; Heymann/Horn, HGB, § 232 Rz. 2; Schlegelberger/K. Schmidt, HGB, § 337 Rz. 5 f.; Blaurock Rz. 14.43; MünchHdb. StG/ Bezzenberger/Keul, § 86 Rz. 2; Klauss/Mittelbach, Rz. 137 ff.

151 Baumbach/Hopt, HGB, § 232 Rz. 1, 3; Hense, S. 35.

152 MünchKommHGB/K. Schmidt, § 232 Rz. 8; Hense, S. 36; v. Gerkan in: Röhricht/G. v. Westphalen, HGB, § 232 Rz. 3.

153 MünchKommHGB/K. Schmidt, § 232 Rz. 9; Baumbach/Hopt, HGB, § 232 Rz. 1; Blaurock, Rz. 14.46; MünchHdb. StG/Bezzenberger/Keul, § 86 Rz. 14; Koenigs, S. 187; Klauss/Mittelbach, Rz. 140.

154 Düringer/Hachenburg/Flechtheim, HGB, § 337 Anm. 6; GroßkommHGB/Zutt, § 232 Rz. 11; Schlegelberger/K. Schmidt, HGB, § 337 Rz. 9; Rasner, S. 63; Böttcher/Zartmann/Faut, S. 76, stellen darauf ab, ob die Gegenstände während der Dauer der stillen Gesellschaft angeschafft wurden.

155 Schlegelberger/K. Schmidt, HGB, § 337 Rz. 5; GroßkommHGB/Zutt, § 232 Rz. 6.

Gesellschafter an einem Handelsgewerbe, so dass nach dem gemeinsamen Zweck nur eine Beteiligung am unmittelbar aus dem Geschäftsbetrieb folgenden Betriebsgewinn gewollt sei.[156]

Eine solche Begrenzung wird jedoch von einigen Stimmen im Schrifttum abgelehnt. Danach soll statt des Betriebsgewinns der gesamte Unternehmensgewinn als Bemessungsgrundlage dienen. Dazu wird ausgeführt, dass das Anlagevermögen für den Betrieb des Geschäftsinhabers ebenso erforderlich sei wie das Umlaufvermögen[157] und sich der gemeinsame Zweck auf alle Erträge des Unternehmensvermögens erstrecke.[158]

Diese Auffassung vermag nicht zu überzeugen. Zwar mag das Anlagevermögen in gleicher Weise betriebsnotwendig sein wie das Umlaufvermögen. Wer nicht selbst Rechtsträger ist, kann aber nur aufgrund einer obligatorischen Berechtigung an Wertveränderungen teilhaben. Daran ändert auch der Einwand nichts, dies würde dazu führen, dass der typische Stille letztlich nie an Wertveränderungen des Anlagevermögens beteiligt wäre, da Rechtsträger immer der Geschäftsinhaber sei.[159] Denn er verkennt, dass eine schuldrechtliche Teilhabe des typischen stillen Gesellschafters an Wertveränderungen besteht, aber nur am Handelsgewerbe des Inhabers mit dem daraus resultierenden Geschäftsbetrieb und damit auch an solchen Veränderungen des Anlagevermögens, die durch den Geschäftsbetrieb bedingt sind. An der Substanz des Unternehmens soll der typische stille Gesellschafter aber gerade nicht beteiligt sein.

Weiter wird dargelegt, dass die von dem stillen Gesellschafter geleistete Einlage in den Gesamtaufwand des Unternehmens eingehe und nicht mit der Beschränkung erbracht werde, nur für betriebsbezogene Geschäfte Verwendung zu finden.[160] Daraus kann aber nicht der Schluss gezogen werden, dass sich der gemeinsame Zweck auf alle Erträge des Unternehmensvermögens erstrecke, der Stille mithin am Gesamterfolg zu beteiligen sei. Dass die Einlage im Vermögen des Geschäftsinhabers aufgeht, ist gesetzlich angeordnete Rechts-

---

156 Schlegelberger/K. Schmidt, HGB, § 337 Rz. 3; GroßkommHGB/Zutt, § 232 Rz. 6; MünchHdb. StG/Bezzenberger/Keul, § 86 Rz. 2; Koenigs, S. 188 f.

157 Sudhoff, NJW 1960, 2121, 2123.

158 Zinkeisen, S. 39; Klöpper, S. 76; ähnlich auch Schulze-Osterloh, FS Kruse, S. 384 ff., der jedoch die vor Beginn der stillen Gesellschaft bestehenden stillen Reserven durch Erstellung einer Ergänzungsbilanz eliminieren will.

159 So Klöpper, S. 75.

160 Zinkeisen, S. 39; Klöpper, S. 76.

folge des § 230 Abs. 1 HGB. Der Gesellschaftszweck ist davon zu trennen, er beschränkt sich für den typischen stillen Gesellschafter eben auf die dargelegte Teilhabe an unternehmerischen Geschäften im Rahmen des Handelsgewerbes. Eine Ausdehnung der Gewinnbeteiligung in der typischen stillen Gesellschaft auf den gesamten Unternehmensgewinn einschließlich extern bedingter Wertveränderungen des Anlagevermögens ist daher abzulehnen. Daran vermögen auch Abgrenzungsschwierigkeiten in der praktischen Umsetzung nichts zu ändern. Sie sollten vielmehr, wie in der Wirtschaftspraxis auch üblich, dazu führen, die Einzelheiten der Gewinnermittlung vertraglich klar und eindeutig festzulegen.

Die geschilderten Maßstäbe der Gewinnermittlung verändern sich demgegenüber erheblich, wenn eine Vermögensbeteiligung des stillen Gesellschafters vereinbart wird. Bei dieser Form der atypischen stillen Gesellschaft wird der stille Gesellschafter, obwohl nur schuldrechtlich am Vermögen beteiligt, im Verhältnis zum Geschäftsinhaber wie ein Gesamthänder gestellt. Einem derart atypisch still Beteiligten wird das Ergebnis des Geschäftsinhabers zur Ermittlung seines obligatorischen Gewinnanspruches gegen den Geschäftsinhaber daher auch so zugerechnet, als wäre er Gesellschafter einer Personenhandelsgesellschaft.[161]

Berechnungsgrundlage ist danach der Unternehmensgewinn, wie er sich aus der Handelsbilanz oder, falls vereinbart, Steuerbilanz, ergibt.[162] Grundsätzlich sind alle Gewinne und Verluste mit einzubeziehen, denn die atypische stille Beteiligung erstreckte sich bereits bei Beginn der Gesellschaft aufgrund der obligatorischen Zuweisung auf das Geschäftsvermögen des Inhabers einschließlich der stillen Reserven. In der Folge nimmt der dergestalt Beteiligte nicht nur an Wertveränderungen des Umlaufvermögens, sondern auch an solchen des Anlagevermögens, des Firmenwertes und der Rücklagen teil.[163] Unzulässige oder private Geschäfte haben hingegen auch beim atypischen stillen Gesellschafter keinen Einfluss auf die Gewinnermittlung.[164]

161 GroßkommHGB/Zutt, § 232 Rz. 19; MünchKommHGB/K. Schmidt, § 230 Rz. 80; Blaurock, Rz. 14.41; MünchHdb. StG/Bezzenberger/Keul, § 86 Rz. 35.

162 Heymann/Horn, HGB, § 232 Rz. 2; Ebenroth/Boujong/Joost/Gehrlein, HGB, § 232 Rz. 27; MünchKommHGB/K. Schmidt, § 232 Rz. 38; MünchHdb. StG/Bezzenberger/Keul, § 86 Rz. 35; Blaurock, Rz. 14.18, 14.41.

163 RG v. 20.12.1929 – II 66/29, RGZ 126, 386, 390; Düringer/Hachenburg/Flechtheim, HGB, § 335 Anm. 28; Schlegelberger/K. Schmidt, HGB, § 335 Rz. 68; Aulinger, S. 22 ff.; Koenigs, S. 50.

164 MünchHdb. StG/Bezzenberger/Keul, § 86 Rz. 35.

Wird die stille Gesellschaft als Finanzierungsinstrument im Bereich der venture-capital oder private equity-Finanzierung eingesetzt, ist es nicht unüblich, einen wesentlichen Teil der Renditeerwartung durch Vereinbarung so genannter „Kicker" abzudecken. Der Kicker ermöglicht es dem Investor, zu einem bestimmten Zeitpunkt am Wertschöpfungspotential, das heißt insbesondere an den stillen Reserven und am Geschäftswert, des zu finanzierenden Unternehmens teilzunehmen, während gleichzeitig die laufenden Zahlungen des Geschäftsinhabers auf die stille Beteiligung reduziert werden. Der Kicker kann dem stillen Gesellschafter das Recht einräumen, durch Umwandlung der stillen Beteiligung in eine Eigenkapitalbeteiligung tatsächlich als Gesellschafter am Geschäftsinhaber-Unternehmen teilzuhaben, die Wertsteigerung kann aber auch „fiktiv" durch Vereinbarung einer Einmalzahlung am Ende der Laufzeit abgeschöpft werden.[165]

bb) Auswirkungen auf das Auseinandersetzungsguthaben

Eine fristgemäße oder fristlose Kündigung, der Tod des Geschäftsinhabers oder die Eröffnung eines Insolvenzverfahrens und - falls vereinbart - auch Zeitablauf können zur Auflösung der stillen Gesellschaft führen.[166] Kommt es zur Auflösung, tritt damit auch zugleich die Vollbeendigung ein, da mangels eines zu liquidierenden Gesellschaftsvermögens kein Bedarf für eine Abwicklungsgesellschaft besteht.[167]

Gemäß § 235 Abs. 1 HGB hat sich der Geschäftsinhaber nach der Auflösung mit dem stillen Gesellschafter auseinanderzusetzen und dessen Guthaben „in Geld zu berichtigen". Gemäß Absatz 2 ist der stille Gesellschafter an Gewinn und Verlust der bei der Auflösung schwebenden Geschäfte zu beteiligen. Daraus ergibt sich, dass die Auseinandersetzung allein der rechnerischen Ermittlung des Auseinandersetzungsguthabens dient, der Stille hat einen schuldrechtlichen Anspruch darauf, dass ihm ein Geldbetrag in Höhe seines Guthabens zum Zeitpunkt der Auflösung ausgezahlt wird. Die Auseinandersetzung

---

165 Zu den verschiedenen Ausgestaltungsmöglichkeiten von Kicker-Komponenten vgl. Häger/Elkemann-Reusch, Rz.101 ff.

166 V. Gerkan in: Röhricht/G. v. Westphalen, HGB, § 234 Rz. 3 ff.

167 H.M., BGH v. 22.6.1981 – II ZR 94/80, NJW 1982, 99, 100; v. 26.6.1989 – II ZR 128/88, WM 1989, 1850, 1851; Düringer/Hachenburg/Flechtheim, HGB, § 339 Anm. 2; GroßkommHGB/Zutt, § 234 Rz. 2; v. Gerkan in: Röhricht/G. v. Westphalen, HGB, § 234 Rz. 1; Koller/Roth/Morck, HGB, § 234 Rz. 13; MünchHdb. StG/Bezzenberger/Keul, § 92 Rz. 1; Kübler/Assmann, § 9 II. 3.; B. Hartmann, S. 112; Koenigs, S. 261; Geck, DStR 1994, 657; a.A. Baumbach/Hopt, HGB, § 234 Rz. 1; Blaurock, Rz. 15.3; P. Hartmann, S. 101 f.

lässt sich daher mit einer Forderungsberechnung vergleichen, in der die Feststellung der Abfindungshöhe im Wege einer Gesamtabrechnung erfolgt, bei der die einzelnen Forderungen und Verbindlichkeiten ihre Selbständigkeit verlieren.[168] Der stille Gesellschafter hat mithin einen schuldrechtlichen Anspruch auf Zahlung des Geldbetrages, der sich aus der Höhe seiner eventuell durch Verluste geminderten Einlage sowie dem noch ausstehenden Anteil an Gewinn oder Verlust errechnet. Die Regelung des § 235 HGB ist dabei dispositiv, so dass die Gesellschafter frei sind, die Auseinandersetzung gesellschaftsvertraglich zu modifizieren, soweit nicht dadurch das Kündigungsrecht der Gesellschafter unzumutbar eingeschränkt würde.[169]

Das Gesetz schreibt die Erstellung einer Auseinandersetzungsbilanz nicht zwingend vor, sie kann also unterbleiben, wenn sich der Anspruch des stillen Gesellschafters auch ohne sie ermitteln lässt.[170] In der Praxis wird eine bilanzielle Ermittlung des Auseinandersetzungsguthabens gleichwohl regelmäßig erforderlich sein. Ist die Erstellung einer Bilanz auf den Auflösungstag erforderlich, bezieht sie sich auf das Vermögen des Geschäftsinhabers, da die stille Gesellschaft selbst mangels eigenen Vermögens nicht bilanzierungsfähig ist.
In der typischen stillen Gesellschaft erfolgt die Abrechnung des Einlagekontos und der noch nicht darauf verbuchten Anteile an Gewinn und Verlust, soweit nichts Abweichendes vereinbart ist, im Rahmen einer Erfolgsbilanz.[171] Die noch zu ermittelnden Gewinn- bzw. Verlustanteile, die zwischen dem Ende des letzten Geschäftsjahres und dem Auflösungszeitpunkt entstanden

---

168 BGH v. 26.6.1989 – II ZR 128/88, WM 1989, 1850, 1851; v. 29.6.1992 - II ZR 284/91, NJW 1992, 2696 f.; v. 8.11.2004 - II ZR 300/02, GmbHR 2005, 232, 233; GroßkommHGB/Zutt, § 234 Rz. 8; MünchKommHGB/K. Schmidt, § 235 Rz. 18; Heymann/Horn, HGB, § 235 Rz. 9; Ebenroth/Boujong/Joost/Gehrlein, HGB, § 235 Rz. 7; Blaurock, Rz. 16.2; MünchHdb. StG/Bezzenberger/Keul, § 92 Rz. 15; Grunewald, 1. D. Rz. 37; Geck, DStR 1994, 657, 660; a.A. Koenigs, S. 293, der die Forderungen anders als bei Gesamthandsgesellschaften auch während der Auseinandersetzung als selbständig ansieht.

169 Ebenroth/Boujong/Joost/Gehrlein, HGB, § 235 Rz. 3; v. Gerkan in: Röhricht/G. v. Westphalen, HGB, § 235 Rz. 3; MünchKommHGB/K. Schmidt, § 235 Rz. 10; Blaurock, Rz. 16.5; Koenigs, S. 287.

170 BGH v. 12.5.1977 – II ZR 91/75, DB 1977, 2040; GroßkommHGB/Zutt, § 235 Rz. 7; B. Hartmann, S. 118.

171 RG v. 14.12.1938 – II 109/38, RG JW 1939, 489, 490; GroßkommHGB/Zutt, § 235 Rz. 8; MünchKommHGB/K. Schmidt, § 235 Rz. 16; v. Gerkan in: Röhricht/G. v. Westphalen, HGB, § 235 Rz. 6; Böttcher/Zartmann/Faut, S. 87; B. Hartmann, S. 119; Koenigs, S. 287; Sudhoff, NJW 1960, 2121, 2126; Geck, DStR 1994, 657, 660; a.A. Zinkeisen, S. 79 ff.

sind, berechnen sich grundsätzlich ebenso wie das dem stillen Gesellschafter jährlich zustehende Ergebnis.[172] Eine Korrektur hat zu erfolgen, wenn die Gewinnermittlung während der Dauer der stillen Gesellschaft unter Verstoß gegen die Grundsätze ordnungsmäßiger Buchführung vorgenommen wurde. Das führt dazu, dass die in der Vergangenheit vorgenommene überhöhte Bildung stiller Reserven und übermäßige Abschreibungen zu berichtigen sind, ebenso wie unterlassene Abschreibungen, die aber geboten gewesen wären.[173] Weiter sind offene Rücklagen, die der Inhaber während der Dauer der stillen Gesellschaft gebildet hat, aufzulösen.[174] Auch wenn der stille Gesellschafter deren Bildung ausdrücklich oder stillschweigend geduldet hat, um eine Förderung der Gesellschaftsinteressen zu gewährleisten, kann das Einverständnis mit einer solchen Rücklagenbildung zu seinen Lasten für Wertansätze in der Auseinandersetzungsbilanz nicht mehr unterstellt werden.[175]

Darüber hinaus wird es für den typischen stillen Gesellschafter teilweise für notwendig gehalten, weitreichendere Berichtigungen der Gewinnermittlung in der Auseinandersetzungsrechnung vorzunehmen. Schwierigkeiten bereitet dabei insbesondere die Behandlung stiller Rücklagen sowie des so genannten Geschäfts- oder Firmenwertes. So wird vielfach vertreten, dass aus Betriebsgewinnen gebildete stille Rücklagen aufgelöst werden müssten, selbst wenn ihre Bildung unter Zugrundelegung ordnungsgemäßer handelsrechtlicher Bewertungsgrundsätze erfolgt ist.[176] Im Zweifel sei davon auszugehen, dass der Stille auch hinsichtlich stiller Reserven nur für die Dauer der stillen Gesellschaft damit einverstanden sei, dass diese die auf ihn entfallenden Gewinne

[172] RG v. 14.12.1938 – II 109/38, JW 1939, 489, 490; Düringer/Hachenburg/Flechtheim, HGB, § 340 Anm. 5; GroßkommHGB/Zutt, § 235 Rz. 8; Heymann/Horn, HGB, § 235 Rz. 7; Koenigs, S. 287; B. Hartmann, S. 119; Hense, S.61; Geck, DStR 1994, 657, 660.

[173] BGH v. 30.11.1959 – II ZR 204/57, BB 1960, 14, 15; Düringer/Hachenburg/Flechtheim, HGB, § 340 Anm. 5; MünchKommHGB/K. Schmidt, § 235 Rz. 24; Heymann/Horn, HGB, § 235 Rz. 12; GroßkommHGB/Zutt, § 235 Rz. 12; B. Hartmann, S. 120 f.; Böttcher/Zartmann/Faut, S. 75; Geck, DStR 1994, 657, 661.

[174] MünchKommHGB/K. Schmidt, § 235 Rz. 23; GroßkommHGB/Zutt, § 232 Rz. 11; Koenigs, S. 288; Böttcher/Zartmann/Faut, S. 87; Sudhoff, NJW 1960, 2121, 2126; Geck, DStR 1994, 657, 661.

[175] Schlegelberger/K. Schmidt, HGB, § 340 Rz. 24; MünchHdb. StG/Bezzenberger/Keul, § 92 Rz. 10; Koenigs, S. 288; Sudhoff, NJW 1960, 2121, 2126.

[176] Düringer/Hachenburg/Flechtheim, HGB, § 340 Anm. 5; MünchKommHGB/K. Schmidt, § 235 Rz. 24; MünchHdb. StG/Bezzenberger/Keul, § 92 Rz. 11; Heymann/Horn, HGB, § 235 Rz. 12; Klauss/Mittelbach, Rz. 204; Schulze-Osterloh, FS Kruse, S. 387.

schmälern. Für die Auseinandersetzung sei es folglich erforderlich, die stillen Rücklagen aufzulösen und dem Stillen anteilsmäßig gutzuschreiben.

Folge der Auflösung wäre eine nachträgliche Veränderung der Gewinn- und Verlustrechnung der vergangenen Jahresabschlüsse zum Vorteil des stillen Gesellschafters. Es fragt sich jedoch, inwieweit gewichtige Gründe für eine solche Umverteilung des Betriebsergebnisses bestehen. Grundlage der jährlichen Ergebnisverteilung ist, soweit nichts Abweichendes vereinbart ist, die Handelsbilanz (vgl. C. III. 2. b)aa)). Diese gestattet es dem Geschäftsinhaber in stärkerem Maße als die „reservenfeindliche" Steuerbilanz, stille Rücklagen zu bilden und birgt für den stillen Gesellschafter daher eine größere Gefahr der Unterbewertung zu Lasten des jährlichen Gewinns. Legen Geschäftsinhaber und stiller Gesellschafter aber dennoch einvernehmlich die Handelsbilanz zugrunde[177], so erkennen sie damit eine Gewinnermittlung auf Basis des handelsrechtlichen Vorsichtsprinzips an. Das Recht des Geschäftsinhabers, sich gegenüber dem stillen Gesellschafter auf das handelsrechtlich zulässig und ordnungsgemäß ermittelte Ergebnis zu berufen, liefe leer, müssten die stillen Reserven im Rahmen der Auseinandersetzung aufgelöst werden.[178] Es ist nicht ersichtlich, warum die Zustimmung des Stillen zu den handelsrechtlichen Bewertungsgrundsätzen, die während der Dauer der stillen Gesellschaft vorhanden war, nach deren Auflösung nicht mehr gelten soll. Für offene Rücklagen ist dies anders zu beurteilen, stellen sie doch eine besondere Form der Gewinnverwendung dar. Eine Wertberichtigung für zulässigerweise gebildete stille Reserven findet hingegen nach zutreffender Ansicht auch in der Auseinandersetzung nicht statt.[179]

Eine noch weitergehende Korrektur der für den typisch still Beteiligten vorgenommenen Ergebnisverteilung wollen namentlich *Zinkeisen*[180] und *Bezzenberger/Keul*[181] im Rahmen der Auseinandersetzungsrechnung vornehmen. Das Realisationsprinzip, das die Auszahlung bloßer Buchgewinne im Interesse der Gesellschaft verhindern solle, gelte für Auseinandersetzungsbilanzen nicht. Als Folge nehme der stille Gesellschafter an jeglicher Vermögensmehrung teil:

---

177 Da bestimmte Aufwendungen steuerlich nicht als Betriebsausgabe anerkannt werden und das Ergebnis der Steuerbilanz daher „verfälschen", vgl. Blaurock, Rz. 14.31.

178 Vgl. Klöpper, S. 78.

179 Ebenso BGH v. 30.11.1959 – II ZR 204/57, BB 1960, 14, 15; v. 10.10.1994 - II ZR 32/94, WM 1994, 2246, 2248; GroßkommHGB/Zutt, § 235 Rz. 12; Böttcher/Zartmann/Faut, S. 87; Sudhoff, NJW 1960, 2121, 2127; Geck, DStR 1994, 660, 661.

180 S. 81 ff.

181 im MünchHdb. StG, § 92 Rz. 10 ff.

Das Auseinandersetzungsguthaben müsse daher durch eine Bewertung des gesamten Geschäftsvermögens unter Berücksichtigung auch des Geschäftswertes ermittelt werden. So sehen *Bezzenberger/Keul*[182] in der Auseinandersetzungsbilanz denn auch „der Methode nach eher eine Vermögensbilanz", während *Zinkeisen*[183] sogar ausdrücklich von einer Vermögensbilanz ausgeht.
Auch in der älteren Rechtsprechung findet sich bei der Auseinandersetzung eine Berücksichtigung des wahren Wertes des Unternehmens.[184] Ausgangspunkt war dabei jedoch eine Beteiligung des stillen Gesellschafters am Unternehmensvermögen, mit der Folge, dass die Ergebnisse eben nur auf die atypische stille Gesellschaft übertragbar sind. Für die typische stille Gesellschaft kann dies jedoch nicht gelten.[185] Die Gegenansicht verkennt, dass der typische stille Gesellschafter gerade nicht wie ein Handelsgesellschafter – also ein Gesamthänder – für den Verlust seines Anteils am Geschäftsvermögen abgefunden wird. Für die typische stille Gesellschaft ist das Bestehen nur einer Erfolgsbeteiligung unter Ausschluss einer Vermögensbeteiligung charakteristisch. An nicht realisierten Gewinnen nimmt der stille Gesellschafter auch im Zuge der Auseinandersetzung daher nicht teil. Dies trifft in gleicher Weise auf den Geschäftswert zu.[186]
Etwas anderes gilt hingegen für den stillen Gesellschafter mit Vermögensbeteiligung, da dessen Stellung im Innenverhältnis der eines Gesamthänders gleichkommt. Enthält der Gesellschaftsvertrag zur Auseinandersetzung keine Regelung, ist der Geschäftsinhaber verpflichtet, den schuldrechtlichen Anteil am Geschäftsvermögen in Geld zu ersetzen. Mangels dinglicher Berechtigung ist der stille Gesellschafter aber keinesfalls berechtigt, die Liquidation des Handelsgeschäftes und die Verteilung des Liquidationserlöses zu verlangen.[187] Seine Stellung entspricht insoweit dem Austritt oder der Ausschließung eines Gesellschafters aus einer Gesamthands-Personengesellschaft, er ist analog §

---

182 MünchHdb. StG, § 92 Rz. 10.

183 S. 82.

184 RG v. 5.11.1918 – II 243/18, RGZ 94, 106, 108.

185 So dann auch RG v. 17.4.1928 – II 432/27, RGZ 120, 410, 411; v. 20.12.1929 – II 66/29, RGZ 126, 386, 393.

186 So auch die h.M., vgl. BGH v. 12.5.1986 - II ZR 11/86, ZIP 1986, 774, 775; GroßkommHGB/Zutt § 235 Rz. 8; Schlegelberger/K. Schmidt, HGB, § 340 Rz. 21; Heymann/Horn, HGB, § 235 Rz. 12; B. Hartmann, S. 122 f.; Klauss/Mittelbach, Rz. 205; Koenigs, S. 289; P. Hartmann, S. 119 ff.

187 BGH v. 2.5.1983 – II ZR 148/82, WM 1983, 840 f.; Heymann/Horn, HGB, § 235 Rz. 21; v. Gerkan in: Röhricht/G. v. Westphalen, § 235 Rz. 20; MünchHdb. StG/Bezzenberger/Keul, § 92 Rz. 27.

738 BGB abzufinden.[188] Dem atypischen stillen Gesellschafter mit Vermögensbeteiligung steht also ein Auseinandersetzungsguthaben in Höhe seines Anteils am Wert des Unternehmens des Geschäftsinhabers zu.
Die Berechnung wird regelmäßig nach dem auch bei Ausscheiden eines Gesellschafters aus einer OHG oder KG anzuwendenden Ertragswertverfahren erfolgen.[189] Soll der Substanzwert maßgeblich sein, ist eine Vermögensbilanz auf den Zeitpunkt der Auflösung aufzustellen, in die die wirklichen Werte der einzelnen zum Betriebsvermögen gehörenden Vermögensgegenstände einzustellen sind, und zwar zu Fortführungswerten.[190]
In jedem Fall nimmt der atypisch still Beteiligte mit Vermögensbeteiligung im Zweifel an allen stillen Reserven und am Geschäftswert teil.[191]

c) Die mehrgliedrige stille Gesellschaft

Beteiligen sich mehrere stille Gesellschafter an einem Unternehmen, so geht das Gesetz grundsätzlich davon aus, dass die stillen Beteiligungsverhältnisse unabhängig nebeneinander stehen.[192] Die Gesellschaft besteht dann immer nur aus Geschäftsinhaber und stillem Gesellschafter, es gibt so viele stille Gesellschaften, wie es Beteiligungen gibt. In der Praxis besteht jedoch häufig das Bedürfnis, die stillen Gesellschaftsverhältnisse zu koordinieren und Organisationsformen zu schaffen, in denen die Gesellschafter zur Wahrnehmung ihrer Interessen als Einheit auftreten.

aa) Einschaltung einer BGB-Gesellschaft

Dies kann über die Gründung einer Gesellschaft bürgerlichen Rechts erfolgen. Schließen sich die stillen Gesellschafter zu einer Außengesellschaft des bürgerlichen Rechts zusammen, so kann diese Gesellschaft sich ihrerseits als

---

188 BGH v. 9.7.2001 – II ZR 205/99, ZIP 2001, 1414; Ebenroth/Boujong/Joost/Gehrlein, HGB, § 235 Rz. 22; MünchKommHGB/K. Schmidt, § 235 Rz. 57; Hense, S. 67.

189 BGH v. 24.9.1984 – II ZR 256/83, NJW 1985, 192, 193; MünchHdb. StG/Bezzenberger/Keul, § 92 Rz. 28; B. Hartmann, S. 118 f.; Hense, S. 67; Schulze-Osterloh, FS Kruse, S. 382.

190 BGH v. 21.4.1955 – II ZR 227/53, BGHZ 17, 130, 136; v. 13.4.1995 - II ZR 132/94, WM 1995, 1277 f.; MünchHdb. StG/Bezzenberger/Keul, § 92 Rz. 28; Blaurock, Rz. 16.20.

191 Schlegelberger/K. Schmidt, HGB, § 340 Rz. 58; Blaurock, Rz. 16.20; Klauss/Mittelbach, Rz. 223; Böttcher/Zartmann/Faut S. 131 f.; B. Hartmann, S. 117 f.; Koenigs, S. 192 f.; Rasner, S. 72.

192 RG v. 1.2.1890 – I 304/89, RGZ 25, 41, 45; GroßkommHGB/Zutt, § 230 Rz. 45; Heymann/Horn, HGB, § 230 Rz. 60; Schlitt, S. 40 f.

stille Gesellschafterin am Unternehmen des Geschäftsinhabers beteiligen.[193] Geht man zutreffend von der Teilrechtsfähigkeit der BGB-Gesellschaft aus[194], so wird diese selbst Vertragspartnerin des Geschäftsinhabers und somit stille Gesellschafterin mit allen Rechten und Pflichten. Das Gesellschaftsverhältnis bleibt in dieser Konstellation zweigliedrig.

Denkbar ist auch eine BGB-Innengesellschaft, die die Willensbildung der stillen Gesellschafter und etwaige Verwaltungsmaßnahmen abstimmen soll, um ein einheitliches Vorgehen zu gewährleisten.[195] Um eine bloße Innengesellschaft handelt es sich dann, weil es an einer Zweckverfolgung im Außenverhältnis fehlt.[196] Es bleiben daher aus dem stillen Gesellschaftsverhältnis die jeweiligen einzelnen Gesellschafter berechtigt und verpflichtet, während der BGB-Gesellschaft lediglich im internen Verhältnis der stillen Gesellschafter untereinander Bedeutung zukommt. Da die BGB-Gesellschaft ohne Mitwirkung des Geschäftsinhabers zustande kommt, lässt sie die Rechtsbeziehungen der stillen Gesellschafter zu diesem unberührt.[197] Die stille Gesellschaft ist demzufolge auch hier weiterhin zweigliedrig.

bb) Mehrgliedrige stille Gesellschaft mit Verbandscharakter

Es stellt sich aber die Frage, ob weitergehend mehrere stille Gesellschafter durch die Schaffung einer gemeinsamen Organisation derart mit dem Geschäftsinhaber verbunden werden können, dass nur eine einzige – mehrgliedrige – stille Gesellschaft entsteht.

Nach traditioneller Auffassung ist die stille Gesellschaft zwingend zweigliedrig.[198] Zwar könnten sich mehrere stille Gesellschafter an einem Unternehmen

---

193 BGH v. 13.3.1989 - II ZR 193/88, WM 1989, 786, 788; Schlegelberger/K. Schmidt, HGB, § 335 Rz. 30; Reusch, S. 66; A. Hueck, FS Lehmann, S. 239, 241; Sudhoff, DB 1969, 2069, 2070; Weimar, ZIP 1993, 1509, 1511.

194 Dies dürfte wohl heute nach der grundlegenden Entscheidung des BGH v. 29.1.2001 - II ZR 331/00, BGHZ 146, 341 kaum noch zweifelhaft sein, vgl. auch K. Schmidt, GesR, S. 1720 f.

195 BGH v. 29.6.1987 - II ZR 173/86, DB 1987, 2193; OLG Düsseldorf v. 17.2.1994 - 6 U 44/93, DB 1994, 2489, 2490 f.; GroßkommHGB/Zutt, § 230 Rz. 47; Schlitt, S. 43; A. Hueck, FS für Lehmann, S. 239, 241; Sudhoff, DB 1969, 2069, 2070; Geck, DStR 1994, 657.

196 GroßkommHGB/Zutt, § 230 Rz. 47; Reusch, S. 78.

197 GroßkommHGB/Zutt, § 230 Rz. 47.

198 RG v. 1.2.1890 – I 304/89, RGZ 25, 41, 45; Düringer/Hachenburg/Flechtheim, HGB, § 335 Anm. 37; Staub/Pinner, HGB, § 335 Anm. 5; Rasner, S. 27; Klauss/

beteiligen, die stillen Beteiligungen seien aber stets isoliert zu betrachten. Eine Koordination der verschiedenen Interessen könne nur durch Gründung einer, vom Geschäftsinhaber unabhängigen, BGB-Gesellschaft erfolgen. Mittlerweile überwiegt hingegen die Ansicht[199], dass auch eine einheitliche stille Gesellschaft mit mehreren Gesellschaftern unter Einschluss des Geschäftsinhabers möglich sei, die von einem alle Beteiligten verbindenden gesellschaftlichen Band zusammengehalten werde. Grund sei die Vertragsfreiheit, wonach der Wille der Beteiligten auch darauf gerichtet sein könne, eine stille Gesellschaft mit einer Vielzahl von Gesellschaftern zu gründen. Was im Einzelfall gewollt sei, sei durch Vertragsauslegung zu ermitteln.

Nachdem das Reichsgericht noch vom Vorliegen mehrerer voneinander unabhängiger Gesellschaftsverhältnisse ausging[200], fand der Bundesgerichtshof die zusammenfassende Beteiligung mehrerer Personen in einer stillen Gesellschaft zunächst zwar „ungewöhnlich", ließ die endgültige Beurteilung auch offen, hatte aber gegen die Zulässigkeit nichts einzuwenden.[201] In späteren Entscheidungen geht der Bundesgerichtshof auf die Frage nicht mehr ausdrücklich ein, sondern setzt die Möglichkeit einer mehrgliedrigen stillen Gesellschaft mit Verbandscharakter offenbar stillschweigend voraus.[202]

Sachgerechterweise ist für die Frage der Zulässigkeit einer mehrgliedrigen stillen Gesellschaft eine differenzierte Betrachtungsweise vorzunehmen. Dabei ist zunächst zu berücksichtigen, dass sich jedenfalls die Unzulässigkeit der mehrgliedrigen stillen Gesellschaft nicht aus dem Gesetzeswortlaut ableiten

---

Mittelbach, Rz. 42; Post/Hoffmann, S. 42 f.; Schulze zur Wiesche, Rz. 30; Lübbert, ZHR 58 (1906), 464, 505; Reuter, NJW 1984, 1849, 1851; Geck, DStR 1994, 657.

199 Heymann/Horn, HGB, § 230 Rz. 60; Baumbach/Hopt, HGB, § 230 Rz. 7; v. Gerkan in: Röhricht/G. v. Westphalen, HGB, § 230 Rz. 70; GroßkommHGB/Zutt, § 230 Rz. 48; Kübler/Assmann, § 9 I. 1. a)bb); Grunewald, 1. D. Rz. 8; Böttcher/Zartmann/Faut, S. 48; Koenigs, S. 228; MünchHdb. StG/Bezzenberger/Keul, § 73 Rz. 40; Aulinger, S. 50; P. Hartmann, S. 96; A. Hueck, FS Lehmann, S. 239, 241 f.; Blaurock, Rz. 4.27; ders. NJW 1972, 1119, 1120; Sudhoff, DB 1969, 2069, 2070; missverständlich GK-HGB/Fahse, § 230 Rz. 16, der auch dann von einer mehrgliedrigen Gesellschaft spricht, wenn sich mehrere Stille unabhängig voneinander an einem Handelsgewerbe beteiligen.

200 RG v. 1.2.1890 – I 304/89, RGZ 25, 41, 45.

201 BGH v. 10.7.1958 – II ZR 320/56, WM 1958, 1336, 1337.

202 BGH v. 15.11.1971- II ZR 130/69, NJW 1972, 338; v. 21.4.1980 – II ZR 144/79, BB 1980, 958; v. 7.11.1988 – II ZR 46/88,WM 1989, 14; v. 10.10.1994 – II ZR 32/94, WM 1994, 2246, 2247.

lässt.[203] Auch die Entstehungsgeschichte ist unergiebig. Entscheidende Bedeutung kommt jedoch der Tatsache zu, dass nach der vorliegend vertretenen Auffassung für die Struktur der stillen Gesellschaft stets zwei Ebenen zu unterscheiden sind: Das Einlageverhältnis und das Gesellschaftsverhältnis (vgl. B. III. 2.). Das Einlageverhältnis ist notwendigerweise zweigliedrig. Wenn der stille Gesellschafter seinen Beitrag in Form einer Einlage erbringt, so geht diese in das Vermögen des Geschäftsinhabers über, § 230 HGB. Die vermögensbezogenen schuldrechtlichen Rechte und Pflichten bestehen nur zwischen diesen beiden Parteien, sie sind stets dem einzelnen Gesellschafter zugeordnet. Für jeden Gesellschafter wird ein separates Einlagekonto geschaffen, auf das die ihm vertraglich zustehenden Gewinn- und Verlustanteile gebucht werden. Es entstehen demnach immer so viele Einlageverhältnisse, wie Einlagen erbracht wurden. Ein einheitliches Einlageverhältnis lässt sich bei mehreren Anlegern nur durch Zwischenschaltung eines Treuhänders oder einer BGB-Außengesellschaft erreichen[204], dann liegt jedoch keine mehrgliedrige stille Gesellschaft im Rechtssinne vor, da nur der Treuhänder bzw. die BGB-Gesellschaft mit dem Geschäftsinhaber in gesellschaftsrechtliche Beziehungen treten.
Demgegenüber sind diejenigen Regelungen, die das Gesellschaftsverhältnis – und damit das mitgliedschaftliche, nichtvermögensrechtliche Verhältnis zwischen den Gesellschaftern – betreffen, weitgehend dispositiv. Insbesondere die in § 233 Abs. 1, Abs. 2 HGB geregelten Mitwirkungs- und Kontrollrechte lassen sich individuell anpassen.[205] Besteht ein Bedürfnis der Gesellschafter nach einer mehrgliedrigen Organisationsstruktur innerhalb eines einheitlichen Verbandes, so macht die in diesem Bereich herrschende Vertragsfreiheit eine derartige Ausgestaltung möglich. Die mehrgliedrige stille Gesellschaft ist daher durch die Schaffung einer gemeinschaftlichen Organisation gekennzeichnet, die die Vielzahl selbständiger Einlageverhältnisse überlagert.[206] Es bleiben dabei die jeweiligen einzelnen Mitglieder stille Gesellschafter.

Soll das gesellschaftliche Band in diesem Sinne zwischen allen Beteiligten entstehen, ist ein vertragliches Organisationsstatut erforderlich, das neben sämtlichen stillen Gesellschaftern auch den Geschäftsinhaber erfasst.[207] Ohne Einschluss des Geschäftsinhabers kann es sich hingegen, wie dargelegt, nur um

203 Reusch, S. 67; Weimar, ZIP 1993, 1509, 1512.
204 MünchKommHGB/K. Schmidt, § 230 Rz. 86.
205 Vgl. C. III. 2.a).
206 Klöpper, S. 36.
207 MünchHdb. StG/Bezzenberger/Keul, § 73 Rz. 40.

eine BGB-Innengesellschaft handeln. Welche Form die Gesellschafter gewählt haben, ist durch Auslegung des Gesellschaftsvertrages zu ermitteln. Geht der Geschäftsinhaber mit den stillen Gesellschaftern gesellschaftliche Bindungen ein und bilden die Stillen mit dem Inhaber gemeinsame Einrichtungen, lässt sich der Verbandscharakter regelmäßig bejahen.[208]

Die mehrgliedrige stille Gesellschaft kommt insbesondere als Publikumsgesellschaft mit Kapitalsammelfunktion zum Einsatz.[209] Als Publikumsgesellschaften werden Personengesellschaften bezeichnet, die zur Kapitalsammlung auf den Beitritt einer Vielzahl öffentlich geworbener, rein kapitalistisch beteiligter Anleger auf der Basis vorformulierter, inhaltlich übereinstimmender Gesellschaftsverträge angelegt sind.[210] Gerade in diesen Fällen kann das Innenverhältnis gesellschaftsvertraglich einer körperschaftlichen Verfassung angeglichen werden,[211] angelegt auf einen wechselnden Mitgliederbestand, mit einer Gesellschafterversammlung, die über wichtige Angelegenheiten per Mehrheitsbeschluss entscheidet und der Einrichtung von Kontrollorganen, die die Geschäftsführung durch den Inhaber überwachen.[212]

---

208 BGH v. 21.4.1980 – II ZR 144/79, BB 1980, 958; Schlitt, S. 49.

209 Vgl. dazu auch schon C. I. sowie Reusch, S. 13 ff. Zur Möglichkeit der Arbeitnehmerbeteiligung in Form einer stillen Gesellschaft nach dem 5. Vermögensbildungsgesetz vgl. Reusch, S. 11 f.

210 BGH v. 14.4.1975 - II ZR 147/73, BGHZ 64, 238, 241; v. 3.5.1982 - II ZR 78/81, BGHZ 84, 11, 13 f.

211 V. Gerkan in: Röhricht/G. v. Westphalen, HGB, § 230 Rz. 71; Blaurock, Rz. 4.27.

212 Reusch, S. 27

D. Die stille Gesellschaft in der Insolvenz des Inhabers

Hintergrund eines Insolvenzverfahrens ist eine Lage des Schuldners, die ihm eine wirtschaftliche Tätigkeit bzw. die Befriedigung seiner Gläubiger nicht mehr erlaubt. Dies wird konkret anhand der gesetzlich normierten Insolvenzeröffnungstatbestände der (drohenden) Zahlungsunfähigkeit und der Überschuldung deutlich (§§ 17-19 InsO).[213] Daher wird aus dem pfändbaren und verwertbaren Vermögen des Schuldners eine Sondermasse - die Insolvenzmasse - gebildet und unter die Verfügungsbefugnis des Insolvenzverwalters gestellt, der diese Masse verwerten und den hieraus erzielten Erlös an die Gläubiger verteilen soll. Die Gläubiger bilden dabei eine Schicksals- und Verlustgemeinschaft, sie sollen grundsätzlich gleichwertig am wirtschaftlichen Verlust des Schuldners teilhaben.[214] Ausdrücklich als gleichrangiges Ziel nennt § 1 S. 1 InsO die Erhaltung des schuldnerischen Unternehmens. Auch die Erhaltung des Unternehmens hat jedoch der Gläubigerbefriedigung zu dienen.

Die stille Gesellschaft als solche ist in Ermangelung eines eigenen Gesellschaftsvermögens nicht insolvenzfähig.[215] Wohl aber können Geschäftsinhaber oder stiller Gesellschafter insolvent werden. Es kann sich also begrifflich nicht die Frage nach der Insolvenz *der* stillen Gesellschaft stellen, sondern lediglich die Frage nach der Insolvenz eines ihrer Gesellschafter und den damit verbundenen Auswirkungen.

I. Auflösung der stillen Gesellschaft

Die Eröffnung des Insolvenzverfahrens über das Vermögen des Geschäftsinhabers führt nach allgemeiner Ansicht gemäß § 728 Abs. 2 S. 1 BGB zur Auflösung der stillen Gesellschaft.[216] Zwar muss die Beteiligung des stillen Gesellschafters nicht zu Gunsten der Gläubiger des Geschäftsinhabers verwertet werden, da die Einlage als Bestandteil des Geschäftsinhaber-Vermögens ohnehin den Gläubigern des Inhabers zur Verfügung steht. Dennoch ergibt sich im Zusammenspiel mit § 236 HGB, dass die stille Gesellschaft aufgelöst wird, damit der stille Gesellschafter nicht durch die Gläubiger des Ge-

---

213 Vgl. dazu ausführlich D. I. 4.

214 Vgl. Frege/Keller/Riedel, Rz. 6.

215 MünchKommHGB/K. Schmidt, § 230 Rz. 8; Koenigs, S. 243; Blaurock, Rz. 17.7.

216 BGH v. 21.3.1983 - II ZR 139/82, ZIP 1983, 561; OLG Brandenburg v. 9.6.2004 - 7 U 212/03, GmbHR 2004, 1390, 1391; GroßkommHGB/Zutt, § 236 Rz. 3; Ebenroth/Boujong/Joost/Gehrlein, HGB, § 236 Rz. 1; MünchHdb. StG/Polzer, § 91 Rz. 33; Noack, Rz. 652; Blaurock, Rz. 17.8.

schäftsinhabers an der ihm nach dieser Vorschrift grundsätzlich möglichen Geltendmachung seiner Einlageforderung gehindert wird.[217]
Bezüglich des Auflösungszeitpunktes ist an den Erlass des Eröffnungsbeschlusses anzuknüpfen. Der Eröffnungsbeschluss wird wirksam, wenn er aufhört, eine innere Angelegenheit des Gerichts zu sein, wenn die Geschäftsstelle ihn also zur Mitteilung an einen Beteiligten oder zur öffentlichen Bekanntmachung herausgibt.[218] Der sofortigen Beschwerde gegen diesen Beschluss kommt gemäß § 4 Abs. 1 InsO i.V.m. § 570 Abs. 1 ZPO keine aufschiebende Wirkung zu.[219]

Zweifelhaft ist, ob in der Insolvenz des Geschäftsinhabers in Anwendung des § 736 BGB eine Fortsetzungsvereinbarung zwischen den Gesellschaftern zulässig ist. § 736 BGB erfüllt eine Hinweisfunktion betreffend die grundsätzlich bestehende Möglichkeit der Gesellschafter, den Bestand ihrer Gesellschaft von Veränderungen in der personellen Zusammensetzung unabhängig zu machen, indem sie in Abweichung von § 728 BGB die Fortsetzung der Gesellschaft unter den übrigen Gesellschaftern vereinbaren, wenn über das Vermögen eines Gesellschafters das Insolvenzverfahren eröffnet wird.[220] Schon aus dem Wortlaut ergibt sich aber, dass für eine Fortsetzung nach dieser Norm notwendig mehr als zwei Gesellschafter vorhanden sein müssen, denn anderenfalls kommt eine Weiterführung der Gesellschaft „unter den übrigen Gesellschaftern" nicht in Betracht. Die Frage wird demnach allein in der mehrgliedrigen stillen Gesellschaft praktisch, da nur dort mehr als zwei Gesellschafter am Gesellschaftsverhältnis teilhaben. Es ist jedoch zu bedenken, dass der Geschäftsinhaber in der stillen Gesellschaft nach der Regelung des § 230 HGB alleiniger Träger des Gesellschaftsvermögens ist, Gesamthandsvermögen wird im Gegensatz zur BGB-Gesellschaft gerade nicht gebildet. Lässt man das Ausscheiden des Geschäftsinhabers aus der mehrgliedrigen stillen Gesellschaft zu, stellt sich das Problem, dass eine stille Gesellschaft bestehend lediglich aus Stillen sowohl begrifflich als auch nach der Konzeption dieser Gesellschaftsform nicht denkbar ist; notwendig ist die Beteiligung am Handelsgewerbe eines anderen vorausgesetzt, in dessen Vermögen die stille Einlage sodann übergeht. Aus diesem Grunde ist für den Fall der Insolvenz des Geschäftsinhabers grundsätzlich, mithin auch bei der mehrgliedrigen stillen

---

217 BGH v. 24.2.1969 - II ZR 123/67, BGHZ 51, 350, 351 f.
218 BGH v. 1.3.1982 - VIII ZR 75/81, ZIP 1982, 464; Frege/Keller/Riedel, Rz. 763.
219 Blaurock, Rz. 15.63; Uhlenbruck in: Gottwald, InsR-Hdb., § 16 Rz. 39.
220 MünchKommBGB/Ulmer, § 736 Rz. 5 f.

Gesellschaft, von deren Auflösung und einer nachfolgenden Auseinandersetzung auszugehen.

Ausnahmsweise kann jedoch etwas anderes gerechtfertigt sein, wenn der Geschäftsinhaber das Unternehmen in einer kapitalistisch strukturierten stillen Gesellschaft nach den schuldrechtlichen Parteiabreden lediglich als Treuhänder des Anlegervermögens für die stillen Gesellschafter hält. Die Regelung des § 230 HGB wird in diesem Fall im Innenverhältnis der Gesellschafter untereinander durch abweichende schuldrechtliche Vereinbarungen ergänzt und überlagert. Aus diesem Grunde erscheint es sachgerecht zu differenzieren: In einer *Unternehmens*insolvenz des Geschäftsinhabers verbleibt es aus den dargelegten Erwägungen bei der Auflösungsfolge des § 728 Abs. 2 S. 1 BGB. In einer Privatinsolvenz des *Unternehmers* hingegen scheidet dieser aus der Gesellschaft aus und ist zur Rückgabe des treuhänderisch gehaltenen Unternehmens verpflichtet. Dies wird zum Teil dem Rechtsgedanken des § 131 Abs. 3 Nr. 2 HGB entnommen[221], vorzugswürdig erscheint insoweit die Annahme einer (zumindest stillschweigenden) Fortsetzungsvereinbarung im Sinne des § 736 BGB.[222]
Mit der Rückgabe des Unternehmens entfällt allerdings eine wesentliche Voraussetzung der stillen Gesellschaft: Die Beteiligung am Unternehmen eines anderen. Die Gesellschaft kann daher unter den verbleibenden Gesellschafters nur als BGB-Gesellschaft fortgeführt werden. Da aber auch die stille Gesellschaft als Unterform einer Personengesellschaft im Sinne der § 705 ff. BGB zu qualifizieren ist (vgl. B.), ist dies in rechtlicher Hinsicht unproblematisch. Jedoch haften die (ehemaligen) stillen Gesellschafter in diesem Fall für Verbindlichkeiten des Geschäftsinhabers nur mit dem ihnen zugefallenen Geschäftsvermögen.[223]

II. Der stille Gesellschafter als Insolvenzgläubiger

Mit Auflösung der stillen Gesellschaft verliert der stille Gesellschafter seine gesellschaftsrechtlichen Rechte. Insbesondere stehen ihm die Informationsrechte des § 233 HGB nicht mehr zu, da ihm nach Beendigung der stillen Gesellschaft kein Anspruch auf die Mitteilung von Geschäftsunterlagen des Handelsgeschäfts zugestanden wird, in Betracht kommen lediglich Ansprüche

221 MünchKommHGB/K. Schmidt, § 234 Rz. 12; Blaurock, Rz. 19.61.
222 Vgl. dazu für die Insolvenz eines stillen Gesellschafters E. II.
223 Vgl. BGH v. 15.3.2004 - II ZR 247/01, DB 2004, 1258, 1259 für das insolvenzbedingte Ausscheiden der einzigen Komplementär-GmbH aus einer GmbH & Co. KG.

nach §§ 810, 242 BGB.[224] Seine Rechtsstellung wird maßgeblich von der Vorschrift des § 236 HGB bestimmt.

Nach § 80 InsO nimmt nunmehr der Insolvenzverwalter gegenüber dem stillen Gesellschafter die Position des Geschäftsinhabers mit entsprechenden Rechten und Pflichten unter Berücksichtigung der gesellschaftsvertraglichen Regelungen ein. Eine Ausnahme besteht, soweit im Gesellschaftsvertrag vereinbart war, dass der Geschäftsinhaber zu bestimmten Geschäften der Zustimmung des stillen Gesellschafters bedurfte. Diese Vereinbarung entfaltet gegenüber dem Insolvenzverwalter keine Wirkung.[225]

1. Die gesetzliche Regelung des § 236 HGB

Das Bild der stillen Gesellschaft wird maßgeblich durch die Vorschrift des § 236 HGB bestimmt. Danach kann der stille Gesellschafter im gesetzlichen Regelfall seine Einlage, soweit sie den Betrag des auf ihn entfallenden Verlustanteils übersteigt, als Insolvenzforderung geltend machen. Hat er seine Einlage noch nicht erbracht, so hat er sie nur bis zu dem Betrag in die Insolvenzmasse einzuzahlen, der zur Deckung seines Anteils am Verlust erforderlich ist (§ 236 Abs. 2 HGB). Ist eine Beteiligung am Verlust gemäß § 231 Abs. 2 HGB gesellschaftsvertraglich ausgeschlossen worden, so bedeutet dies also für den stillen Gesellschafter in der Insolvenz des Geschäftsinhabers, dass er bezüglich der gesamten Einlage als Insolvenzgläubiger am Verfahren teilnimmt, während eine rückständige Einlage von ihm nicht mehr erbracht werden muss. Die Vorschrift enthält insoweit zwingendes Recht, als von ihr nicht zum Nachteil der Insolvenzgläubiger abgewichen werden kann.[226] Abweichungen von § 236 HGB unterfallen dann der Dispositionsfreiheit der Gesellschafter, wenn dadurch keine Sonderposition des stillen Gesellschafters zu Lasten der anderen Insolvenzgläubiger entsteht. Das heißt, dass etwa eine Abrede, nach der seine Verlustbeteiligung nur im Insolvenzfall ausgeschlossen werden soll oder ihm seine Einlage für diesen Fall erlassen wird, unwirksam

---

224 BGH v. 11.7.1968 - II ZR 179/66, BGHZ 50, 316, 324; HansOLG Hamburg v. 4.3.2004 - 11 U 200/03, ZIP 2004, 1099; Koller/Roth/Morck, HGB, § 234 Rz. 13; für den ausgeschiedenen GmbH-Gesellschafter ebenso BGH v. 11.7.1988 - II ZR 346/87, GmbHR 1988, 434, 436; OLG Karlsruhe v. 30.12.1998 - 15 W 13/98, NZG 2000, 435, 436.

225 Blaurock, Rz. 17.54.

226 Allg. Ansicht, OLG Hamm v. 6.3.1996 – 8 U 155/95, WM 1997, 2323, 2324; Ebenroth/Boujong/Joost/Gehrlein, HGB, § 236 Rz. 2.

ist.[227] Dass ein *genereller* Ausschluss der Verlustbeteiligung dagegen zulässig ist, ergibt sich bereits aus § 231 Abs. 2 HGB.

Die Bedeutung der Regelung wird erst durch einen Vergleich mit den Handelsgesellschaften wirklich klar, deren Behandlung in der Insolvenz von der der stillen Gesellschaft erheblich abweicht. Bei den Handelsgesellschaften fallen die Gesellschaftereinlagen oder die an ihre Stelle tretenden Vermögenswerte als haftendes Kapital vollumfänglich in die Insolvenzmasse und stehen dort zur Befriedigung der Gläubiger zur Verfügung. Insolvenzgläubigerrechte lassen sich aus der Mitgliedschaft an derartigen Gesellschaften nicht begründen; nur wenn ausnahmsweise nach Befriedigung aller Gläubiger noch Liquidationsüberschüsse bestehen sollten, sind diese an die Gesellschafter auszukehren (§ 199 S. 2 InsO). Jedoch war eine solche Differenzierung, insbesondere zwischen Kommanditgesellschaft und stiller Gesellschaft, nicht immer selbstverständlich. Die heutige Regelung fand ihren Ursprung erst in der zweiten Lesung zum ADHGB und gründete auf der Überlegung, dass für die stille Gesellschaft – anders als für die Kommanditgesellschaft - eine öffentliche Publizität der Gesellschaftsverhältnisse nicht bestehe und dadurch auch kein besonderes Zugriffsvertrauen der Gläubiger geweckt werden könne. Das gewöhnliche Gläubigerrisiko, dass noch andere, zumeist unbekannte, Gläubiger und unter ihnen auch ein stiller Gesellschafter in der Insolvenz Forderungen gegen die Masse geltend machen könnten, könne ihnen daher nicht abgenommen werden.[228]

a) Die Einlage als Insolvenzforderung

Unter dem Begriff der Einlage in § 236 HGB sind alle Beiträge des stillen Gesellschafters zu verstehen, für welche ihm ein Guthaben auf seinem Einlagekonto verbucht wurde. Eine Vergütung für die Gebrauchsüberlassung von Gegenständen oder erbrachte Dienstleistungen kann er folglich nur insoweit verlangen, als diese seinem Einlagekonto auch bilanziell gutgebracht wurde (vgl. B. I. 3.). Erfasst werden weiterhin alle Leistungen aus nachträglich vereinbarten Einlageerhöhungen.[229] Gewinnanteile des stillen Gesellschafters, die nicht zur Auszahlung gelangt sind, sondern von diesem „stehen gelassen"

---

227 Heymann/Horn, HGB, § 236 Rz. 1; Klauss/Mittelbach, Rz. 166; Blaurock, Rz. 17.66; Noack, Rz. 653; Haas in: Gottwald, InsR-Hdb., § 94 Rz. 156; Uhlenbruck, Abschreibungsgesellschaften, S. 143.

228 Schubert, Protokolle, S. 4547 f.; Engler, S. 77; vgl. auch schon A. II.

229 GroßkommHGB/Zutt, § 236 Rz. 7.

wurden, erhöhen die Einlage demgegenüber nicht.[230] Zumeist werden sie buchhalterisch ohnehin abweichend behandelt und auf einem gesonderten Konto verbucht. Der Anspruch auf diese Gewinnanteile ist demnach eine gewöhnliche Insolvenzforderung, ohne dass Verlustanteile in Abzug gebracht werden müssten. Anders verhält es sich nur, wenn die Gewinnanteile gemäß § 232 Abs. 2 S. 2 HGB zur Verlustdeckung verwendet und aus diesem Grunde auf dem Einlagekonto verbucht wurden.

Diese gesetzliche Ausgestaltung der stillen Gesellschaft verdeutlicht in besonderer Weise die Nähe zu den Darlehensverhältnissen und trägt maßgeblich zur Einstufung jedenfalls der typischen stillen Einlage als qualifizierter Kredit bei.[231]

Selbstverständlich sind alle Forderungen, bei denen der stille Gesellschafter dem Geschäftsinhaber wie ein fremder Dritter gegenübersteht, in der Insolvenz zugunsten des Stillen zu berücksichtigen. Hat der Stille dem Geschäftsinhaber Gegenstände zum Gebrauch überlassen, ohne das Eigentum an ihnen zu übertragen, bestimmen sich die Rechtsfolgen nicht nach § 236 HGB, sondern nach den allgemeinen Regelungen. Er kann die Gegenstände aufgrund seines Eigentumsrechtes nach § 47 InsO aussondern und vom Insolvenzverwalter zurückverlangen[232], es sei denn, die Gebrauchsüberlassung ist als eigenkapitalersetzend zu qualifizieren (dazu im Einzelnen D. II. 2. c)). Sicherheiten, die der stille Gesellschafter zur Sicherung seiner Ansprüche aus dem Gesellschaftsverhältnis durch Verpfändung oder Sicherungsübereignung von Vermögensgegenständen des Geschäftsinhabers anfechtungsfrei erworben hat, kann er in gleichem Maße zur Befriedigung verwenden, wie § 236 Abs. 1 HGB auch eine Geltendmachung der Forderung zulässt.[233]

Darüber hinaus kann der Stille auch einen Schadensersatzanspruch als Insolvenzforderung anmelden, der aus der schuldhaften Verlustverursachung

---

230 GroßkommHGB/Zutt, a. a. O.

231 Ähnlich auch BGH v. 21.3.1983 – II ZR 139/82, ZIP 1983, 561; GroßkommHGB/Zutt, § 236 Rz. 6; Heymann/Horn, HGB, § 236 Rz. 10; Ebenroth/Boujong/Joost/Gehrlein, HGB, § 236 Rz. 7; MünchKommHGB/K. Schmidt, § 236 Rz. 5; ders. ZHR 140 (1976), 475 ff.; ders. KTS 1977, 1 ff., 65 ff.; Noack, Rz. 651; Häsemeyer, Rz. 31.52.

232 Heymann/Horn, HGB, § 236 Rz. 9; Baumbach/Hopt, HGB, § 236 Rz. 1; GK-HGB/Fahse, § 236 Rz. 5; Blaurock, Rz. 17.7; Koenigs, S. 311.

233 GroßkommHGB/Zutt, § 236 Rz. 8; MünchKommHGB/K. Schmidt, § 236 Rz. 20; Koenigs, S. 309.

durch den Gemeinschuldner resultiert.[234] Das schadenstiftende Verhalten bereits bei der Verlusttragung zu berücksichtigen, hat der Bundesgerichtshof allerdings abgelehnt, um die Rechte der anderen Insolvenzgläubiger nicht zu verkürzen.[235] Diese Entscheidung dürfte trotz der neueren Rechtsprechung des Bundesgerichtshofs zur fehlerhaften Gesellschaft, die nach ständiger Rechtsprechung auch bei der stillen Gesellschaft zum Tragen kommt[236], nicht in Frage gestellt sein. Insoweit hat der Bundesgerichtshofs zwar jüngst entschieden, dass der Anspruch des stillen Gesellschafters gegen den Geschäftsinhaber auf Einlagenrückgewähr dann keinen Beschränkungen durch das Institut der fehlerhaften Gesellschaft unterliege, wenn der Inhaber den Stillen im Wege des Schadensersatzes so zu stellen hat, wie er stehen würde, wenn er der Gesellschaft nicht beigetreten wäre.[237] Der stille Gesellschafter kann sodann Rückzahlung der gesamten geleisteten Einlage und nicht nur Auskehrung eines gegenwärtig etwa noch bestehenden Auseinandersetzungsguthabens verlangen. Diese Rechtsprechung betrifft jedoch Fälle vorvertraglichen Aufklärungsverschuldens, die dadurch gekennzeichnet sind, dass die Aufklärungspflichtverletzung gerade für den Beitritt als stiller Gesellschafter kausal geworden ist. Der Schadensersatzanspruch des Stillen ist dann auf die Rückabwicklung des Vertragsverhältnisses insgesamt gerichtet.
Liegt die Pflichtverletzung des Geschäftsinhabers hingegen in einer schuldhaften Verlustverursachung, kann im Wege des Schadensersatzes lediglich der Ausgleich dieser (adäquat kausalen) Verluste verlangt werden. Dabei kommt weiterhin der für den Bundesgerichtshof seinerzeit maßgebende Gesichtspunkt einer Gleichbehandlung der Insolvenzgläubiger zum Tragen. Im Ergebnis muss diese Erwägung also dazu führen, dass der Stille seinen Schadensersatzanspruch mit den anderen Gläubigern zur Insolvenztabelle anmelden muss, da ihn eine Berücksichtigung des Schadensersatzanspruches bereits bei der Bemessung seines Verlustanteils gegenüber den anderen Insolvenzgläubigern ungerechtfertigt bevorzugen würde.

---

234 BGH v. 1.3.1982 – II ZR 23/81, BGHZ 83, 341, 344; Uhlenbruck/Hirte, InsO, § 11 Rz. 386; Baumbach/Hopt, HGB, § 236 Rz. 1.

235 BGH v. 1.3.1982 - II ZR 23/81, a.a.O.

236 Vgl. etwa BGH v. 29.11.1952 – II ZR 15/52, BGHZ 8, 157, 167 f.; v. 29.7.1970 – II ZR 158/69, BGHZ 55, 5, 8 f.; v. 29.6.1992 – II ZR 284/91, NJW 1992, 2692, 2698; OLG Hamm v. 2.3.1999 - 27 U 257/98, NJW-RR 1999, 1415, 1416.

237 BGH v. 19.7.2004 - II ZR 354/02, NJW-RR 2004, 1407 f.; v. 21.3.2005 - II ZR 149/03, ZIP 2005, 763; v. 26.9.2005 - II ZR 314/03, ZIP 2005, 2060; ebenso OLG Braunschweig v. 8.9.2004 - 3 U 118/03, NJW-RR 2005, 341 f.

b) Die rückständige Einlage

Eine rückständige Einlage muss der stille Gesellschafter im gesetzlichen Regelfall gemäß § 236 Abs. 2 HGB nur bis zu dem Betrag einzahlen, der zur Deckung seines Anteils am Verlust erforderlich ist. Dies gilt auch dann, wenn die Einlage bereits vor Eröffnung des Insolvenzverfahrens fällig oder der stille Gesellschafter sogar schon mit der Leistung in Verzug war.[238]
Aus diesem Grunde wird vielfach angemerkt, dass der stille Gesellschafter, der seine Einlage noch nicht erbracht hat, und dies unter Umständen sogar pflichtwidrig, gegenüber demjenigen, der seiner Einlagepflicht bereits genügt hat, bevorzugt werde.[239] Aufgrund der zumeist nur sehr geringen Insolvenzquote ist die Einbuße umso größer, je mehr der Stille bereits eingezahlt hat. Vor geraumer Zeit wurde dies zum Anlass für die Forderung genommen, der Stille müsse seine gesamte rückständige Einlage in die Masse leisten, wenn er sich im Zeitpunkt der Konkurseröffnung im Verzug befunden habe.[240] Das mag rechtspolitisch wünschenswert sein. Aufgrund der eindeutigen gesetzgeberischen Entscheidung ist diese Auffassung jedoch nicht haltbar und hat sich historisch überholt. Ganz allgemein lässt sich feststellen, dass das Insolvenzrecht – gerade auch durch die Möglichkeit der Aufrechnung - denjenigen bevorzugt, der Vermögenswerte noch nicht erbracht hat, seien sie dem Gemeinschuldner auch geschuldet gewesen.[241] So kann der stille Gesellschafter auch nach den §§ 94 ff. InsO, §§ 387 ff. BGB gegen den Einzahlungsanspruch des Insolvenzverwalters auf Leistung der rückständigen Einlage mit seinem Anspruch auf Rückzahlung aufrechnen, sofern dieser bereits feststeht.[242] Die Regelung des § 236 Abs. 2 HGB stellt insoweit systematisch keine Ausnahme dar.

Ist dem Gemeinschuldner durch den Verzug allerdings ein Schaden entstanden, kann der Insolvenzverwalter den Ersatz dieses Schadens einschließlich

---

238 OLG Saarbrücken v. 1.9.1998 - 4 U 635/97, ZIP 1999, 2150; Düringer/Hachenburg/Flechtheim, HGB, § 341 Anm. 5; MünchKommHGB/K. Schmidt, § 236 Rz. 22; v. Gerkan in: Röhricht/G. v. Westphalen, HGB, § 236 Rz. 9; Baumbach/Hopt, HGB, § 236 Rz. 4; Haas in: Gottwald, InsR-Hdb., § 94 Rz. 163; Koenigs, S. 310.

239 Schlegelberger/K. Schmidt, HGB, § 341 Rz. 20; GroßkommHGB/Zutt, § 236 Rz. 9; MünchHdb. StG/Polzer, § 93 Rz. 19; Koenigs, S. 310.

240 Puchelt/Förtsch, ADHGB, § 258 Anm. 4 f.

241 K. Schmidt, KTS 1977, 65, 66.

242 BGH v. 21.3.1983 - II ZR 139/82, ZIP 1983, 561; Baumbach/Hopt, HGB, § 236 Rz. 4; Häsemeyer, Rz. 31.53.

etwaiger Verzugszinsen geltend machen.[243] Schadensersatzverpflichtungen des stillen Gesellschafters werden von § 236 Abs. 2 HGB nicht erfasst.

Ist eine rückständige Einlage vom stillen Gesellschafter noch zu erbringen, so bestimmt sich deren Fälligkeit nach den gesellschaftsvertraglichen Vereinbarungen.[244] Dies ergibt sich daraus, dass § 236 Abs. 2 HGB keine grundsätzliche Verlustdeckungspflicht des stillen Gesellschafters in der Insolvenz anordnet, sondern lediglich regelt, unter welchen Voraussetzungen eine ehemals versprochene Leistung nach Eröffnung des Insolvenzverfahrens vom Stillen noch erbracht werden muss.[245]
Regelmäßig wird als Gesellschafterbeitrag die Leistung einer Bareinlage vereinbart sein. Haben die Gesellschafter sich abweichend darauf geeinigt, dass der stille Gesellschafter eine Sacheinlage erbringen soll, so ändert daran auch die Insolvenz des Geschäftsinhabers grundsätzlich nichts.[246] Etwas anderes kann ausnahmsweise gelten, wenn der Stille, der nach § 236 Abs. 2 HGB noch zur Erbringung der Einlage verpflichtet ist, mit der Sacheinlage in Verzug kommt und die Leistung daher für den Insolvenzverwalter kein Interesse mehr hat, §§ 280 Abs. 1, Abs. 3, 281 Abs. 1 S. 1 BGB, oder wenn die Sache infolge einer vom Stillen zu vertretenden Unmöglichkeit untergeht. In diesen Fällen ist statt der Sacheinlage ein Schadensersatz in Geld zu leisten. Auch wenn der Wert der Sacheinlage den Verlustanteil übersteigt und eine Teilleistung nicht möglich ist, muss es dem stillen Gesellschafter gestattet sein, eine seinem Verlustanteil entsprechende Geldsumme zu zahlen.[247] Anderenfalls entstünde ein Widerspruch zu den dargelegten Grundsätzen, nach denen die den Verlustanteil übersteigende rückständige Einlage nicht mehr zu erbringen ist.

---

243 GroßkommHGB/Zutt, § 236 Rz. 9; MünchKommHGB/K. Schmidt, § 236 Rz. 22; Ebenroth/Boujong/Joost/Gehrlein, HGB, § 236 Rz. 9; Heymann/Horn, HGB, § 236 Rz. 11.

244 OLG Frankfurt a.M. v. 8.9.2003 - 1 U 205/02 - juris; Schlegelberger/K. Schmidt, HGB, § 341 Rz. 24 f.; Baumbach/Hopt, HGB, § 236 Rz. 4; GroßkommHGB/Zutt, § 236 Rz. 9; v. Gerkan in: Röhricht/G. v. Westphalen, HGB, § 236 Rz. 10; Blaurock, Rz. 17.65; Koenigs, S. 310; Noack, Rz. 663; a.A. ohne Begründung Düringer/Hachenburg/Flechtheim, HGB, § 341 Anm. 5.

245 Schlegelberger/K. Schmidt, HGB, § 341 Rz. 25.

246 Düringer/Hachenburg/Flechtheim, HGB, § 341 Anm. 5; Ebenroth/Boujong/Joost/Gehrlein, HGB, § 236 Rz. 11; Schlegelberger/K. Schmidt, HGB, § 341 Rz. 23; Baumbach/Hopt, HGB, § 236 Rz. 4.

247 Ebenroth/Boujong/Joost/Gehrlein, HGB, § 236 Rz. 11; GroßkommHGB/Zutt, § 236 Rz. 10.

2. Abweichungen von der Regelung des § 236 HGB

Der kreditähnliche Charakter der typischen stillen Einlage wurde bereits mehrfach betont. Die gesetzliche Ausgestaltung der stillen Gesellschaft sieht keine Beteiligung des Stillen am Gesellschaftsvermögen oder an der Geschäftsführung vor, Mitverwaltungs- und Kontrollrechte werden ihm nur in der wenig ausgeprägten Form des § 233 HGB gewährt. Innerhalb dieses Zusammenhangs trägt die Vorschrift des § 236 HGB der relativ „unternehmensfernen" Stellung des stillen Gesellschafters Rechnung, der nach den §§ 230 ff. HGB lediglich die Rolle eines „Geldgebers" innehat.[248] Aufgrund der weitgehenden Gestaltungsfreiheit im Recht der stillen Gesellschaft hat sich eine Vielzahl von Erscheinungsformen entwickelt, die je nach gesellschaftsvertraglicher Ausgestaltung mehr oder weniger stark von den in den §§ 230 ff. HGB festgelegten Strukturmerkmalen abweichen (vgl. C I., III.). Es drängt sich geradezu auf, dass darunter auch Konstellationen sind, in denen die „Unternehmensferne" und die Verwandtschaft des stillen Gesellschafters mit einem Darlehensgeber nicht mehr angenommen werden können. Ob man diese Erscheinungsformen jeweils als „atypisch" bezeichnet, ist nur von untergeordneter Bedeutung. Entscheidend ist die Frage, unter welchen Voraussetzungen der stille Gesellschafter im Einzelfall abweichend vom gesetzlichen Leitbild derart stark in das Unternehmen des Geschäftsinhabers eingebunden ist, dass es sich nicht rechtfertigen lässt, ihm für den Fall der Insolvenz die Stellung eines Insolvenzgläubigers im Hinblick auf seine Einlage zuzubilligen. Dann muss die Vorschrift des § 236 HGB hinter der vertraglich ausbedungenen unternehmerischen Position des stillen Gesellschafters zurücktreten.

a) Rangrücktrittsvereinbarung

In Betracht kommt die Nichtanwendung des § 236 HGB bei Vorliegen einer Rangrücktrittsvereinbarung. Als Rangrücktritt bezeichnet man eine Abrede zwischen Schuldner und Gläubiger, die Forderung erst nach Befriedigung der übrigen Geschäftsgläubiger geltend zu machen.[249] Da es sich bei dem Rangrücktritt um ein dem Grundsatz der Vertragsfreiheit unterliegendes Rechtsgeschäft handelt, sind Gläubiger und Schuldner in der Vereinbarung von Inhalt und Reichweite grundsätzlich frei.[250] Sie können folglich bestimmen, dass sich der Nachrang auf alle oder nur auf einzelne andere Gläubiger

---

[248] OLG Frankfurt v. 22.1.1980 – 22 U 190/78, WM 1981, 1371 f.

[249] BGH v. 1.3.1982 – II ZR 23/81, BGHZ 83, 341, 344 f.; Knobbe-Keuk, ZIP 1983, 127, 128.

[250] Habersack, ZGR 2000, 384, 400 f.

bezieht; die Forderung kann von Anfang an mit Nachrang begründet oder aber erst nachträglich damit versehen werden. Die Vorteile eines Rangrücktritts als Finanzierungsinstrument liegen insbesondere in dem einfachen und schnellen Verfahren und der Möglichkeit, das Kapital nach Überwindung der Krise und Auffüllung des Haftkapitals wieder abzuziehen.[251]
Ein bedeutsamer Anwendungsbereich des Rangrücktritts liegt im Verhältnis zwischen stillem Gesellschafter und einer das Unternehmen finanzierenden Bank. In Kreditverträgen zur Unternehmensfinanzierung finden sich häufig Vereinbarungen, wonach der Kreditnehmer bestimmte Finanzkennzahlen einzuhalten hat. Typisch ist dabei eine Eigenkapitalklausel, die die zureichende Eigenkapitalausstattung des Kreditnehmers sicherstellen soll. Für die Berechnung der Finanzkennzahlen wird die stille Beteiligung bilanziell als Eigenkapital ausgewiesen, wenn der stille Gesellschafter mit der finanzierenden Bank einen Rangrücktrittsvertrag geschlossen hat, wonach er mit seinen Forderungen aus der stillen Beteiligung hinter die Forderungen der Bank aus dem Kreditvertrag zurücktritt.[252] Die Rangrücktrittsvereinbarung kommt danach als Mittel der Kreditsicherung zum Zuge.
Ein weiterer wichtiger Anwendungsbereich des Rangrücktritts in Bezug auf stille Beteiligungen findet sich darüber hinaus in § 10 Abs. 4 KWG, der die angemessene Eigenmittelausstattung von Kreditinstituten regelt. Im Gegensatz zum zuvor beschriebenen Fall geht es hier allerdings darum, dass das Kreditinstitut selbst in der Rolle des Geschäftsinhabers ist. Gemäß § 10 Abs. 4 KWG werden stille Einlagen in das Vermögen des Kreditinstituts dann dem haftenden Eigenkapital zugerechnet, wenn eine volle Verlustbeteiligung und ein Rangrücktritt sowie längerfristige Laufzeiten vereinbart sind.

Unabhängig von den verschiedenen möglichen Erscheinungsformen der Rangrücktrittsvereinbarung[253] und ihrer Bedeutung für einen etwaigen Überschuldungsstatus[254] kommt es für die vorliegend maßgebliche Überlagerung des § 236 HGB durch die vertragliche Abrede darauf an, dass der stille Gesellschafter im Insolvenzfall mit seiner Forderung hinter alle übrigen Drittgläubigerforderungen zurücktreten will. Kann die stille Einlage somit erst nach Befriedigung der anderen Gläubiger zurückverlangt werden, wird ihr auf gewillkürter Grundlage die Funktion von Risikokapital beigemessen und so eine

251 Teller/Steffan, Rz. 58.
252 Dazu im Einzelnen Hellner/Steuer/Wittig, Rz. 4/2980 f.
253 Vgl. dazu auch Teller/Steffan, Rz. 304 ff.; Priester, DB 1977, 2429 ff.
254 Vgl. dazu D. IV. 3. b).

Zurechnung zum Grundstock der zur Befriedigung der Gläubiger vorhandenen Haftungsmasse erreicht.[255]

Rechtsfolge ist hier regelmäßig nicht die vollständige Abbedingung des § 236 Abs. 1 HGB, sondern nur dessen Ergänzung mit der Folge, dass der stille Gesellschafter seine Forderung wegen der Einlage nicht als gewöhnlicher, sondern lediglich als nachrangiger Insolvenzgläubiger geltend machen kann. Ob der stille Gesellschafter auch eine rückständige Einlage entgegen § 236 Abs. 2 HGB vollen Umfangs zur Masse einzuzahlen hat, ist eine Frage der Auslegung der im Einzelnen getroffenen Vereinbarung.[256]
Ein genereller Erlass der Forderung kann in der Rangrücktrittsvereinbarung hingegen nicht erblickt werden.[257] § 39 Abs. 2 InsO bestimmt, dass Forderungen, für die ein Rangrücktritt vereinbart ist, im Zweifel noch nach den kraft Gesetzes mit Nachrang versehenen Forderungen berichtigt werden. Ob diese Zweifelsregelung tatsächlich zum Tragen kommt oder ob der Stille lediglich denjenigen Rang einnehmen wollte, den auch der Gläubiger eines kapitalersetzenden Darlehens gemäß § 39 Abs. 1 Nr. 5 InsO innehat, ist wiederum eine Frage der Auslegung.[258] In jedem Fall kann die Forderung vom stillen Gesellschafter erst nach Befriedigung sämtlicher regulärer Insolvenzgläubiger geltend gemacht werden. In der Praxis wird jedoch kaum jemals ein derartiger Masseüberschuss bestehen, der stille Gesellschafter muss also damit rechnen, keinerlei Zahlungen auf seine nachrangige Forderung zu erhalten.
Auch Schadensersatzansprüche des stillen Gesellschafters mit Verlustbeteiligung gegen den Geschäftsinhaber wegen eines von diesem verschuldeten Verlustes der Einlage werden von einem umfassenden Rangrücktritt mangels abweichender Vereinbarung regelmäßig erfasst und können daraufhin nicht mehr als reguläre Insolvenzforderung zur Tabelle angemeldet werden.[259]

Grundsätzlich sind die Gesellschafter frei, ihre privatautonom getroffene Entscheidung über den Rangrücktritt durch Vereinbarung wieder aufzuheben. In diesem Fall kann sich aber ein Nachrang der Forderung bzw. eine Rückzahlungssperre unter Umständen aus den Regeln über den Eigenkapitalersatz ergeben, da beide Haftungsregime mit ihren jeweiligen Voraussetzungen und

---

[255] BGH v. 1.3.1982 – II ZR 23/81, BGHZ 83, 341, 344 f.; Uhlenbruck/Hirte, InsO, § 11 Rz. 390; Reusch, BB 1989, 2358, 2360; Habersack, ZGR 2000, 384, 409.

[256] OLG Hamm v. 3.5.1993 – 8 U 184/92, ZIP 1993, 1321, 1322; OLG Brandenburg v. 9.6.2004 - 7 U 212/03, GmbHR 2004, 1390, 1391.

[257] Habersack, ZGR 2000, 384, 409; Knobbe-Keuk, ZIP 1983, 127, 129.

[258] MünchKommHGB/K. Schmidt, § 236 Rz. 7.

[259] Reusch, BB 1989, 2358, 2360.

Rechtsfolgen nebeneinander zur Anwendung gelangen.[260] Darüber hinaus kommt vorbehaltlich der weiteren Voraussetzungen eine Anfechtbarkeit der Aufhebung nach den Vorschriften über die Insolvenzanfechtung (§§ 129 ff. InsO) bzw., außerhalb eines Insolvenzverfahrens, auch nach den Vorschriften des Anfechtungsgesetzes in Betracht.

b) Die Einlage als materielles Haftkapital aufgrund gesellschaftsvertraglicher Ausgestaltung

Rechtsprechung und Lehre haben darüber hinaus verschiedene Fallgruppen herausgearbeitet, die von der Regel, dass der stille Gesellschafter seine Forderung wegen der Einlage als Insolvenzgläubiger geltend machen kann, abweichen, weil der Einlage aufgrund der Ausgestaltung des Gesellschaftsvertrages Eigen- oder Haftkapitalcharakter zukommt und sie daher auch rechtlich haftendem Kapital gleichgestellt wird.

Grundsätzlich unterliegt es der Dispositionsfreiheit der Gesellschafter, in welchem Umfang sie ihre Gesellschaft mit Eigen- oder Fremdkapital ausstatten. Für die vorliegend zu behandelnde Fragestellung kommt es jedoch nicht auf die formelle Einordnung des überlassenen Kapitals im bilanzrechtlichen Sinn, etwa nach § 266 Abs. 3 HGB, an. Entscheidend ist die wirtschaftliche Funktion des zur Verfügung gestellten Kapitals für das Unternehmen sowie die Zweckbestimmung, die ihm von den Gesellschaftern beigemessen wurde.[261] Eigenkapital in diesem materiellen Sinne ist Kapital, das innerhalb der Gesellschaft gegenüber Dritten und dem Rechtsverkehr Risiko- und Haftungsfunktionen übernimmt. Während Fremdkapital in der Insolvenz regelmäßig nur wirtschaftlich entwertet wird, geht Eigenkapital verloren, es begründet eine erzwungene Beteiligung am Ausfallrisiko.[262] Dem Gesellschafter vermittelt es wirtschaftliche Teilhabe am Unternehmen und begründet einen Gewinnanspruch, sofern Gewinn erwirtschaftet wird. Darüber hinaus kommt dem Eigenkapital eine Nutzungs- und Investitionsfunktion zu, da es Ausdruck einer dauerhaften und geplanten Vermögensüberlassung durch die Kapitalgeber ist.[263] Diese dem Eigenkapital zukommenden Aufgaben gilt es bei der vorzunehmenden Einordnung der stillen Einlage im Einzelfall im Blick zu behalten.

---

260 Teller/Steffan, Rz. 433; Habersack, ZGR 2000, 384, 409; K. Schmidt, ZIP 1999, 1241, 1242.

261 Reusch, BB 1989, 2358, 2361.

262 GroßkommAktG/Wiedemann, Vor § 182 Rz. 6; K. Schmidt, GesR, S. 517; Habersack, ZGR 2000, 384, 385; Michalski/de Vries, NZG 1999, 181, 183.

263 GroßkommAktG/Wiedemann, Vor § 182 Rz. 5, 7; Hirte, KapGesR, Rz. 5.3.

aa) Erscheinungsformen

Im Schrifttum wird teilweise die Auffassung vertreten, eine haftungsmäßige Gleichstellung der stillen Einlage mit Eigenkapital ergebe sich bereits aus der Vereinbarung einer Verlustbeteiligung nach § 231 HGB, unabhängig davon, ob die stille Gesellschaft im Übrigen als typisch oder atypisch einzustufen sei.[264] Für diesen Fall sei die stille Einlage nicht nur im Verhältnis zu den übrigen Gläubigern haftendes Kapital, sondern auch im Verhältnis zum Eigenkapital der Gesellschafter. Der stille Gesellschafter mit Verlustbeteiligung stehe noch schlechter als ein Gläubiger mit Rangrücktrittsvereinbarung, denn bleibe ausnahmsweise nach Befriedigung der Insolvenzgläubiger noch zu verteilendes Vermögen, sei im Verhältnis zu den Gesellschaftern immer noch seine Verlustbeteiligung zu berücksichtigen.[265]

Diese Argumentation vermag nicht zu überzeugen. Sie verkennt die Bedeutung der gesetzlichen Regelung des § 236 Abs. 1 HGB. Zwar kann der stille Gesellschafter wegen seiner Einlage keinen Anspruch als Insolvenzforderung anmelden, soweit sein Einlagekonto aufgrund der Verbuchung der auf ihn entfallenden Verluste negativ geworden ist. § 236 Abs. 1 HGB regelt aber auch gerade den Fall, dass trotz einer zu berücksichtigenden Verlustbeteiligung - die nach § 231 HGB den gesetzlich vorgesehenen Regelfall darstellt - noch ein Guthaben des Stillen auf seinem Einlagekonto vorhanden ist. Diesen Überschuss kann er sodann grundsätzlich als Forderung zur Tabelle anmelden, gleichrangig mit den übrigen Insolvenzgläubigern, deren Insolvenzquote dadurch geschmälert wird. Anders stellt sich die Situation für den stillen Gesellschafter dar, der sich einem Rangrücktritt unterworfen hat. Er kann nicht einmal einen Teilbetrag seiner Einlage geltend machen, sondern muss zunächst die Befriedigung der Insolvenzgläubiger abwarten.[266] Darüber hinaus bleiben dem Stillen ohne Rangrücktrittsvereinbarung möglicherweise Schadensersatzansprüche gegen den Gemeinschuldner wegen des Verlustes der Einlage, die mit der Insolvenzquote zu berichtigen sind, anders hingegen bei Vereinbarung des Rangrücktritts. Allein die Verlustbeteiligung kann daher noch nicht zu einer Einordnung der stillen Einlage als materielles Haftkapital führen.

---

264 Heymann/Horn, HGB, § 230 Rz. 10; Knobbe-Keuk, ZIP 1983, 127, 129 f.; Schön, ZGR 1990, 220, 229.

265 Knobbe-Keuk, a. a. O., S. 130.

266 Vgl. auch Reusch, BB 1989, 2358, 2359.

Der Bundesgerichtshof hatte sich in einer Reihe von Entscheidungen damit zu beschäftigen, wann aufgrund einer besonderen Ausgestaltung des Gesellschaftsvertrages eine Gleichstellung der stillen Einlage mit haftendem Eigenkapital des Geschäftsinhabers zu erfolgen hat. Denn dass die Einlage bei Vorliegen bestimmter Kriterien den Gläubigern insgesamt als Haftungsmasse zur Verfügung stehen muss, ist in der Rechtsprechung lange anerkannt.[267] Ausgangspunkt war die Rechtsprechung zu den so genannten „gesplitteten Einlagen“, einer insbesondere bei Publikumsgesellschaften vorkommenden Kombination von stiller Beteiligung und Kommanditbeteiligung. Derartige Publikumsgesellschaften wurden in der Vergangenheit häufig als Abschreibungsgesellschaften mit dem Ziel gegründet, den Anlegern möglichst hohe Buchverluste zuzuweisen, die nach Verrechnung mit anderen, positiven Einkünften zu einer Senkung der persönlichen Einkommensteuerbelastung führen sollten.[268] Gleichzeitig wurden die Anleger damit geworben, im Vergleich zur reinen Kommanditbeteiligung ein geringeres finanzielles Risiko für den Fall der Insolvenz zu tragen.
Während die Behandlung der Kommanditeinlage keinen Besonderheiten unterliegt, ist es fraglich, ob sich die Anwendung des § 236 HGB auf die stille Einlage in diesen Konstellationen rechtfertigen lässt. Die Rechtsprechung verneinte dies zunächst dann, wenn die stillen Einlagen in ihrer Gesamtheit einen die Kommanditeinlagen weit übersteigenden Anteil an der Kapitalausstattung der Publikumsgesellschaft ausmachten und Teil der gesellschaftsvertraglichen Beitragspflicht der Kommanditisten waren mit der Folge, dass sie zum Erreichen des Gesellschaftszwecks unerlässlich waren.[269] Dem ist aus folgenden Erwägungen zuzustimmen: Im Grundsatz stellt die stille Beteiligung ein Mittel der Fremdfinanzierung dar. Eine klare Trennung zwischen Unternehmensfinanzierung in Form der Kommanditbeteiligung und Fremdfinanzierung in Form der stillen Beteiligung lässt sich aber bei gesplitteten Einlagen nicht vornehmen.[270] Die stille Beteiligung ist vielmehr als Bestandteil der gesellschaftsvertraglichen Beitragspflicht der Kommanditisten zu betrachten. Den Anlegern ist auch gerade daran gelegen, zur Erlangung von Steuervortei-

---

267 Vgl. BGH v. 5.11.1979 - II ZR 145/78, ZIP 1980, 192, 193; v. 9.2.1981 – II ZR 38/80, WM 1981, 761; v. 17.12.1984 – II ZR 36/84, WM 1985, 284; OLG Frankfurt v. 22.1.1980 – 22 U 190/78, WM 1981, 1371 f.

268 Uhlenbruck, Abschreibungsgesellschaften, S. 7; Heckel, S. 100 f.

269 BGH v. 28.11.1977 – II ZR 235/75, BGHZ 70, 61, 63 (zum Zusammentreffen von Kommanditeinlage und Darlehen); v. 5.11.1979 – II ZR 145/78, WM 1980, 332; v. 9.2.1981 – II ZR 38/80, WM 1981, 761; OLG Frankfurt v. 22.1.1980 – 22 U 190/78, WM 1981, 1371, 1372.

270 Heckel, S. 102.

len ein wirtschaftliches Risiko in Höhe ihrer gesamten Einlage zu generieren und damit steuerlich als Mitunternehmer behandelt zu werden. Dann ist damit aber auch notwendig eine Haftung beim Scheitern des Unternehmens zu verknüpfen.[271] Bildet die stille Einlage nämlich bei wirtschaftlicher Betrachtung einen entscheidenden Teil des Grundstocks der Kapitalausstattung des Unternehmens und muss sie deshalb der Haftungsmasse zugerechnet werden, so würde eine Anwendung des § 236 HGB zu einer nicht zu rechtfertigenden Gläubigerbenachteiligung führen. Die stillen Gesellschafter, denen – wirtschaftlich gesehen – eine Mitinhaberstellung am Unternehmen zukommt, würden in der Insolvenz mit den außenstehenden Gläubigern um die noch vorhandene Teilungsmasse konkurrieren. Sie träten sozusagen als ihre eigenen Gläubiger auf.[272] Dies gilt es zu verhindern.
Nach Einführung der §§ 2b und 15a EStG besteht die Möglichkeit einer Verlustverrechnung nur noch sehr eingeschränkt, um die Gründung einer Gesellschaft allein aus steuerlichen Motiven zu erschweren. Neben den Verschärfungen des Steuerrechts war es aber nicht zuletzt auch die dargelegte Rechtsprechung, durch die die Anlageform der „gesplitteten Einlage" erheblich an Attraktivität eingebüßt hat.

Weitergehend sind auch vertragliche Ausgestaltungen des stillen Gesellschaftsverhältnisses denkbar, die dazu führen, dass der stillen Einlage Haftkapitalcharakter zuzuerkennen ist, ohne dass sie gleichzeitig mit einer Kommanditbeteiligung verknüpft wäre. Folgerichtig hat der Bundesgerichtshof seine Rechtsprechung über den Bereich der „gesplitteten Einlage" hinaus weiter ausgedehnt. So hatte er den Fall einer Publikums-Kommanditgesellschaft zu entscheiden, in dem die ausschließlich still beteiligten Gesellschafter zur Teilnahme an der Gesellschafterversammlung berechtigt waren, deren Aufgabe darin bestand, den Jahresabschluss festzustellen, über die Gewinnverteilung und –ausschüttung sowie über eine mögliche Auflösung der Gesellschaft zu beschließen. Darüber hinaus wählte die Gesellschafterversammlung einen Beirat, der Mitspracherechte in der Geschäftsführung hatte. Den stillen Gesellschaftern standen insoweit die gleichen Rechte zu, wie sie auch den Kommanditisten eingeräumt worden waren. Eine Beteiligung am Geschäftsvermögen wurde den stillen Gesellschaftern hingegen nicht gewährt.[273] Mit

---

271 BGH v. 28.11.1977 – II ZR 235/75, BGHZ 70, 61, 63; v. 5.11.1979 – II ZR 145/78, WM 1980, 332; v. 9.2.1981 – II ZR 38/80, WM 1981, 761.

272 BGH v. 9.2.1981 – II ZR 38/80, WM 1981, 761 f.; OLG Frankfurt v. 22.1.1980 – 22 U 190/78, WM 1981, 1371, 1372.

273 BGH v. 17.12.1984 – II ZR 36/84, WM 1985, 284.

der Begründung, dass die stillen Gesellschafter „wie ein Kommanditist" auf die Geschäftsführung und das Schicksal der Geschäftsinhaberin Einfluss nehmen könnten, hat der Bundesgerichtshof nicht gezögert, ihren Einlagen die Funktion von Eigenkapital zuzuweisen.

Diese Entscheidung ist auf Kritik gestoßen. So wird bemängelt, dass der vom Gericht angenommene Zusammenhang zwischen Herrschaft und Haftung nicht gegeben sei. Überließen die Kommanditisten dem stillen Gesellschafter die Ausübung gesellschaftsrechtlicher Kontroll-, Benennungs- und Weisungsrechte, so handele es sich nur um eine jederzeit entziehbare Stellung, die der Stille ohne Bezug zu seiner Kapitalbeteiligung im Interesse der Gesellschaft auszuüben habe.[274] Auch werde die Haftung des Stillen nicht im Hinblick auf seinen eigentlichen Vertragspartner, den Geschäftsinhaber, begründet. Die Eigenkapitalqualität der stillen Beteiligung müsse von dem Verhältnis des stillen Gesellschafters zur Inhabergesellschaft abhängen und nicht von einem Vergleich mit ihren Gesellschaftern. Anderenfalls entstünde das wenig überzeugende Ergebnis, dass die Eigenkapitalqualität der stillen Einlage mit der jeweiligen Rechtsform der Hauptgesellschaft wechsle.[275] Außerdem widerspreche die Gleichbehandlung verschiedener gesellschaftsvertraglicher Pflichten als Einlagepflichten dem Parteiwillen und sei daher „richterlicher oktroi", denn an der gesplitteten Einlage zeige sich gerade, dass die Vertragspartner eine Gleichstellung nicht wollten. Würden die Parteien ihren Willen unmissverständlicher zum Ausdruck bringen, könnte die Rechtsprechung unterlaufen werden.[276]

Der Kritik kann in der geäußerten Form nicht zugestimmt werden. Der Ansatz sollte ein anderer sein. Bei der Bestimmung des materiellen Haftkapitalcharakters von überlassenen Vermögenswerten geht es gerade nicht um die formelle Einordnung aufgrund der von den Parteien gewählten Bezeichnung. Anknüpfungspunkt sind die von den Gesellschaftern privatautonom getroffenen Vereinbarungen, insoweit wird also durch eine Auslegung des Gesellschaftsvertrages auf den Parteiwillen abgestellt. Die Qualifikation des überlassenen Kapitals erfolgt dann jedoch zwingend auf der Grundlage objektivrechtlicher Kriterien. Von der rechtlichen Ausgestaltung der stillen Einlage wird auf ihre haftungsrechtliche Qualität geschlossen. Bei der Untersuchung des Charakters der stillen Einlage geht es mit anderen Worten vorrangig um

---

274 Schön, ZGR 1990, 220, 233.
275 Schön, a. a. O., S. 231.
276 Joost, ZGR 1987, 370, 397.

die Frage, wann dem Stillen aufgrund der gewillkürten Ausgestaltung seiner Stellung eine solche Verantwortung für die Unternehmensfinanzierung zugemessen werden muss, dass er im Falle der Insolvenz des Geschäftsinhabers mit seiner Forderung hinter außenstehenden Gläubigern zurücktreten muss. Diese unternehmerische Verantwortung ist von demjenigen zu übernehmen, der in der Funktion eines Unternehmers am Wirtschaftsleben teilnimmt.[277] Auch der Bundesgerichtshof legt in dem angeführten Urteil diese Prämisse zugrunde, wenn er darauf abstellt, dass die stillen Gesellschafter „wie ein Kommanditist" die Geschicke der Inhabergesellschaft lenken könnten. Hiermit stellt sich der Senat jedoch nicht zwingend in eine Reihe mit den Befürwortern eines Gleichlaufes von Herrschaft und Haftung.[278] Ohne der Verknüpfung von Einfluss und Verantwortung eine Absage zu erteilen, wird vor allem die Rechtsstellung des stillen Gesellschafters mit der Position eines an der Inhabergesellschaft Beteiligten verglichen. Der Senat sah eine hinreichende Übereinstimmung als gegeben an, mit der Folge einer Angleichung der haftungsrechtlichen Behandlung des überlassenen Kapitals.

Der Einwand von *Schön*, eine Umqualifizierung der Einlage könne nicht von einer Gleichstellung mit einem an der Inhabergesellschaft unmittelbar Beteiligten abhängen, greift ersichtlich zu kurz. Während der stille Gesellschafter nach der gesetzlichen Regelung grundsätzlich als Fremdkapitalgeber auftritt, knüpft die Hingabe von Eigenkapital im Ausgangspunkt an die Gesellschafterstellung an.[279] Im Bereich des Kapitalersatzrechts ist anerkannt, dass die für diesen Bereich entwickelten allgemeinen Grundsätze der rechtsformspezifischen Modifizierung bedürfen.[280] Insofern ist es nur folgerichtig, den materiellen Eigenkapitalcharakter der stillen Einlage an der rechtlichen Nähe des Stillen zu den Hauptgesellschaftern zu messen.[281] Dieser Ansatz verbindet den Vorzug größtmöglicher Einzelfallgerechtigkeit aufgrund differenzierter Lösungen mit hinreichender Rechtssicherheit, da durch die Bildung von Fallgruppen ein gesicherter Rahmen festgelegt werden kann.[282]

---

277 Vgl. auch Kollhosser, WM 1985, 929, 934.

278 So etwa Heymann/Horn, HGB, § 230 Rz. 59; Rümker, FS Stimpel, S. 673, 692 f.; Noack, Rz. 660.

279 K. Schmidt, GesR, S. 515; Habersack, ZGR 2000, 384, 396.

280 K. Schmidt, GesR, S. 530 ff.

281 Ebenso Fleischer, S. 273; Schmid/Hamann, DStR 1992, 950, 953; Renner, ZIP 2002, 1430, 1432 f.; Reusch, BB 1989, 2358, 2360.

282 Fleischer, S. 273.

Die Entscheidung ist jedoch aus einem anderen Grund kritisch zu betrachten, denn das Gericht vernachlässigt eine Voraussetzung, die die Gesellschafterstellung maßgeblich kennzeichnet: Die Beteiligung am Geschäftsvermögen, die in dem zu entscheidenden Sachverhalt den stillen Gesellschaftern gerade nicht gewährt wurde. Die vorliegende Problematik beruht auf dem Auseinanderfallen der von den Parteien wirtschaftlich gewollten Zielsetzung und der Rechtsform, die das Gesetz an sich dafür vorgesehen hat. Hier gilt es sich noch einmal bewusst zu machen, dass die Stellung des stillen Gesellschafters nach dem gesetzlichen Leitbild der eines Kreditgebers näher kommt als der eines Unternehmer-Gesellschafters. Will man seine grundsätzlich dem Bereich des Fremdkapitals zuzuordnende Einlage zu einer Form der Unternehmensfinanzierung mit materiellem Haftkapitalcharakter umqualifizieren, so lässt sich dies nur rechtfertigen, wenn die stille Einlage in Nutzungs-, Investitions- und Risikofunktion haftendem Kapital gleichzustellen ist. Dazu muss aber auch die Gesellschafterstellung des Stillen der eines Unternehmers gleichkommen und das ist nur der Fall, wenn sie zumindest ähnlich der eines Gesellschafters der Inhabergesellschaft ausgestaltet ist. Hier ließe sich einwenden, dass die stille Beteiligung typologische Züge trage und die sie kennzeichnenden Merkmale sich bis zu einem gewissen Grade wechselseitig vertreten könnten.[283] Vorliegend ist aber nicht die typusmäßige Ausgestaltung der stillen Gesellschaft fraglich, sondern die Vergleichbarkeit mit einem an der Hauptgesellschaft Beteiligten. Die vermögensmäßige Teilhabe ist in diesem Zusammenhang ein so zentrales Element der Gesellschafterstellung, dass ihr völliges Fehlen nicht durch stärker ausgeprägte Mitspracherechte ausgeglichen werden kann. Auch wenn vertreten wird, dass einzelne GmbH-Gesellschafter satzungsmäßig von Gewinnbeteiligung und Liquidationserlös ausgeschlossen werden können,[284] ändert dies nichts an der getroffenen Feststellung. Als Vergleichsmaßstab heranzuziehen ist gerade nicht ein Ausnahmefall an der Grenze des Zulässigen, sondern die typischerweise vorhandene Rechtsposition. Es muss demzufolge sowohl eine Teilhabe des Stillen am unternehmerischen Risiko über eine Vermögensbeteiligung als auch eine Teilhabe an unternehmerischen Entscheidungen vorgesehen sein.[285]

---

283 Fleischer, S. 275.

284 Baumbach/Hueck/Fastrich, GmbHG, § 14 Rz. 14; Scholz/Winter, GmbHG, § 14 Rz. 33.

285 So dann auch BGH v. 7.11.1988 – II ZR 46/88, WM 1989, 14 f.; OLG Hamm v. 6.3.1996 – 8 U 155/95, WM 1997, 2323, 2324; Ebenroth/Boujong/Joost/Gehrlein, HGB, § 236 Rz. 15; MünchHdb. StG/Polzer, § 93 Rz. 16; Kollhosser, WM 1985, 929, 933 f.

Anderweitig wird es umgekehrt auch für ausreichend gehalten, wenn dem stillen Gesellschafter eine Beteiligung am Geschäftsvermögen eingeräumt wird, das heißt, wenn er bei Berechnung des Auseinandersetzungsguthabens schuldrechtlich so gestellt wird, als ob er gesamthänderisch beteiligt sei, ohne dass jedoch seine Mitwirkungsbefugnisse über die gesetzliche Regelung hinaus erweitert werden.[286] Dies kann aus den gleichen, oben angeführten Gründen nicht zur Behandlung der stillen Einlage als Eigenkapital ausreichen. Zwar kommt eine andere Beurteilung in Betracht, wenn man dem am Vermögen beteiligten stillen Gesellschafter zwingend auch das Widerspruchsrecht des § 164 HGB zugestände.[287] Das lässt sich mit dem geltenden Recht jedoch schwer vereinbaren. So wurde schon mehrfach die weitgehende Dispositionsfreiheit der Partner der stillen Gesellschaft in Bezug auf das Innenverhältnis betont. Daraus folgt aber auch, dass die Gesellschafter, wenn sie dieses Innenverhältnis abweichend von den gesetzlichen Regelungen ausgestalten wollen, einer besonderen Vereinbarung bedürfen. Eine zwingende Erweiterung der Geschäftsführungsbefugnisse des Stillen aufgrund von vermögensrechtlichen Abreden kann es nicht geben. Dabei ist allerdings davon auszugehen, dass die Vertragsparteien in der Praxis eine derartige, durchaus interessengerechte Verknüpfung regelmäßig verabreden werden.

Im Ergebnis ist daher festzuhalten, dass sowohl eine vermögensmäßige Beteiligung des stillen Gesellschafters als auch eine Erweiterung seiner Mitwirkungsbefugnisse zu fordern sind, um seine stille Einlage als materielles Eigenkapital zu qualifizieren. Intensität und Ausprägung dieser Voraussetzungen werden nachfolgend näher zu untersuchen sein.[288]

Die dargelegten Grundsätze wurden von der Rechtsprechung in Entscheidungen entwickelt, die Publikumspersonengesellschaften zum Gegenstand hatten. Es handelt sich jedoch um allgemeine Voraussetzungen, die der Unterscheidung von Eigen- und Fremdkapital dienen und die nicht auf den Besonderheiten einer Publikumspersonengesellschaft beruhen, so dass sie auch nicht auf diese zu beschränken sind. Sie können somit auch anderweitig zur Anwendung gelangen, denn bei einer Unternehmensträgerin in Form einer typi-

---

[286] OLG Frankfurt v. 22.1.1980 – 22 U 190/78, WM 1981, 1371, 1372; v. Gerkan in: Röhricht/G. v. Westphalen, HGB, § 236 Rz. 13; MünchKommHGB/K. Schmidt, § 230 Rz. 171; K. Schmidt, FS Goerdeler, S. 487, 497.

[287] So Weimar, DB 1987, 1077, 1079; Schlegelberger/K. Schmidt, HGB, § 335 Rz. 69; anders jetzt aber MünchKommHGB/K. Schmidt, § 230 Rz. 80.

[288] Vgl. dazu D. II. 2. b)bb).

schen GmbH & Co. oder einer Kapitalgesellschaft ist die Existenz materiellen Eigenkapitals ebenso denkbar.[289] Auch die vorliegend vertretene Auffassung, dass Vermögensbeteiligung und Mitwirkungsrechte kumulativ vorliegen müssen, ist daher nicht rechtsformspezifisch auf eine Kommanditgesellschaft als Geschäftsinhaberin begrenzt. Anderweitig[290] wird hingegen für die stille Beteiligung an einer GmbH – anders als für die Kommanditgesellschaft – darauf abgestellt, ob die Stellung des Stillen mehr der eines außenstehenden Darlehensgebers oder der eines GmbH-Gesellschafters nahe kommt und für diesen Fall, abweichend von dem der Personengesellschaft, entweder die wirtschaftlichen Gleichstellung oder die Erweiterung der Einflussnahmemöglichkeiten als ausreichend erachtet. Warum dies gerade bei der GmbH ausreichen soll, kann jedoch nicht nachvollzogen werden, denn auch der GmbH-Gesellschafter ist am Stammkapital vermögensmäßig beteiligt und kann über die Gesellschafterversammlung unternehmerischen Einfluss ausüben. Die Abwägung hat daher ebenfalls beide Gesichtspunkte zu berücksichtigen.[291]
Inwieweit rechtsformspezifische Besonderheiten die konkrete Umsetzung im Einzelfall beeinflussen, wird im Folgenden zu erörtern sein.

bb) Konkretisierung der Voraussetzungen

Nachdem festzuhalten ist, dass sowohl eine Beteiligung am Geschäftsvermögen als auch eine Erweiterung der Mitwirkungsbefugnisse des Stillen für die Annahme materiellen Haftkapitals vorliegen müssen, fragt es sich, wie diese Voraussetzungen im Einzelnen auszugestalten sind.

(1) *Die vermögensmäßige Beteiligung*

Voraussetzung einer Umqualifizierung der stillen Einlage zu haftendem Kapital ist, wie dargelegt, zunächst die schuldrechtliche Beteiligung des stillen Gesellschafters am Geschäftsvermögen des Inhabers. Die Möglichkeit einer solchen Beteiligung und ihre Auswirkungen auf Gewinnanspruch und Auseinandersetzungsguthaben wurden bereits unter C. III. 2. b) ausführlich dargestellt. Problematisch ist aber weiter, ob für die Gleichstellung der stillen Einlage mit Eigenkapital jedwede vermögensmäßige Beteiligung ausreichend ist. Der Bundesgerichtshof hatte entschieden, dass die stille Einlage zum Erreichen des Gesellschaftszwecks unerlässlich sein müsse oder mehrere Einlagen

---

289 BGH v. 21.3.1988 – II ZR 238/87, WM 1988, 750, 751; OLG Hamm v. 3.5.1993 – 8 U 184/92, ZIP 1993, 1321 ff.; Heymann/Horn, HGB, § 230 Rz. 58; Noack, Rz. 659; MünchHdb. StG/Polzer, § 93 Rz. 16; Reusch, S. 218.

290 Schmid/Hamann, DStR 1992, 950, 952 f.

291 Ebenso Renner, ZIP 2002, 1430, 1433.

in ihrer Gesamtheit einen entscheidenden Teil der Kapitalausstattung des Unternehmens ausmachen.[292] Die Feststellung ist jedoch in den Zusammenhang einzuordnen, in dem sie getroffen wurde. Es handelte sich dabei um diejenigen Entscheidungen, die den Ursprung der Rechtsprechung zu den eigenkapitalgleichen stillen Einlagen in dem besonderen Kontext der „gesplitteten Einlage“ gebildet haben.
In einer Fortentwicklung dieser Rechtsprechung erscheint es sachgerecht, im Einzelfall die gesellschaftsvertraglich getroffenen Absprachen im Hinblick auf die grundsätzliche Funktion materiellen Eigenkapitals, das heißt insbesondere unter dem Aspekt der Nutzungs- und Investitionsfunktion, zu untersuchen. Indizien für den Eigenkapitalcharakter können danach etwa die Pflicht des Stillen zur langfristigen Kapitalüberlassung, das Fehlen einseitiger Kündigungsmöglichkeiten sowie beschränkte Entnahmerechte sein.[293] Dabei kann es nicht darauf ankommen, ob die Einlage von der Inhabergesellschaft objektiv als Eigenkapitalgrundlage benötigt wird, sondern nur auf die durch die Gesellschafter vereinbarte wirtschaftliche Funktion und Zweckbestimmung. Ergibt sich daraus eine Übereinstimmung zwischen stiller Einlage und den Aufgaben materiellen Eigenkapitals für den Geschäftsinhaber, so ist jedenfalls der Aspekt der vermögensmäßigen Beteiligung zur Gleichstellung mit haftendem Risikokapital gegeben.

(2) *Die Erweiterung der Mitwirkungsbefugnisse*

Weiterhin stellt sich die Frage, wann die Mitwirkungsbefugnisse des stillen Gesellschafters in der Geschäftsführung von den durch § 233 HGB normierten Kontrollmöglichkeiten derart abweichen, dass auch mit Blick auf seine Rechtsstellung die Prämisse vom qualifizierten Kreditverhältnis und der damit verbundenen Anwendbarkeit des § 236 HGB nicht mehr haltbar ist. Da nach der hier vertretenen Auffassung die Einordnung anhand eines Vergleiches mit einem an der Inhabergesellschaft beteiligten Gesellschafter zu erfolgen hat, empfiehlt es sich, im Folgenden eine rechtsformspezifische Differenzierung vorzunehmen.

---

292 BGH v. 28.11.1977 – II ZR 235/75, BGHZ 70, 61, 63 (zum Zusammentreffen von Kommanditeinlage und Darlehen); v. 5.11.1979 – II ZR 145/78, WM 1980, 332; v. 9.2.1981 – II ZR 38/80, WM 1981, 761.

293 BGH v. 5.11.1979 – II ZR 145/78, ZIP 1980, 192, 193; Renner, ZIP 2002, 1430, 1433.

(a) Stille Beteiligung an einer Personenhandelsgesellschaft

Die Personenhandelsgesellschaften lassen eine einheitliche Betrachtungsweise zu, da diese schon nach ihrer gesetzlichen Regelung grundsätzlich gleiche Probleme aufwerfen. Das Recht der Offenen Handelsgesellschaft[294] und der Kommanditgesellschaft ist nicht unabhängig voneinander geregelt. Beide sind Personengesellschaften im Sinne der §§ 705 ff. BGB, neben denen die §§ 105 ff. HGB als Sondervorschriften eingreifen (vgl. § 161 Abs. 2 HGB). Für die Kommanditgesellschaft gelten daneben vorrangig die §§ 161 ff. HGB, soweit diese besondere, über die §§ 105 ff. HGB hinausgehende Regelungen enthalten. Vor diesem Hintergrund ist eine einheitliche Behandlung der Personenhandelsgesellschaften bei der Beurteilung des Haftkapitalcharakters der stillen Einlage rechtsdogmatisch unproblematisch. Sie ist zudem aufgrund der vergleichbaren Interessenlage geboten. Zwar ist der Kommanditist nach der gesetzlichen Regelung in seinen Verwaltungsrechten gegenüber einem OHG-Gesellschafter beschränkt, insbesondere durch den Ausschluss von der Geschäftsführung (§ 164 S. 1 HGB). Es ist jedoch nicht nur zu berücksichtigen, dass das Recht der Personenhandelsgesellschaften jedenfalls im Innenverhältnis durch eine weitgehende Disposivität geprägt ist – so ist es etwa ohne Weiteres möglich, die Rechtsstellung eines Kommanditisten im Innenverhältnis der eines Gesellschafters einer Offenen Handelsgesellschaft anzugleichen. Weiter wird es für die Frage nach der mitunternehmerischen Initiative des Stillen ohnehin nicht darauf ankommen, ob an der Personenhandelsgesellschaft neben ihm tatsächlich Kommanditisten beteiligt sind, oder ob nur der Stille aufgrund seiner internen Mitgliedsrechte bei hypothetisch unterstellter Außenwirkung der ihm eingeräumten Rechte als Kommanditist anzusehen wäre.[295] Sein Verhältnis zum Geschäftsinhaber, das sich stets auf schuldrechtliche Beziehungen im Innenverhältnis beschränkt, wird hierdurch nicht berührt. Für die Personenhandelsgesellschaften wird es daher darauf ankommen, dass die unternehmerische Beteiligung des stillen Gesellschafters der eines Kommanditisten vergleichbar ist.

Zweifelsfrei ist ein hinreichender unternehmerischer Einfluss zu bejahen, wenn die Mitwirkungsrechte der an einer Personenhandelsgesellschaft betei-

[294] Das Recht der Partnerschaftsgesellschaft ist dem der OHG angeglichen, es fehlt jedoch an der Kaufmannseigenschaft (§ 1 Abs. 1 S. 2 PartGG). Soweit die Partnerschaftsgesellschaft ein Unternehmen betreibt, sollten die Regelungen der stillen Gesellschaft allerdings analoge Anwendung finden, vgl. B. I. 1.

[295] Vgl. den bei K. Schmidt verwandten Begriff der „virtuellen Innen-KG“, MünchKommHGB/K. Schmidt, § 230 Rz. 81.

ligten stillen Gesellschafter so stark ausgeprägt sind wie in der bereits angeführten BGH–Entscheidung.[296] Dort konnten die Stillen an der Gesellschafterversammlung teilnehmen, die nicht nur den Jahresabschluss feststellte, über die Gewinnverteilung und –ausschüttung sowie über die Auflösung der Gesellschaft entschied, sondern auch einen Beirat wählte. Der Beirat hatte wiederum erhebliche Mitspracherechte in Bezug auf die Geschäftsführung. Daraus ergibt sich allerdings wenig, was der Bestimmung von Mindestvoraussetzungen dienlich sein könnte. Insoweit ist es unumgänglich, sich zum Vergleich die Rechtsstellung des Kommanditisten in diesem Zusammenhang einmal genauer vor Augen zu führen.

Die Kontrollrechte des § 166 HGB entsprechen denen des § 233 HGB, so dass sich aus dieser Vorschrift für die zu behandelnde Fragestellung keine neuen Erkenntnisse ableiten lassen. Entscheidende Bedeutung kommt hingegen § 164 HGB zu. Zwar sind die Kommanditisten danach von der Geschäftsführung ausgeschlossen, § 164 S. 1 2. Hs. HGB räumt ihnen jedoch ein Widerspruchsrecht für solche Geschäfte ein, die über den gewöhnlichen Betrieb des Handelsgewerbes hinausgehen. Da die Kommanditisten häufig nicht rechtzeitig über ungewöhnliche Geschäfte informiert werden dürften, sind sich Rechtsprechung und Lehre darin einig, dass über den Wortlaut des § 164 HGB hinaus auch § 116 Abs. 2 HGB zur Anwendung gelangt.[297] Danach bedürfen außergewöhnliche Geschäfte eines zustimmenden Beschlusses sämtlicher Gesellschafter. Der Ausnahmecharakter kann sich aus Art und Inhalt, Zweck oder Umfang und Risiko des Geschäfts ergeben, z. B. durch einschneidende Veränderungen der Geschäftsorganisation oder die Beteiligung an anderen Unternehmen.[298] Von der Geschäftsführung zu unterscheiden sind die so genannten Grundlagengeschäfte, die das Gesellschaftsverhältnis selbst und seine Gestaltung betreffen und die ohnehin stets der Zustimmung der Kommanditisten bedürfen.[299]

Im Rahmen der im Recht der Personengesellschaften verhältnismäßig ausgeprägten Dispositionsfreiheit können auch die eben beschriebenen Rechte bis auf einen unentziehbaren Kernbereich weitgehende Einschränkungen erfahren.[300] Vorliegend besteht die Aufgabe jedoch darin, die Mitwirkungsrechte

---

296 BGH v. 17.12.1984 – II ZR 36/84, WM 1985, 284, der BGH verzichtete dort allerdings auf die Beteiligung am Vermögen als Voraussetzung, vgl. D. II. 2. b)aa).

297 So schon RG v. 22.10.1938 - II 58/38, RGZ 158, 302, 306; Schlegelberger/Martens, HGB, § 164 Rz. 16; Baumbach/Hopt, HGB, § 164 Rz. 2.

298 RG v. 22.10.1938 - II 58/38, RGZ 158, 302, 306 f.; Baumbach/Hopt, HGB, § 116 Rz. 2; Heymann/Horn/Emmerich, HGB, § 116 Rz. 5, 7.

299 Baumbach/Hopt, HGB, § 114 Rz. 3; Heymann/Horn/Emmerich, HGB, § 114 Rz. 3.

300 Baumbach/Hopt, HGB, § 164 Rz. 6; Kübler/Assmann, § 8 II.1.a).

des stillen Gesellschafters in ihrer konkreten gesellschaftsvertraglichen Ausprägung mit den abstrakt zu bestimmenden Einflussmöglichkeiten eines Kommanditisten zu vergleichen und bei hinreichender Annäherung auch die Haftung im Insolvenzfall entsprechend anzupassen. Maßstab ist demnach nicht jede, im Einzelfall gerade noch zulässige Ausgestaltung der Kommanditistenrechte, sondern die typische, durch §§ 164, 116 Abs. 2 HGB gekennzeichnete Regelung.

Aufschlussreich ist ein Ausblick auf den originär steuerrechtlichen Begriff des Mitunternehmers. Dieser entscheidet über die Einordnung von Einkünften als Gewerbeeinkünfte im Sinne des § 15 EStG, in Abgrenzung zu Einkünften aus Kapitalvermögen, die nach § 20 EStG zu versteuern sind. Die Mitunternehmereigenschaft eines Gesellschafters setzt voraus, dass seine Stellung nicht wesentlich hinter derjenigen zurückbleibt, die handelsrechtlich das Bild eines Kommanditisten bestimmt.[301] Dabei handelt es sich um einen Typusbegriff, entscheidend ist mithin das Gesamtbild im Einzelfall. Stets ist jedoch das Vorliegen zweier Merkmale zu fordern, um eine steuerliche Mitunternehmerschaft anzunehmen: Ein Mitunternehmerrisiko in Form einer Teilhabe am wirtschaftlichen Erfolg oder Misserfolg eines Unternehmens, sowie eine Mitunternehmerinitiative, die durch Teilhabe an unternehmerischen Entscheidungen ausgedrückt wird.[302] Obwohl beide Merkmale notwendig vorliegen müssen, kann doch eine geringere Gewichtung eines Merkmals durch die stärkere Ausprägung des anderen kompensiert werden. Im Hinblick auf die Unternehmerinitiative ist die untere Grenze erreicht, wenn dem Gesellschafter § 164 HGB vergleichbare Rechte eingeräumt werden.[303]
Dies lässt sich entsprechend auf die gesellschaftsrechtliche Rechtsstellung eines an der Inhabergesellschaft nicht beteiligten stillen Gesellschafters übertragen. Auch hier muss sich die Eigenkapitalfunktion der Einlage aus einer „Gesamtwürdigung des Vertragsganzen"[304] ergeben, da es letztlich aufgrund der Vielfalt der vorkommenden Sachverhalte nicht möglich ist, die notwendigen Mitwirkungsrechte katalogartig zusammenzustellen.[305] Ist die stille Einlage des schuldrechtlich am Geschäftsvermögen beteiligten Stillen für die Kapitalausstattung der Inhaber-Kommanditgesellschaft von erheblicher Bedeutung,

---

301 BFH v. 25.6.1984 – GrS 4/82, BStBl II 1984, 751, 769.

302 BFH v. 25.6.1984, a. a. O.; v. 9.12.2002 - VIII R 20/01 - juris Rz. 17; Knobbe-Keuk, § 9 II.3.a); L. Schmidt, EStG, § 15 Rz. 343 f.

303 BFH v. 25.6.1984, a. a. O.; v. 9.12.2002, a.a.O.; Knobbe-Keuk, a. a. O.

304 BGH v. 21.3.1988 - II ZR 238/87, WM 1988, 750, 752; K. Schmidt, FS Goerdeler, S. 487, 497.

305 So auch Renner, ZIP 2002, 1430, 1434.

so wird sich schon bei weniger deutlich ausgeprägten Einflussmöglichkeiten nach dem Gesamtbild der Eigenkapitalcharakter der Einlage bejahen lassen. Die untere Grenze dürfte erreicht sein, wenn dem Stillen nach dem Gesellschaftsvertrag Rechte eingeräumt werden, die zumindest gewisse außergewöhnliche Geschäfte sowie Grundlagengeschäfte seiner Zustimmung unterwerfen. Anderenfalls ließe sich die anfangs aufgestellte Prämisse einer notwendigen Einbindung in das Unternehmen des Geschäftsinhabers nicht aufrechterhalten. Umgekehrt lässt sich eine geringere vermögensmäßige Beteiligung durch starke Mitwirkungsbefugnisse ausgleichen, die die Rolle des stillen Gesellschafters der eines „Unternehmer-Gesellschafters" vergleichbar machen.

(b) Stille Beteiligung an einer GmbH

Parallel zu der bei den Personenhandelsgesellschaften auftretenden Problematik stellt sich auch bei einer GmbH als Geschäftsinhaberin die Frage, wann die Einflussnahmemöglichkeiten des Stillen denen eines GmbH-Gesellschafters hinreichend angenähert sind, um seine Einlage bei entsprechender vermögensmäßiger Beteiligung als Haftkapital einzuordnen.
Dessen Mitwirkungsmöglichkeiten ergeben sich in erster Linie aus dem Recht zur Teilnahme an der Gesellschafterversammlung, der als oberstem Organ der GmbH in allen Angelegenheiten der Geschäftsführung ein Weisungsrecht gegenüber dem Geschäftsführer zukommt, vgl. § 37 Abs. 1 GmbHG. Jedoch können die Rechte der Gesellschafterversammlung gemäß § 45 Abs. 1 GmbHG in erheblichem Umfang modifiziert oder abbedungen werden. Zwingende Zuständigkeiten bestehen für so genannte Grundlagenentscheidungen wie die Entscheidung über Satzungsänderungen (§ 53 GmbHG), Kapitalmaßnahmen (§§ 55 ff. GmbHG), Auflösung und Fortsetzung der Gesellschaft (§ 60 Abs. 1 GmbHG), Umwandlung und Formwechsel (§§ 13, 193 UmwG), sowie bestimmte Konzernierungsmaßnahmen (§ 293 AktG analog).[306]
Kann der stille Gesellschafter an der Gesellschafterversammlung teilnehmen oder anderweitigen, nicht unerheblichen Einfluss auf sie ausüben, haben seine Mitwirkungsbefugnisse die zur Umqualifizierung der stillen Einlage nötige Qualität zweifelsohne erreicht.[307] Da das Gesamtbild der Rechtsstellung des Stillen maßgeblich ist, können auch hier weniger ausgeprägte Mitwirkungsrechte durch eine starke vermögensmäßige Beteiligung ausgeglichen werden. Zu denken ist an Mitspracherechte bei zumindest einem Teil der oben ange-

306 Hirte, KapGesR, Rz. 3.232.
307 Ebenso Renner, ZIP 2002, 1430, 1434.

führten Grundlagengeschäfte, die notwendig der Zuständigkeit der Gesellschafterversammlung unterfallen. Als untere Grenze wird, ähnlich wie bei der Kommanditgesellschaft, zu fordern sein, dass der Stille jedenfalls auf bestimmte wichtige, über den gewöhnlichen Betrieb des Handelsgewerbes hinausgehende Geschäfte Einfluss nehmen kann.

Insbesondere in der mehrgliedrigen stillen Gesellschaft wird die vertragliche Gestaltung regelmäßig vorsehen, dass nicht jeder Stille für sich seine Mitwirkungsrechte wahrnimmt, sondern dass diese Rechte auf ein Gremium in Form eines Beirates übertragen werden. Diese bei einer Mehrzahl von Gesellschaftern organisatorisch sinnvolle Maßnahme steht der Annahme hinreichend erweiterter Mitwirkungsrechte nicht entgegen.[308]

(c) Stille Beteiligung an einer Aktiengesellschaft

Auch für den still an einer Aktiengesellschaft Beteiligten ist unter gewissen Voraussetzungen eine Umqualifizierung der stillen Einlage in materielles Eigenkapital denkbar. Hier stellt sich ein Problem, dessen Aufarbeitung durch Literatur und Rechtsprechung noch aussteht. Zwar hat der Bundesgerichtshof im Jahre 1984 mit dem „Beton- und Monierbau"-Urteil[309], das er jüngst in einer weiteren Entscheidung[310] konkretisiert und bestätigt hat, einen Durchbruch im Recht der kapitalersetzenden Aktionärsdarlehen erzielt. Der zweite Zivilsenat hält es für möglich, auch Aktionärsdarlehen dem Kapitalersatzrecht zu unterwerfen, sofern der Aktionär unternehmerisch beteiligt sei. Unternehmerisch sei die Beteiligung regelmäßig bei einem Aktienbesitz von mindestens 25%, da der Aktionär dann über eine Sperrminorität verfüge. Die angeführten BGH-Entscheidungen sind jedoch zum Kapitalersatzrecht ergangen (dazu ausführlich D. II. 2. c)). Vorliegend ist keine gesetzlich normierte Finanzierungsverantwortung zu untersuchen, wie sie dem Kapitalersatzrecht zugrunde liegt, sondern die Frage, wann der stille Gesellschafter aufgrund der vertraglichen Ausgestaltung des stillen Gesellschaftsverhältnisses die Rolle des qualifizierten Kreditgebers verliert und eine unternehmerische Stellung einnimmt. Muss er als „Quasi-Mitinhaber" des Geschäftsinhabers angesehen werden, ist es in Abweichung von § 236 HGB nicht gerechtfertigt, ihn in der Insolvenz gleichrangig mit den außenstehenden Gläubigern auftreten zu lassen, deren

---

308 Vgl. BGH v. 7.11.1988 – II ZR 46/88, WM 1989, 14 f. zur Anwendbarkeit von § 30 GmbHG.

309 V. 26.3.1984 – II ZR 171/83, BGHZ 90, 381 ff.

310 BGH v. 9.5.2005 - II ZR 66/03, ZIP 2005, 1316 ff.

Insolvenzquote entsprechend geschmälert würde. Seine Einlage muss vielmehr als Haftungsmasse zur Verfügung stehen.

Zunächst gilt es zu beachten, dass die Rechtsstellung eines Aktionärs sich in Bezug auf seine Mitwirkungsrechte gravierend von der Position eines Gesellschafters einer Personengesellschaft oder GmbH unterscheidet. In diesen Gesellschaftsformen ist das personalistische Element wesentlich stärker ausgeprägt, da sich jeder Gesellschafter über die Lage der Gesellschaft informieren und er - wenngleich in unterschiedlich starker Ausprägung - Einfluss nehmen kann, während die Mitgliederbindung in der gesetzestypischen Aktiengesellschaft nur schwach ist.[311] Der typische Aktionär hat weder Weisungsbefugnisse noch Informationsrechte, seine Möglichkeiten, auf die Entwicklung der vom Vorstand eigenverantwortlich geführten Gesellschaft (§ 76 Abs. 1 AktG) Einfluss zu nehmen, sind begrenzt. Seine Rechte muss er in erster Linie über die Hauptversammlung wahrnehmen (§ 118 Abs. 1 AktG), die jedoch im Gegensatz zur Gesellschafterversammlung der GmbH nur eng begrenzte Entscheidungsbefugnisse hat. Von der Geschäftsführung ist sie nach § 119 Abs. 2 AktG gänzlich ausgeschlossen. Abweichungen von und Ergänzungen zu dieser Aufgabenverteilung sind nach dem Aktiengesetz nur sehr eingeschränkt möglich (§ 23 Abs. 5 AktG).
Dies vorangestellt ergibt sich, dass ein Vergleich der Mitwirkungsbefugnisse des stillen Gesellschafters mit einem in typischer Weise an der Inhabergesellschaft Beteiligten im Bereich des Aktienrechts für sich genommen wenig aufschlussreich ist. Denn allein daraus lassen sich keine Einflussmöglichkeiten herleiten, die von der durch § 233 HGB normierten Rechtsstellung so stark abweichen, dass sie dazu zwingen, die Prämisse vom qualifizierten Kreditverhältnis aufzugeben. Insoweit zeigt sich eine Parallele zu den angeführten BGH–Entscheidungen und der darauf aufbauenden Diskussion über kapitalersetzende Aktionärsdarlehen. Denn dort ist es – im Gegensatz zur bei der GmbH vorliegenden Situation – ebenso wenig ausreichend, allein an die Gesellschafterstellung des Darlehensgebers anzuknüpfen, sondern es bedarf weiterer Gesichtspunkte, um eine unternehmerische Form der Beteiligung zu begründen.[312] Anknüpfend an die zur Personengesellschaft und zur GmbH dargelegten Grundsätze ist die Qualifizierung der stillen Einlage als Haftkapital daher auch hier nur angemessen, wenn der Stille in der Form Einfluss auf

311 Junker, ZHR 156 (1992), 394, 402.

312 Vgl. BGH v. 26.3.1984 – II ZR 171/83, BGHZ 90, 381 ff.; v. 9.5.2005 - II ZR 66/03, ZIP 2005, 1316, 1317; Hüffer, AktG, § 57 Rz. 18; Hirte, KapGesR, Rz. 5.144; Junker, ZHR 156 (1992), 394, 403 ff.

die Geschicke der Gesellschaft hat, dass er wenigstens durch Einwirkungsmöglichkeiten auf die wichtigsten Geschäfte der Gesellschaft über ihre Zukunft mitentscheiden kann.[313] Mit dem Halten einer Sperrminorität bietet sich ein taugliches Kriterium für die Vermutung eines hinreichenden Einflusses des stillen Gesellschafters. Da das Gesetz bei Grundlagenentscheidungen, die Satzungsänderungen und insbesondere auch jede die Kapitalstruktur berührende Finanzierungsmaßnahme betreffen, für die Durchführung der entsprechenden Maßnahmen einen mit Dreiviertelmehrheit gefassten zustimmenden Beschluss der Hauptversammlung verlangt (§§ 179 Abs. 1 S. 1, 182 Abs. 1 S. 1, 222 Abs. 1 S. 1 AktG), kann ein mit 25% beteiligter Aktionär die Geschicke der Gesellschaft entscheidend mitbestimmen. Aber auch unterhalb dieser hohen Beteiligungsschwelle lässt sich die Unternehmereigenschaft des stillen Gesellschafters ausnahmsweise bejahen, wenn er über besonderen Zugang zu Informationen verfügt, die ihm Einblick in die Lage der Gesellschaft verschaffen, und wenn er in Verbindung mit weiteren Umständen Einfluss auf die Unternehmensführung nehmen kann.[314]
Die wichtigste aktienrechtlich zugelassene Form der Einflussnahme auf die Leitung einer Aktiengesellschaft vermittelt ein Aufsichtsratsmandat. Der Aufsichtsrat hat den Vorstand zu bestellen, zu überwachen und abzuberufen (§§ 89, 111 AktG), der Vorstand ist ihm gegenüber berichtspflichtig (§ 90 AktG). Hat der Stille einen Sitz im Aufsichtsrat inne, steht einer Umqualifizierung seiner Einlage bei Vorliegen der übrigen Voraussetzungen nichts entgegen. Aber auch ein Entsendungsrecht dorthin (§ 101 Abs. 2 AktG) kann erheblichen Einfluss sichern.[315]

Wiederum gilt es zu betonen, dass stets eine Einzelfallentscheidung zu treffen ist, die eine Gesamtwürdigung aller konkreten Umstände voraussetzt. Dabei kann eine besonders intensive Vermögensbeteiligung weniger ausgeprägte Mitspracherechte innerhalb gewisser Grenzen kompensieren und umgekehrt. Angesichts der dargelegten „Unternehmensferne" des typischen Aktionärs wird die Qualifizierung seiner stillen Einlage als materielles Haftkapital bei

---

313 Renner, ZIP 2002, 1430, 1432 f.

314 KölnKommAktG/Lutter, § 57 Rz. 93; K. Schmidt, GesR, S. 880; Bork, ZIP 1990, 1037, 1039; Junker, ZHR 156 (1992), 394, 403; einschränkend Hüffer, AktG, § 57 Rz. 18.

315 Junker, a. a. O., S. 404; der Bundesgerichtshof hat jedoch klargestellt, dass im Bereich des *Kapitalersatzrechts* ein Aufsichtsratsmandat bei einem Aktienbesitz von 10 % zur Bejahung unternehmerischen Einflusses nicht ausreiche, vgl. BGH v. 9.5.2005 - II ZR 66/03, ZIP 2005, 1316, 1317.

einer Beteiligung unterhalb der Sperrminorität von 25 % jedoch nur in besonderen Ausnahmefällen in Betracht kommen.

Dieselben Erwägungen kommen bei der neuen Gesellschaftsform der Europäischen Aktiengesellschaft oder Societas Europaea (SE) zum Tragen, deren rechtliche Grundlagen seit Ende des Jahres 2004 in Kraft sind.[316] Die Stellung des Aktionärs einer SE entspricht im Wesentlichen der eines Aktionärs einer deutschen Aktiengesellschaft. Auch die SE ist ihrer Struktur nach eine Aktiengesellschaft (Art. 1 Abs. 2 S. 1 SE-VO). Zwar ist die SE gegenüber der deutschen Aktiengesellschaft insoweit durch eine größere Freiheit in der Organstruktur gekennzeichnet, als neben dem hiesigen dualistischen System mit Unterteilung der Gesellschaftsführung in ein Leitungsorgan (Vorstand) und ein Aufsichtsorgan (Aufsichtsrat) auch ein monistisches System gewählt werden kann, welches Leitungs- und Kontrollfunktion bei einem einheitlichen Verwaltungsorgan konzentriert.[317] Unabhängig von dieser strukturellen Entscheidung gelten jedoch für die Hauptversammlung als Organ der Aktionäre jeweils dieselben Regeln, die sich in erster Linie aus den Art. 52 ff. SE-VO ergeben.[318] In den vorliegend für die Qualifizierung der stillen Einlage eines Aktionärs maßgeblichen Punkten, die seine Rechtsstellung in Beziehung zum Unternehmen charakterisieren, verweist die SE-VO auf das nationale Recht des jeweiligen Mitgliedsstaates. Die §§ 118 ff. AktG kommen daher in weitem Umfang zur Anwendung. Dies betrifft die Zuständigkeiten der Hauptversammlung (Art. 52 S. 2 SE-VO), deren Ablauf und Organisation sowie das Abstimmungsverfahren (Art. 53 SE-VO), ihre Einberufung (Art. 54 Abs. 2, 55 SE-VO) sowie insbesondere auch die Mehrheitsanforderungen bei Beschlussfassungen (Art. 57, 59 SE-VO).

Daneben verzichtet die SE-VO darauf, eigene Regeln über das Kapital, seine Aufbringung, Erhaltung und Änderung aufzustellen (vgl. Art. 5 SE-VO), so dass auch insoweit das - weitgehend harmonisierte - Recht des Mitgliedstaates zum Tragen kommt, in dem die SE eingetragen ist.[319]

Die Rechtsstellung des Aktionärs einer SE ist mithin bezüglich seiner unternehmensfernen Position, die im Grundsatz *gegen* seine Verantwortlichkeit für die Kapitalausstattung der Gesellschaft spricht, der eines Aktionärs einer

---

316 Auf europäischer Ebene ist die unmittelbar geltende Verordnung (EG) Nr. 2157/2001 vom 8.10.2001 (SE-VO) maßgeblich, durch Art. 1 des Gesetzes zur Einführung der Europäischen Gesellschaft wurden Ausführungsvorschriften für das deutsche Recht eingeführt.

317 Vgl. dazu ausführlich Thümmel, Rz. 146 ff.

318 Manz/Mayer/Schröder, SE, Vorbem. Abschnitt 4 Rz. 2.

319 Manz/Mayer/Schröder, SE, Art. 5 SE-VO Rz. 1 f.

deutschen AG vergleichbar. Auch die Annahme materiellen Haftkapitalcharakters der stillen Einlage eines Aktionärs der SE wird danach nur ausnahmsweise und in erster Linie dann in Betracht kommen, wenn er eine Sperrminorität in Höhe von mindestens 25 % des Aktienkapitals hält.

(3) *Zusammenfassung*

Zusammenfassend ist festzuhalten, dass der stillen Einlage unter bestimmten gesellschaftsvertraglichen Voraussetzungen der Charakter materiellen Haftkapitals zukommen kann. Dazu ist es erforderlich, dass die stille Einlage nach der vertraglichen Vereinbarung bei wirtschaftlicher Betrachtung einen entscheidenden Teil des Grundstocks der Kapitalausstattung des Unternehmens ausmacht. Darüber hinaus muss der stille Gesellschafter entweder auch an der Inhabergesellschaft gesellschaftsrechtlich beteiligt sein oder, ohne solche Beteiligung, zumindest - in Anlehnung an den steuerrechtlichen Typusbegriff des Mitunternehmers - mittelbar in nicht unerheblichem Maße am Geschäftsvermögen teilhaben und Einfluss auf unternehmerische Entscheidungen ausüben können. Bei der Aktiengesellschaft und der SE wird man allerdings angesichts der schwachen Mitgliederbindung regelmäßig eine Beteiligung in Höhe von mindestens 25 % des Aktienkapitals fordern müssen.

cc) Rechtsfolgen

Rechtsfolge des materiellen Haftkapitalcharakters ist die Umqualifizierung der stillen Einlage, weg von einem qualifizierten Kreditverhältnis und hin zu materiellem Eigenkapital. Bei einem in der dargestellten Weise mitunternehmerisch beteiligten Stillen wäre es nicht gerechtfertigt, ihn in Konkurrenz zu den Fremdgläubigern bei der Verteilung der vorhandenen Masse in einer Insolvenz des Geschäftsinhabers treten zu lassen. Seine Einlage muss den Gläubigern vielmehr als verantwortliches Kapital zur Verfügung stehen. Folgerichtig zieht dies die Unanwendbarkeit des § 236 HGB nach sich: Soweit die Befriedigung der Geschäftsgläubiger es erforderlich macht, ist ein Rückforderungsrecht des Stillen in der Insolvenz ausgeschlossen, zur Erbringung der rückständigen Einlage bleibt er verpflichtet, soweit sie zur Befriedigung der Gläubiger benötigt wird.[320] Dabei ist insbesondere zu beachten, dass materielles Eigenkapital auf gewillkürter Grundlage noch nicht einmal als nachrangige Insolvenzforderung gemäß § 39 Abs. 1 Nr. 5 InsO geltend gemacht werden

---

[320] Ebenroth/Boujong/Joost/Gehrlein, HGB, § 236 Rz. 12; Häsemeyer, Rz. 31.57; Noack, Rz. 660.

kann.[321] Diese Norm behandelt nur kapitalersetzende Darlehen und gleichgestellte Forderungen. Damit werden Finanzierungsbeiträge erfasst, die als Fremdkapital ausgereicht, aber wegen der besonderen Situation der Gesellschaft gesperrt werden.[322] Vorliegend steht jedoch die stille Einlage als Kapital in Rede, dem wegen der besonderen Ausgestaltung durch die Gesellschafter Haftkapitalcharakter beizumessen ist. Dem stillen Gesellschafter kommt mithin im Hinblick auf seine Einlage die Rechtsposition eines an der Inhabergesellschaft beteiligten Gesellschafters zu, der die Rückgewähr des überlassenen Kapitals lediglich nach Maßgabe des § 199 S. 2 InsO verlangen kann.

Darauf, ob der stille Gesellschafter am Verlust beteiligt ist, kommt es hingegen nicht an. Der Ausschluss der Verlustbeteiligung hat nur Auswirkungen auf das Innenverhältnis der Vertragspartner, in dem die „formellen" Eigenkapitalgeber allein zur Verlusttragung verpflichtet sind. Die Funktion der stillen Einlage als Haftkapital im Außenverhältnis beseitigt er nicht.[323] Wird der stille Gesellschafter durch Ausschluss der Verlustbeteiligung gegenüber anderen Gesellschaftern privilegiert, so kann der Insolvenzverwalter dennoch Zahlung der rückständigen Einlage verlangen bzw. die Anmeldung als Insolvenzforderung ablehnen. Für die Feststellung, wer letztendlich die Verluste im Innenverhältnis zu tragen hat, bleibt die gesellschaftsvertragliche Regelung dennoch weiterhin bedeutsam. Zunächst einmal haben die stillen Einlagen mit Eigenkapitalcharakter den Drittgläubigern jedoch zur Verfügung zu stehen.
Allerdings besteht die Pflicht zur Erbringung der Einlage bzw. der Ausschluss des Rückforderungsrechts nur insoweit, als dies zur Befriedigung der Geschäftsgläubiger notwendig ist. Den stillen Gesellschafter trifft die Beweislast, dass die Voraussetzungen seiner Inanspruchnahme nicht gegeben sind, wobei dem Insolvenzverwalter durchaus ein nicht unerheblicher Ermessensspielraum zuzugestehen ist.[324]

c) Haftkapital aufgrund gesetzlicher Regelungen über den Eigenkapitalersatz

Daneben kann sich der Haftkapitalcharakter der stillen Einlage nach den Regeln des Eigenkapitalersatzrechts ergeben.

---

[321] Gleicher Ansicht wohl auch Haas in: InsR-Hdb, § 94 Rz. 112 f.; a. A. Renner, ZIP 2002, 1430, 1431.

[322] Noack, Rz. 204.

[323] BGH v. 5.11.1979 – II ZR 145/78, WM 1980, 332; v. 9.2.1981 – II ZR 38/80, WM 1981, 761; v. 17.12.1984 – II ZR 36/84, WM 1985, 284.

[324] BGH v. 5.11.1979 – II ZR 145/78, WM 1980, 332, 333.

aa) Grundlagen des Eigenkapitalersatzrechts

Für Kapitalgesellschaften hat der Gesetzgeber eine Mindestausstattung mit Eigenkapital festgelegt, die der Gesellschaft von ihren Gesellschaftern zur Verfügung gestellt werden muss. Vielfach reicht diese gesetzlich vorgeschriebene Eigenkapitalgrundlage jedoch nicht aus, um in dem beabsichtigten Umfang unternehmerisch tätig zu werden. Im Grundsatz sind die Gesellschafter aufgrund ihrer so genannten Finanzierungsfreiheit frei, eine darüber hinaus nötig werdende Kapitalversorgung nach ihrem Ermessen vorzunehmen.[325] In der Praxis führt dies dazu, dass die Finanzierung oftmals zum überwiegenden Teil über die Aufnahme von Fremdkapital erfolgt, etwa durch Darlehen, die die Gesellschafter ihrer Gesellschaft zur Verfügung stellen. Diese Fremdkapitalfinanzierung bietet gegenüber der Zuführung von Eigenkapital zwei wichtige Vorteile: Zum einen lässt sich das zeitraubende und kostspielige Verfahren einer Kapitalerhöhung schnell und unkompliziert umgehen. Zum anderen kann sich der Gesellschafter das zur Verfügung gestellte Fremdkapital entgelten lassen, bei der Gesellschaft hingegen stellt dieses Entgelt in den Grenzen der verdeckten Gewinnausschüttung abzugsfähigen Aufwand dar und mindert so die Steuerbelastung.[326] Auch hier übernimmt das Fremdkapital wirtschaftlich gesehen die Funktion von Eigenkapital, ein Zustand, der als nominelle Unterkapitalisierung bezeichnet wird.[327] Da gesellschaftsrechtlich, wirtschaftsrechtlich und steuerlich vor allem bei hoher Ertragskraft vernünftige Gründe dafür sprechen können, die Fremdfinanzierung einer Eigenkapitalbildung oder -erhöhung vorzuziehen, ist die Finanzierung einer Gesellschaft durch Fremdkapital im Grundsatz nicht unseriös oder verwerflich.

Die Rechtsordnung akzeptiert die Gesellschafterentscheidung zur Bereitstellung von Fremdkapital jedoch nicht in jedem Fall. Gesellschafter und Gläubiger einer Gesellschaft haben hinsichtlich der Finanzmittelausstattung gegenläufige Interessen, zwischen denen das Kapitalersatzrecht einen Ausgleich zu schaffen sucht. Auch wenn eine Pflicht zur Kapitalzuführung aufgrund der Finanzierungsfreiheit nicht besteht, so sprechen Gläubigerschutzaspekte dafür, jedenfalls die Art und Weise einer erfolgten Finanzierung einer Kontrolle

---

325 BGH v. 19.9.1988 - II ZR 255/87, BGHZ 105, 168, 175; v. 7.11.1994 - II ZR 270/93, NJW 1995, 326, 329; Rümker, ZGR 1988, 494, 498; Sieger/Aleth, GmbHR 2000, 462, 463.

326 Hirte, ZInsO 1998, 147.

327 Rowedder/Schmidt-Leithoff/Pentz, GmbHG, § 32a Rz. 18; Scholz/K. Schmidt, GmbHG, §§ 32a, 32b Rz. 3; MünchKommHGB/K. Schmidt, § 172a Rz. 6; in Abgrenzung zur materiellen Unterkapitalisierung, die die insgesamt unzureichende Kapitalzufuhr gleich welcher Art betrifft.

zu unterziehen. Im Falle einer objektiv gebotenen Eigenkapitalzufuhr sollen die Gesellschafter zu einer Entscheidung darüber gezwungen werden, ob sie die Gesellschaft ohne die Zurverfügungstellung frischen Kapitals liquidieren oder ihr die zum Weiterbetrieb notwendigen Mittel gewähren bzw. belassen. Es wäre widersprüchlich, wenn ein Gesellschafter in der Krise im Bewusstsein des Risikos Kapital einschießen und später das verwirklichte Risiko der weiteren Eigenkapitalverminderung durch Verschleppung der Krise auf die außenstehenden Gläubiger verlagern könnte. Seiner so genannten Finanzierungsverantwortung soll sich der Gesellschafter nicht durch ein Ausweichen auf eine für ihn weniger risikoreiche Finanzierungsform entziehen können.[328] Entscheidet sich der Gesellschafter dennoch für eine Kapitalzufuhr in Form von Fremdkapital, wird seine Finanzierungsfreiheit gesetzlich eingeschränkt. Unter bestimmten Voraussetzungen wird die Gesellschafterhilfe umqualifiziert und kann als Bestandteil der Haftungsmasse nur erschwert zurückgefordert werden. Dies ist Ausdruck der den Gesellschafter treffenden Finanzierungs*folgen*verantwortung.[329]

Anders als bei der unter D. II. b) beschriebenen Einordnung der stillen Einlage als materielles Haftkapital aufgrund der Ausgestaltung des Gesellschaftsverhältnisses handelt es sich bei der im Folgenden zu erörternden Frage der kapitalersetzenden Gesellschafterleistungen um eine Umqualifizierung auf gesetzlicher Grundlage. Sie kann weder vertraglich hergestellt noch vertraglich ausgeschlossen werden. So hat die höchstrichterliche Rechtsprechung schon frühzeitig Gläubigerschutzregeln in Analogie zu den §§ 30, 31 GmbHG entwickelt,[330] um insbesondere die „kleinen“, gegenüber der Gesellschaft relativ machtlosen Gläubiger zu schützen.[331] Diese Rechtsprechung nahm der Gesetzgeber zum Anlass, mit der GmbH-Novelle 1980 die so genannten Novellenregeln der §§ 32a, 32b GmbHG (i. V. m. §§ 39 Abs. 1 Nr. 5, 135 InsO und § 6 AnfG) einzuführen.

---

[328] St. Rspr., z. B. BGH v. 26.3.1984 – II ZR 171/83, BGHZ 90, 381, 389; v. 16.10.1989 - II ZR 307/88, BGHZ 109, 55, 57; v. 7.11.1994 - II ZR 270/93, NJW 1995, 326, 329; Rowedder/Schmidt-Leithoff/Pentz, GmbHG, § 32a Rz. 17; Smid/Zeuner, InsO, § 135 Rz. 12; Hirte, ZInsO 1998, 147.

[329] BGH v. 7.11.1994 - II ZR 270/93, NJW 1995, 326, 329; Rowedder/Schmidt-Leithoff/Pentz, GmbHG, § 32a Rz. 17; Habersack, ZHR 162 (1998), 201, 205.

[330] RG v. 3.12.1938 – II 84/38, JW 1939, 355 f.; BGH v. 14.12.1959 – II ZR 187/57, BGHZ 31, 258, 271; v. 29.3.1980 – II ZR 213/77, BGHZ 76, 326.

[331] Goette, ZHR 162 (1998), 223.

Im Kern greift das Kapitalersatzrecht ein, wenn ein Gesellschafter seiner kreditunwürdig gewordenen Gesellschaft anstelle von Eigenkapital ein Darlehen gewährt oder ihr ein früher gewährtes Darlehen belässt, obwohl er es zumindest wegen des Vermögensverfalls der Gesellschaft hätte kündigen können. Auf dieser Grundlage hat sich eine ausdifferenzierte Rechtsprechung entwickelt, die sowohl den persönlichen als auch den sachlichen Anwendungsbereich immer weiter aufgefächert hat, um Umgehungsmöglichkeiten zu verhindern. Diese Rechtsprechung soll an dieser Stelle nicht im Einzelnen dargestellt werden.[332]

Maßgeblicher Anknüpfungspunkt für die Anwendung der Grundsätze des Kapitalersatzrechts ist die Gewährung oder Belassung einer Gesellschafterhilfe in der „Krise“, vgl. auch § 32a Abs. 1 GmbHG. Eine solche Krise liegt nicht erst dann vor, wenn die Gesellschaft überschuldet oder zahlungsunfähig ist. Entscheidend ist bereits das im Vorfeld der Insolvenzreife liegende Stadium der Kreditunwürdigkeit, da typischerweise schon in dieser Phase Entscheidungen über das Nachschießen von Kapital zur Fortführung der Gesellschaft getroffen werden müssen, deren Folgen die Gesellschafter nicht einseitig auf die Gesellschaftsgläubiger abwälzen sollen.[333] Kreditunwürdig ist die Gesellschaft dann, wenn sie von dritter Seite zu marktüblichen Bedingungen keinen Kredit mehr erhält und deshalb ohne die Kapitalüberlassung durch den Gesellschafter hätte liquidiert werden müssen.[334] Die Prüfung der Kreditunwürdigkeit kann anhand eines konkreten oder anhand eines abstrakten Drittvergleichs erfolgen. Liegt keine Kreditentscheidung eines repräsentativen Dritten vor, ist aus ex-ante-Sicht zu ermitteln, ob ein wirtschaftlich vernünftig denkender Kreditgeber der Gesellschaft ein Darlehen gewährt bzw. belassen hätte.[335]

---

[332] Es wird dazu insbesondere auf die konzentrierte Darstellung bei Hirte, KapGesR, Rz. 5.102 ff. verwiesen.

[333] V. Gerkan/Hommelhoff/Haas/Dittrich, Rz. 8.20; Goette, DStR 1997, 2027, 2030 f.; Keßler, GmbHR 1993, 541, 543.

[334] St. Rspr., vgl. BGH v. 29.3.1980 - II ZR 213/77, BGHZ 76, 326, 330; v. 21.9.1981 – II ZR 104/80, BGHZ 81, 311, 314 f.; v. 16.10.1989 - II ZR 307/88, BGHZ 109, 55, 62; v. 14.12.1992 - II ZR 298/91, ZIP 1993, 189, 191; v. 12.7.1999 - II ZR 87/98, ZIP 1999, 1524, 1526; Scholz/K. Schmidt, GmbHG, §§ 32a, 32b Rz. 35; Smid/Zeuner, InsO, § 135 Rz. 12; K. Schmidt/Uhlenbruck/Maus, Rz. 27.

[335] Hachenburg/Ulmer, GmbHG, §§ 32a, 32b Rz. 49; Rowedder/Schmidt-Leithoff/Pentz, GmbHG, § 32a Rz. 34; KP-Paulus, InsO, § 135 Rz. 13 f.; v. Gerkan/Hommelhoff/Haas/Dittrich, Rz. 8.21.

Im Übrigen weichen BGH- und Novellenregeln jedoch in mehreren zentralen Punkten voneinander ab. Teilweise sehen die BGH-Regeln eine schärfere Haftung vor. Analog den §§ 30, 31 GmbHG ist eine Umqualifizierung der Gesellschafterhilfe schon im Vorfeld oder außerhalb einer Insolvenz möglich, während die §§ 32a, 32b GmbHG erst nach der Insolvenzeröffnung Wirkung entfalten. Außerdem unterliegt die Anfechtbarkeit nach den BGH-Regeln einer zehnjährigen Verjährungsfrist, vgl. § 31 Abs. 5 GmbHG, § 62 Abs. 3 AktG; die Anfechtungsfrist der §§ 32a, 32b GmbHG beschränkt sich auf ein Jahr vor Insolvenzeröffnung. Andererseits ist nach den §§ 32a, 32b GmbHG die gesamte Gesellschafterleistung als kapitalersetzend zu qualifizieren, während die §§ 30, 31 GmbHG analog nur das zur Erhaltung des Stammkapitals notwendige Vermögen verstricken.[336] Letztere ermöglichen dem Gesellschafter darüber hinaus den Nachweis, der einmal anzunehmende kapitalersetzende Charakter seiner Leistung bestehe nicht mehr fort[337], die Novellenregeln stellen diesbezüglich eine unwiderlegliche Vermutung auf.
Die Unstimmigkeiten zwischen BGH- und Novellenregeln hat der Bundesgerichtshof bereinigt, indem er sich für eine unveränderte Fortgeltung der von der Rechtsprechung entwickelten Grundsätze neben der gesetzlich kodifizierten Regelung entschied.[338] Die beiden Komplexe ergänzen sich derart, dass sie ein zweistufiges Schutzsystem bilden: Bis hinauf zur Stammkapitalziffer gilt ein Tilgungsverbot für eigenkapitalersetzende Leistungen, diese dürfen vom Geschäftsführer nicht bedient werden. Oberhalb der Stammkapitalziffer sind Gesellschafterdarlehen oder ähnliche Leistungen trotz ihrer Kapitalersatzqualität frei und müssen vom Geschäftsführer bedient werden, solange ein Insolvenzverfahren über die Gesellschaft nicht eröffnet ist.[339]

bb) Erfasste Gesellschaftsformen

Das Eigenkapitalersatzrecht wurde anhand der Rechtsform der GmbH entwickelt. Über die §§ 129a, 172a HGB wurde der Anwendungsbereich auf alle Personengesellschaften erstreckt, in denen keine natürliche Person als persönlich haftender Gesellschafter beteiligt ist, der praktisch bedeutsamste Fall ist die GmbH & Co. KG. Dass die dargelegten Grundsätze auch für das Aktien-

---

336 BGH v. 29.3.1980 - II ZR 213/77, BGHZ 76, 326, 332 ff.; v. 26.3.1984 - II ZR 14/84, BGHZ 90, 370, 378.

337 BGH v. 6.4.1995 - II ZR 108/94, NJW 1995, 1962, 1964 (zum Darlehen); v. 8.11.2004 - II ZR 300/02, GmbHR 2005, 232, 233; Goette, DStR 1997, 2027, 2028.

338 Grundlegend BGH v. 26.3.1984 – II ZR 14/84, BGHZ 90, 370 ff.

339 V. Gerkan/Hommelhoff, Rz. 1.4; Teller/Steffan, Rz. 206; Keßler, GmbHR 1993, 541, 542 f.

recht Geltung beanspruchen könnten, wurde zunächst bezweifelt.[340] Der Bundesgerichtshof hat jedoch klargestellt, dass auch das Darlehen eines Aktionärs kapitalersetzenden Charakter haben könne, sofern dieser Aktionär für die ordnungsgemäße Finanzierung der Aktiengesellschaft mitverantwortlich sei, der besondere Gläubigerschutz werde nicht deshalb entbehrlich, weil die Kapitalerhaltung im Recht der AG strengeren Regeln unterliege als im Recht der GmbH.[341] Dabei ist zu beachten, dass die gesellschaftsrechtliche Stellung eines Aktionärs hinsichtlich der Einflussnahmemöglichkeiten regelmäßig erheblich hinter der eines GmbH-Gesellschafters zurückbleibt[342], so dass eine rechtsformabhängige Differenzierung vorzunehmen ist.[343] Während die GmbH typischerweise personalistisch geprägt ist und ihre Gesellschafter im Normalfall unternehmerische Interessen verfolgen, ist der Aktionär in der Regel zunächst Kapitalanleger, der weder unmittelbar Einfluss auf die Geschäftsführung nehmen kann, noch über ein laufendes Informationsrecht verfügt. Eine Umqualifizierung formellen Fremdkapitals in kapitalersetzende Mittel kommt daher nur in Betracht, wenn den Aktionär eine Finanzierungsfolgenverantwortung trifft, weil er über einen solchen unternehmerischen Einfluss verfügt, dass er an den Finanzierungsentscheidungen in der Aktiengesellschaft mitwirken kann.

Die Rechtsprechung nimmt dies jedenfalls bei einer Beteiligung von mindestens 25% an, da der Aktionär mit einer solchen Sperrminorität Kapitalerhöhungen verhindern kann.[344] Aber auch eine geringere Beteiligung kann im Zusammenhang mit anderen Einflussnahmemöglichkeiten zu einer Qualifikation als Unternehmer-Aktionär führen, wenn in der Darlehensgewährung die unternehmerische Entscheidung zum Ausdruck kommt, die Aktiengesellschaft fortzuführen, ohne ihr das erforderliche Eigenkapital zur Verfügung zu stellen.[345] Der Bundesgerichtshof hat allerdings jüngst

---

340 OLG Düsseldorf v. 30.6.1983 – 6 U 120/81, ZIP 1983, 786, 788; Westermann, ZIP 1982, 379, 387 f.

341 BGH v. 26.3.1984 - II ZR 171/83, BGHZ 90, 381, 386 ff.; v. 9.5.2005 - II ZR 66/03, ZIP 2005, 1316 ff.

342 Vgl. dazu auch schon D. II. 2. b)bb)(2)(c).

343 Haas, Gutachten zum Deutschen Juristentag 2006, S. E 67.

344 BGH v. 26.3.1984 - II ZR 171/83, BGHZ 90, 381, 390 f.; v. 9.5.2005 - II ZR 66/03, ZIP 2005, 1316, 1317; OLG Düsseldorf v. 26.4.1990 - 10 U 75/89, AG 1991, 401, 402.

345 So heute die ganz überwiegende Ansicht, KölnKommAktG/Lutter, § 57 Rz. 87; Breutigam/Blersch/Goetsch, InsO, § 135 Rz. 5; Hirte, KapGesR, Rz. 5.144; v. Gerkan/Hommelhoff/Bayer, Rz. 11.17 ff.; Noack, Rz. 182; Rümker, FS Stimpel, S.

klargestellt, dass auch ein Vorstands- oder Aufsichtsratsmandat hierfür nicht ausreichend ist. Vielmehr sei eine innergesellschaftliche Verantwortung des Aktionärs für eine seriöse Kapitalausstattung erst bei Vorliegen eines einer Sperrminorität qualitativ gleichkommenden, fundierten Einflusses innerhalb der Gesellschaft anzunehmen, etwa aufgrund einer konzernmäßigen Verflechtung oder bei einem Konsortialvertrag zwischen mehreren Aktionären mit insgesamt 25 % übersteigender Beteiligung, wenn hierin unternehmerisches Interesse und unternehmerischer Einfluss zum Tragen kämen.[346] Dies gilt aufgrund der vergleichbaren Rechtsstellung des Aktionärs entsprechend für die SE.[347]

Mittlerweile wird sogar weitergehend die Ausdehnung des Kapitalersatzrechts auf die typische Kommanditgesellschaft mit einer oder mehreren natürlichen Personen als Vollhafter diskutiert.[348]

cc) Persönlicher Anwendungsbereich

(1) *Der an der Inhabergesellschaft beteiligte stille Gesellschafter*

Die Kapitalersatzregeln gelten nicht nur im Hinblick auf eine Darlehensgewährung, sondern erfassen auch solche Sachverhalte, die einer Darlehensgewährung wirtschaftlich entsprechen, vgl. § 32a Abs. 3 S. 1 GmbHG. Es ist allgemein anerkannt, dass eine durch einen Gesellschafter oder eine diesem gleichzustellende Person gehaltene stille Beteiligung als eine dem Darlehen vergleichbare Rechtshandlung angesehen werden kann.[349] Unproblematisch zu beurteilen ist daher der Fall, dass ein Gesellschafter einer GmbH, GmbH & Co. und unter den dargelegten besonderen Voraussetzungen auch ein Aktionär seiner Gesellschaft in der Krise, in der ihr ordentliche Kaufleute Eigenkapital zugeführt hätten, Kapital in Form einer stillen Einlage überlässt bzw. von einer Rückforderung der Einlage in diesem Zeitpunkt absieht. Der stillen

---

673, 677 f.; Habersack, ZHR 162 (1998), 201, 218 ff. (letzterer stellt maßgeblich auf die Erkennbarkeit der Krise ab); mit Einschränkungen Hüffer, AktG, § 57 Rz. 18.

346 BGH v. 9.5.2005 - II ZR 66/03, ZIP 2005, 1316, 1317.

347 Manz/Mayer/Schröder, SE, Art. 5 SE-VO Rz. 49; vgl. auch schon schon D. II. 2. b) bb) (2) (c).

348 MünchKommHGB/K.Schmidt, § 172a Rz. 5; Habersack, ZHR 162 (1998), 201 ff.; Joost, ZGR 1987, 370, 375 f., 393 ff.

349 BGH v. 21.3.1983 - II ZR 139/82, ZIP 1983, 561; OLG Hamm v. 3.5.1993 – 8 U 184/92, ZIP 1993, 1321; Rowedder/Schmidt-Leithoff/Pentz, GmbHG, § 32a Rz. 75; Scholz/K. Schmidt, GmbHG, §§ 32a, 32b Rz. 105; Hachenburg/Ulmer, GmbHG, §§ 32a, b Rz. 96 f.; K. Schmidt/Uhlenbruck, Rz. 377.

Einlage kommt hier eigenkapitalersetzender Charakter zu, eine bereits zurückgezahlte Einlage ist zu erstatten.

(2) *Der ausschließlich stille Gesellschafter*

Fraglich ist hingegen die Anwendbarkeit der Regeln über den Eigenkapitalersatz, sofern der Stille nicht auch gleichzeitig am Unternehmen des Geschäftsinhabers als Gesellschafter beteiligt ist. Nach einer im älteren Schrifttum vertretenen Ansicht sollte jede stille Beteiligung an einer GmbH dem Anwendungsbereich unterfallen.[350] In die gleiche Richtung wies der Regierungsentwurf zur GmbH-Novelle 1980, der in § 32a Abs. 7 GmbHG eben diese Rechtsfolge vorsah[351], jedoch letztlich nicht umgesetzt wurde.
Der Bundesgerichtshof ist dieser Auffassung nachdrücklich entgegengetreten. Der stille Gesellschafter sei an der GmbH nicht beteiligt, seine Einlage im Grundsatz kein Risiko-, sondern Fremdkapital. Somit treffe ihn weder eine Pflicht zur Erhaltung des Stammkapitals noch eine Finanzierungsverantwortung.[352] Der Stille sei folglich normaler Gläubiger der die Rückzahlung schuldenden GmbH. Dieser Argumentation ist zuzustimmen. Das ergibt sich schon aufgrund der Tatsache, dass der stille Gesellschafter nach der gesetzlich vorgegebenen Struktur einem Kreditgeber näher steht als einem Gesellschafter und seine (typische) stille Einlage als qualifizierter Kredit zu betrachten ist. Insbesondere die in § 236 HGB zum Ausdruck kommende „unternehmensferne Stellung" des Stillen lässt eine abweichende Deutung nicht zu. Wenn nun schon der Einlage des Stillen Fremdkapitalcharakter zukommt, so kann für ein von ihm zusätzlich gewährtes Darlehen oder andere Finanzierungsleistungen nichts anderes gelten.

Parallel zu der bei der Nichtanwendbarkeit des § 236 HGB aufgrund gesellschaftsvertraglicher Ausgestaltung auftretenden Problematik bedarf es aber auch hier einer Überprüfung, wann die Stellung des Stillen derart atypisch ausgestaltet ist, dass er als Dritter im Sinne von § 32a Abs. 3 S. 1 GmbHG einem Gesellschafter gleichgestellt werden sollte. Ausgangspunkt der Überlegungen muss die Frage nach der Finanzierungsfolgenverantwortung des nicht an der Inhabergesellschaft beteiligten (ausschließlichen) stillen Gesellschafters sein, nach der ihn zwar keine positive Pflicht zur Kapitalerhaltung trifft, er sich aber einer objektiv gebotenen Eigenkapitalzufuhr nicht durch ein Ausweichen auf für ihn weniger risikoreiche Finanzierungsmethoden entziehen

350 Lutter/Hommelhoff, ZGR 1979, 31, 41 u. 49.
351 Begründung RegE 1977, BT-Drucks. 8/1347, S. 40.
352 BGH v. 21.3.1983 – II ZR 139/82, ZIP 1983, 561.

darf. Danach kommt eine Ausweitung der Regeln über den Kapitalersatz dann in Betracht, wenn der Stille ähnlich einem Gesellschafter so in den mitgliedschaftlichen Verband einbezogen ist, dass er ein vergleichbares Eigeninteresse am Schicksal der Gesellschaft aufweist.

Unbestritten ist in Lehre und Rechtssprechung, dass der stille Gesellschafter dann dem Normadressatenkreis des Kapitalersatzrechts unterfällt, wenn ihm zum einen Geschäftsführungsbefugnisse wie einem unmittelbar Beteiligten eingeräumt werden und er darüber hinaus zum anderen am Geschäftsvermögen obligatorisch beteiligt wird.[353]

Nach Ansicht von *Altmeppen*[354] soll den Stillen eine Finanzierungsfolgenverantwortung bereits dann treffen, wenn er nur am Verlust teilhat, ohne dass das Gesellschaftsverhältnis sonst atypisch ausgestaltet sein müsse. Dann habe er bereits Risikokapital in das Unternehmen des Geschäftsinhabers investiert, und allein darauf komme es an. Anderweitig wird maßgeblich auf eine Vermögensbeteiligung des stillen Gesellschafters abgestellt, diese begründe ein Treuhandverhältnis und als Treugeber werde der Stille vom Anwendungsbereich des § 32a Abs. 3 S. 1 GmbHG erfasst.[355] Ebenfalls wird für denkbar gehalten, bloß gesteigerte Geschäftsführungsbefugnisse ohne zusätzliche Vermögensbeteiligung gleichfalls für ausreichend zu erachten.[356]

Der Annahme einer Finanzierungsfolgenverantwortung für den typischen stillen Gesellschafter nur aufgrund seiner Verlustbeteiligung ist mit Nachdruck entgegenzutreten. Diese Verlustbeteiligung stellt den gesetzlichen Regelfall dar, vgl. §§ 231 Abs. 2, 236 HGB. Die Stellung des stillen Gesellschafters als Fremdkapitalgeber wird dadurch aber gerade nicht ange-

---

353 BGH v. 7.11.1988 – II ZR 46/88, WM 1989, 14 f.; HansOLG Hamburg v. 13.10.1989 – 11 U 108/89, WM 1990, 1292, 1294; OLG Hamm v. 13.9.2000 – 8 U 79/99, NZI 2000, 599, 600; Uhlenbruck/Hirte, InsO, § 11 Rz. 391; Hachenburg/Ulmer, GmbHG, § 32 a, b Rz. 125; Scholz/K. Schmidt, GmbHG, §§ 32a, 32b Rz. 123; Rowedder/Schmidt-Leithoff/Pentz, GmbHG, § 32a Rz. 75; MünchHdb. StG/Polzer, § 93 Rz. 13; v. Gerkan/Hommelhoff/Johlke/Schröder, Rz. 5.19; Reusch, BB 1989, 2358, 2363.

354 Roth/Altmeppen, GmbHG, § 32a Rz. 178.

355 Roth/Altmeppen, GmbHG, § 32a Rz. 175 f.; v. Gerkan/Hommelhoff/Johlke/Schröder, Rz. 5.20; Roth/Altmeppen, GmbHG, § 32a Rz. 175 f.

356 Heymann/Horn, HGB, § 230 Rz. 59; Smid/Zeuner, InsO, § 135 Rz. 43 (für den Bereich der financial covenants); v. Gerkan/Hommelhoff/Johlke/Schröder, Rz. 5.25 f.; Fleischer, ZIP 1998, 313, 316; v. Gerkan, GmbHR 1986, 218, 223.

tastet. Die Regelung einer Verlustteilnahme hat ihre Bedeutung im Hinblick auf eine Verteilung entstandener Verluste im Innenverhältnis zwischen den Vertragsparteien. Nach § 236 HGB kann der typische stille Gesellschafter aber seine Einlage als Insolvenzgläubiger geltend machen, soweit sie den auf ihn entfallenden Verlustanteil übersteigt. Die Einlage behält demnach trotz Verlustbeteiligung den Charakter eines qualifizierten Kredits. Die gesamte Einlage als Risikokapital zu betrachten und dementsprechend umzuqualifizieren, setzte sich dazu in Widerspruch.

Aber auch bei einer bloßen Vermögensbeteiligung ohne gleichzeitige Gewährung von erweiterten Geschäftsführungsrechten ist der still Beteiligte nicht einem GmbH-Gesellschafter gleichzustellen. Die dies vertretende Auffassung stützt sich auf die Annahme, der Vertrag über eine stille Gesellschaft mit einer Beteiligung am Geschäftsvermögen habe fiduziarischen Charakter. Der Geschäftsinhaber werde zum Treuhänder, der Stille selbst zum Treugeber.[357] Dass der Treugeber dem vom Kapitalersatzrecht erfassten Personenkreis zuzurechnen ist, ist in Rechtsprechung und Lehre unbestritten.[358] Die Einbeziehung ist gerechtfertigt, um eine Umgehung der Gläubigerschutzvorschriften des Kapitalersatzrechts zu vermeiden, denn der Treugeber wird am finanziellen Wohlergehen der Gesellschaft regelmäßig das gleiche Interesse haben wie ein Gesellschafter. Gleichwohl überzeugt schon diese von der vorbezeichneten Auffassung zu Grunde gelegte Prämisse nicht: Die Rechtsbeziehung zwischen dem Geschäftsinhaber und dem schuldrechtlich an dessen Geschäftsvermögen beteiligten Stillen stellt kein Treuhandverhältnis dar.[359] Der Begriff der Treuhand ist gesetzlich nicht festgelegt. Voraussetzung ist jedoch zumindest der Abschluss eines Treuhandvertrages, der dem Treuhänder ein eindeutig bestimmbares Treugut überträgt.[360] Anders als etwa im Fall der Sicherungstreuhand, bei der dem Treuhänder eine bestimmte Sache zu treuen

[357] Roth/Altmeppen, GmbHG, § 32a Rz. 176; Schlegelberger/K. Schmidt, HGB, § 335 Rz. 68 f.; v. Gerkan/Hommelhoff/Johlke/Schröder, Rz. 5.20.

[358] BGH v. 14.12.1959 – II ZR 187/57, BGHZ 31, 258, 266; v. 8.7.1985 – II ZR 269/84, ZIP 1985, 1198; v. 20.2.1989 – II ZR 167/88, ZIP 1989, 440, 441; Hachenburg/Ulmer, GmbHG, §32a, b Rz. 123; Scholz/K. Schmidt, GmbHG, §§ 32a, 32b Rz. 30 u. 123; Lutter/Hommelhoff, GmbHG, §§ 32a/b Rz. 61; KP-Paulus, InsO, § 135 Rz. 6; Kollhosser, WM 1985, 929, 934.

[359] Für ein Treuhandverhältnis OLG Frankfurt v. 3.10.1969 – 10 U 253/68, BB 1969, 1411 f. (zur Innengesellschaft), unter Bezugnahme auf Larenz, SchuldR II, 9. Aufl., § 56 V b. Seit der 10. Aufl., § 60 V b, nimmt aber auch Larenz ein Treuhandverhältnis nicht grundsätzlich an.

[360] Staudinger/Schilken, BGB, Vorbem. zu §§ 164 ff. Rz. 48.

Händen übereignet wird, mit der Maßgabe, sie nach Wegfall des Sicherungszweckes wieder herauszugeben, geht die stille Einlage in das Vermögen des Geschäftsinhabers über, ohne dort noch abgrenzbar vorhanden zu sein. Der zwischen den Parteien geschlossene stille Gesellschaftsvertrag hat auch nicht die Verwaltung der Einlage zum Inhalt, sondern die Förderung des gemeinsamen Zwecks unter Verwendung der Einlage durch den Geschäftsinhaber. Nach Beendigung des Gesellschaftsverhältnisses kann der stille Gesellschafter seine ehemals erbrachte Einlage nicht wieder herausverlangen, sondern sich lediglich sein Auseinandersetzungsguthaben, gegebenenfalls unter Beteiligung an stillen Reserven und Geschäftswert, in Geld auszahlen lassen. Dabei wird nicht verkannt, dass das Auseinanderfallen von dinglicher Alleinberechtigung des Geschäftsinhabers auf der einen und schuldrechtlicher Beteiligung des stillen Gesellschafters auf der anderen Seite gesteigerte gesellschaftsrechtliche Treuepflichten nach sich zieht. Ein Treuhandverhältnis entsteht allein hierdurch jedoch nicht. Selbstverständlich bleibt es den Partnern aber unbenommen, im Einzelfall zusätzlich einen Treuhandvertrag zu vereinbaren, falls sie dessen Rechtswirkungen wünschen. Ist der stille Gesellschafter mit Vermögensbeteiligung aus diesen Erwägungen heraus grundsätzlich nicht als Treugeber zu qualifizieren, so kommt seine Einbeziehung in den persönlichen Anwendungsbereich des Kapitalersatzrechts allein aufgrund seiner stillen Beteiligung auch nicht in Betracht. Denn Einflussmöglichkeiten auf die Art der Kapitalausstattung der Gesellschaft und eine daraus resultierende Verantwortung für eine ordnungsgemäße Finanzierung kommen dem so Beteiligten nicht zu.

Ebenso wenig ist es gerechtfertigt, den stillen Gesellschafter in den Normadressatenkreis einzubeziehen, wenn ihm Geschäftsführungsbefugnisse zugestanden werden, ohne dass er eine Beteiligung am Gesellschaftsvermögen erhält. Der Gesetzeswortlaut des § 32a Abs. 3 S. 1 GmbHG stellt auf eine wirtschaftliche Entsprechung ab. Wenn der Stille einem GmbH-Gesellschafter wirtschaftlich gleichgestellt ist, dann muss er sich den Regeln des Kapitalersatzrechts unterwerfen, da ihm gleichermaßen eine Finanzierungsfolgenverantwortung obliegt. Die Behauptung, der Stille sei bereits mit seiner Einlage und der Gewinnbeteiligung ausreichend wirtschaftlich involviert,[361] geht jedoch fehl. Denn auch hier ist zunächst von der Prämisse auszugehen, dass die stille Einlage im Grundsatz Fremdkapital darstellt. Eine isolierte Betrachtung nur der Einlage kann gerade nicht dazu führen, dieser Risikokapitalcharakter beizumessen. Als kreditähnliches Verhältnis ist sie ei-

---

361 V. Gerkan/Hommelhoff/Johlke/Schröder, Rz. 5.25.

nem Gesellschaftsanteil nicht vergleichbar. Selbst eine Mitbestimmung der Geschicke der Gesellschaft durch den geschäftsführungsbefugten stillen Gesellschafter kann nicht das zweite Element aufwiegen, das die Gleichstellung mit einem Gesellschafter der Inhabergesellschaft erfordert: Die vermögensmäßige Beteiligung. Diese lässt sich nicht durch die Übertragung von Informations-, Kontroll- und Mitwirkungsrechten kompensieren. Nur wenn die Rechte des stillen Gesellschafters denen eines an der Inhabergesellschaft Beteiligten entsprechen, sind im Interesse der Gläubiger auch entsprechende Pflichten in Bezug auf die Kapitalerhaltung anzunehmen. Aus § 32a Abs. 3 S. 2 GmbHG ergibt sich nichts anderes.[362] Zwar lässt die Vorschrift erkennen, dass der Gesetzgeber der Geschäftsführungsbefugnis erhebliche Bedeutung beimisst, aber stets unter der Voraussetzung einer – wenn auch geringen – Beteiligung am Stammkapital.

Nur wenn das stille Gesellschaftsverhältnis derart atypisch ausgestaltet ist, dass dem ausschließlich stillen Gesellschafter sowohl eine schuldrechtliche Vermögensbeteiligung als auch erweiterte Geschäftsführungsbefugnisse eingeräumt werden, mit denen er die interne Willensbildung der Gesellschaft zu beeinflussen vermag, ist seine Stellung der eines Mitunternehmers wirtschaftlich vergleichbar. Trägt er unmittelbar zur Unternehmensfinanzierung bei und übernimmt mit dem eingesetzten Kapital unternehmerische Mitverantwortung, so muss er für die eingesetzten Finanzierungsmittel auch die Finanzierungsfolgenverantwortung tragen.

dd) Die Privilegierungen des § 32a Abs. 3 S. 2 und 3 GmbHG

Durch das „Gesetz zur Verbesserung der Wettbewerbsfähigkeit deutscher Konzerne an internationalen Kapitalmärkten und zur Erleichterung der Aufnahme von Gesellschafterdarlehen“ (KapAEG) sowie durch das „Gesetz zur Kontrolle und Transparenz im Unternehmensbereich“ (KonTraG) hat das Eigenkapitalersatzrecht im Jahre 1998 in § 32a Abs. 3 GmbHG zwei wesentliche Änderungen erfahren. Zum einen sind nunmehr Darlehen eines nicht geschäftsführenden und mit nicht mehr als 10 % beteiligten Gesellschafters vom Anwendungsbereich des Kapitalersatzrechts ausgeschlossen („Kleinbeteiligtenprivileg“ des § 32a Abs. 3 S. 2 GmbHG). Zum anderen kommen die Eigenkapitalersatzregeln auch dann nicht mehr zur Anwendung, wenn ein Darlehensgeber in der Krise der Gesellschaft Geschäftsanteile zur Überwindung dieser Krise erwirbt („Sanierungsprivileg“ des § 32a Abs. 3 S. 3 GmbHG). Die Neufassung ist im Schrifttum verbreitet auf erhebliche Kritik

[362] So aber v. Gerkan/Hommelhoff/Johlke/Schröder, Rz. 5.26.

gestoßen[363], der Gesetzgeber ließ sich dadurch jedoch nicht an einer Umsetzung hindern. Nicht nur die kodifizierten Novellenregeln werden durch die neuen Ausnahmetatbestände erfasst, die Rechtsprechungsregeln werden ebenfalls entsprechende Einschränkungen erfahren müssen.[364] Das ergibt sich aus der gesetzlichen Formulierung „Regeln über den Eigenkapitalersatz" und wird durch die Materialien[365] bestätigt. Der gesetzgeberische Wille ist insoweit klar zum Ausdruck gekommen, zumal die Neuerungen weitgehend leer laufen würden, ließe man die Rechtsprechungsregeln unberührt.[366] Da der Gesetzgeber eindeutig bestimmte Bereiche aus dem Regelungsbereich des Kapitalersatzrechts herausnehmen wollte, ist dies als Bestandteil des geltenden Rechts zu akzeptieren.

Das Gesetz spricht in § 32a Abs. 3 S. 2 GmbHG vom „Gesellschafter" bzw. in Satz 3 vom Erwerb von „Geschäftsanteilen". Es stellt sich daher die Frage, welche Auswirkungen die Neuregelungen auf den nicht formell beteiligten, in den mitgliedschaftlichen Verband der Gesellschaft jedoch in qualifizierter Weise einbezogenen atypischen stillen Gesellschafter haben, der bisher als wirtschaftlich gleichgestellter Dritter im Sinne von § 32a Abs. 3 S. 1 GmbHG dem Anwendungsbereich des Kapitalersatzrechts unterfiel.
Zum Teil werden einer Einbeziehung des stillen Gesellschafters in den Normadressatenkreis erhebliche grundsätzliche Zweifel entgegengebracht, weil die Änderungen eine Ablehnung der Gleichstellung Dritter mit Gesellschaftern aus wirtschaftlichen Gesichtspunkten zum Ausdruck brächten. Mit der festen 10 % - Grenze des neuen § 32a Abs. 3 S. 2 GmbHG werde einer am Einzelfall ausgerichteten wirtschaftlichen Betrachtungsweise zugunsten der Rechtssicherheit eine klare Absage erteilt.[367]
Dabei ist allerdings zu bedenken, dass sich die gesetzliche Regelung natürlich in erster Linie an der formalen Gesellschafterstellung als einem Grundtatbestand orientiert, das war in der Vergangenheit nicht anders und ist aus Grün-

---

363 Vgl. etwa Hirte, ZInsO 1998, 147, 149 ff.; Habersack, ZHR 162 (1998), 201, 208 ff.; Goette, ZHR 162 (1998), 223, 226 ff.; Altmeppen, ZIP 1996, 1455; K. Schmidt, ZIP 1996, 1586 ff.; zustimmend hingegen Lutter/Hommelhoff, GmbHG, §§ 32a, b Rz. 66 f.

364 Scholz/K. Schmidt, GmbHG, § 32a, 32b Rz. 180; v. Gerkan/Hommelhoff/Dauner-Lieb, Rz. 4.21 f.; Haas in: Gottwald, InsR-Hdb., § 92 Rz. 394; Hirte, ZInsO 1998, 147, 154; Dörrie, ZIP 1999, 12, 15; Pentz, GmbHR 1999, 437, 442 u. 451; Pichler, WM 1999, 411, 419.

365 Begr. RegE, BT-Drucks. 13/7141, S. 12.

366 Habersack, ZHR 162 (1998), 201, 210 f.

367 Haas in: Gottwald, InsR-Hdb., § 92 Rz. 378.

den der Rechtssicherheit auch geboten. Stets haben Rechtsprechung und Novellenregeln an eine Form der „festen Grenze“ für die Bestimmung des dem Kapitalersatzrecht unterfallenden Personenkreises angeknüpft, nämlich die Beteiligung als GmbH-Gesellschafter. Erst von diesem Ausgangspunkt aus wurden die Rechtswirkungen auf Dritte erstreckt. Die „Messlatte“ ist nunmehr vom Gesetzgeber auf eine zehnprozentige Beteiligung angehoben worden. Die Regelung des § 32a Abs. 3 S. 1 GmbHG, die das Kapitalersatzrecht über die rein formale Betrachtungsweise hinaus für wirtschaftlich vergleichbare Sachverhalte öffnet, ist durch KapAEG und KonTraG aber gerade unberührt geblieben. Eine grundsätzliche Ablehnung der Gleichstellung Dritter - und unter ihnen stiller Gesellschafter - entbehrt demnach einer gesetzlichen Grundlage.

(1) *Das Kleinbeteiligtenprivileg des § 32a Abs. 3 S. 2 GmbHG*

Problematisch bleibt hingegen, nach welchen Kriterien sich die Gleichstellung im Rahmen der neugeschaffenen Privilegierungstatbestände zukünftig bemessen soll. Das Kleinbeteiligtenprivileg stellt den nicht geschäftsführenden Gesellschafter, der mit 10 % oder weniger am Stammkapital beteiligt ist, vom Anwendungsbereich des Kapitalersatzrechts frei. Daraus folgt, dass ein geschäftsführender Gesellschafter nicht in den Genuss der Privilegierung gelangt. Nun unterfällt ein ausschließlich stiller Gesellschafter nach der vorliegend vertretenen Auffassung ohnehin nur dann dem vom Kapitalersatzrecht erfassten Personenkreis, wenn seine Mitwirkungsrechte in der Geschäftsführung über die gesetzliche Regelung des § 233 HGB hinaus signifikant gesteigert werden. Es liegt aber auf der Hand, dass dies für eine Subsumtion unter den Begriff des geschäftsführenden Gesellschafters nach § 32a Abs. 3 S. 2 GmbHG noch nicht ausreichend sein kann, da die verstärkte Mitwirkung ihn lediglich mit einem (nicht geschäftsführenden) Hauptgesellschafter vergleichbar macht. Geschäftsführer im Sinne des Kleinbeteiligtenprivilegs ist selbstverständlich derjenige, der formell, alleine oder mit mehreren, zum Geschäftsführer bestellt worden ist. Das kann in der GmbH auch ein stiller Gesellschafter sein (§ 6 Abs. 3 GmbHG). Dem gleichgestellt ist die so genannte faktische Geschäftsführer-Eigenschaft eines Gesellschafters, der das Unternehmen ohne oder aufgrund einer unwirksamen Bestellung leitet.[368] Unter C. III. 2. a) wurde bereits dargestellt, dass es aufgrund der dispositiven Natur des Innenverhältnisses in der stillen Gesellschaft ohne

[368] Scholz/K. Schmidt, GmbHG, §§ 32a, 32b, Rz. 183; Rowedder/Schmidt-Leithoff/Pentz, GmbHG, § 32a Rz. 96; v. Gerkan/Hommelhoff, Rz. 3.25; v. Gerkan, GmbHR 1997, 677, 681.

weiteres gesellschaftsvertraglich möglich ist, dem Stillen intern weitreichende Einflussmöglichkeiten bis hin zu einer Alleingeschäftsführung einzuräumen. In diesen Fällen darf das Kleinbeteiligtenprivileg ebenso wenig Anwendung finden wie bei dem auch nach außen auftretenden faktischen Geschäftsführer, soweit die Intensität des unternehmerischen Einflusses vergleichbar ist. Zu weitgehend erscheint es demgegenüber, allein auf eine Rechtsposition abzustellen, die hinsichtlich der Gewinnbezugsrechte oder des Stimmrechts über diejenige hinausgeht, die einem mit 10 % beteiligten, nicht geschäftsführenden Gesellschafter nach dem Gesetz zukommt.[369] Da es an dieser Stelle um die Auslegung des Begriffes „geschäftsführend" bzw. „nicht geschäftsführend" im Rahmen des § 32a Abs. 3 S. 2 GmbHG geht, ist ein derartiger Ansatz vom Wortlaut des Gesetzes nicht mehr gedeckt. Der Gesetzgeber hatte erkennbar die Figur eines formal bestellten Geschäftsführers im Sinn[370], und nur diesem vergleichbare Einflussmöglichkeiten sind in die Subsumtion einzubeziehen.

Im Folgenden wird jedoch auf die soeben beschriebene Rechtsstellung zurückzukommen sein. Denn ist der atypische stille Gesellschafter als nicht geschäftsführend anzusehen, so ist weitere Voraussetzung für seine Privilegierung, dass er „mit zehn vom Hundert oder weniger am Stammkapital beteiligt ist". Nun ist der ausschließlich stille Gesellschafter am Stammkapital überhaupt nicht beteiligt. Die Einordnung kann sich daher wiederum nur auf der Grundlage einer wirtschaftlichen Gleichstellung nach § 32a Abs. 3 S. 1 GmbHG ergeben. Wenn bei der Frage der grundsätzlichen Erfassung des Stillen vom Adressatenkreis des Kapitalersatzrechts die Vergleichbarkeit mit einem an der Inhabergesellschaft Beteiligten entscheidend war, muss für die Anwendung des Kleinbeteiligtenprivilegs der Vergleich mit einem mit nicht mehr als 10 % an der Inhabergesellschaft Beteiligten maßgeblich sein.
Abstellen ließe sich darauf, ob die stille Einlage die Schwelle von 10 % des Stammkapitals übersteigt.[371] Das ist folgerichtig, wenn man auch grundsätzlich die vermögensmäßige Beteiligung des stillen Gesellschafters ohne entsprechend erweiterte Mitwirkungsbefugnisse ausreichen lässt, um ihn in das Kapitalersatzrecht einzubeziehen. Es wurde aber bereits mehrfach betont, dass nach der vorliegend vertretenen Ansicht Vermögensbeteiligung und gesteigerte Mitwirkungsrechte kumulativ, wenn auch unter Umständen in unterschiedlich starker Ausprägung, vorliegen müssen, um die stille Einlage als kapitalersetzend zu qualifizieren. Auch im Rahmen des § 32a Abs. 3 S. 2

---

369 So aber Pentz, GmbHR 1999, 437, 446.
370 Vgl. Begründung zum RegE, BT-Drucks. 13/7141, S. 12.
371 V. Gerkan/Hommelhoff, Rz. 3.22.

GmbHG kommt es daher entscheidend darauf an, dass der Stille insgesamt eine Rechtsstellung innehat, die derjenigen eines mit nicht mehr als 10 % beteiligten Gesellschafters entspricht.[372]

(2) *Das Sanierungsprivileg des § 32a Abs. 3 S. 3 GmbHG*

Weiter ist nach dem neugeschaffenen § 32a Abs. 3 S. 3 GmbHG ein Darlehensgeber, der in der Krise Geschäftsanteile zum Zwecke der Überwindung dieser Krise erwirbt, hinsichtlich seiner bestehenden und neu gewährten Kredite vom Anwendungsbereich der Kapitalersatzregeln ausgenommen.[373] Hier ließe sich zweifeln, welche Leistungen das Sanierungsprivileg tatsächlich freistellen will und insbesondere, ob die Vorschrift überhaupt auch stille Beteiligungen erfasst. Der Wortlaut spricht dafür, lediglich Darlehen im Sinne des § 32a Abs. 1 GmbHG zu privilegieren. Auch im Hinblick auf die erheblichen Bedenken, denen das Sanierungsprivileg begegnet, und die Widersprüche zu den dogmatischen Grundlagen des Kapitalersatzrechts, die es auslöst, ist eine restriktive Anwendung grundsätzlich zu begrüßen. Dennoch besteht für eine Differenzierung zwischen Darlehen und vergleichbaren Gesellschafterhilfen keine sachliche Rechtfertigung. Fällt einmal die Entscheidung zugunsten einer funktionalen Betrachtungsweise und werden auch andere Gesellschafterleistungen vom Kapitalersatzrecht verstrickt, weil sie für die Unternehmensfinanzierung eine dem kapitalersetzenden Darlehen vergleichbare Aufgabe übernehmen, so muss dieser Ansatz konsequent durchgehalten werden. Zwei Leistungen, die einander funktional entsprechen, sind einheitlich zu behandeln.[374] Im Ergebnis darf daher auch die Einlage eines stillen Gesellschafters, der in der Krise Geschäftsanteile zu Sanierungszwecken übernimmt, nicht aus diesem Grund als kapitalersetzend behandelt werden.

Davon zu unterscheiden ist die Frage, ob ein Kapitalgeber, der in der Krise zwar keine Geschäftsanteile, aber eine mitgliedschaftsähnliche Stellung als atypischer stiller Gesellschafter erwirbt, die unter den in D. II. 2. c)cc) dargelegten Voraussetzungen einer Einbeziehung in den Normadressatenkreis grundsätzlich genügt, ebenfalls über § 32a Abs. 3 S. 3 GmbHG zu privilegieren ist. Ein solches Szenario bietet im Rahmen einer internen Sanierung der in

---

372 Ebenso Rowedder/Schmidt-Leithoff/Pentz, GmbHG, § 32a Rz. 99; Pentz, GmbHR 1999, 437, 447.

373 Zur Problematik der Vereinbarkeit mit § 264 InsO Hirte, ZInsO 1998, 147, 150 f.

374 V. Gerkan/Hommelhoff/Dauner-Lieb, Rz. 4.25; Dörrie, ZIP 1999, 12, 15; Pentz, GmbHR 1999, 437, 448; Pichler, WM 1999, 411, 416 f.; a. A. wohl Hirte, ZInsO 1998, 147, 151.

die Krise geratenen Gesellschaft eine auch praktisch umsetzbare strategische Alternative[375], zumal auf diese Weise vermieden werden kann, dass Zinszahlungen an Darlehens- oder andere Forderungsgläubiger bei der Gesellschaft zu weiteren Verlusten führen. Das Sanierungsprivileg knüpft seinem Wortlaut nach an den Anteilserwerb an. Hier greift aber wiederum die oben angestellte Überlegung: Wenn man einerseits einen so Beteiligten aus Gründen der funktionalen und wirtschaftlichen Entsprechung einem unmittelbar beteiligten Gesellschafter gleichstellt, so wäre es widersprüchlich, ihn andererseits unter Berufung auf den Wortlaut des § 32a Abs. 3 S. 3 GmbHG von den Vorzügen der Privilegierung auszunehmen.[376] Die Gleichstellung hat vielmehr „im Guten" wie „im Bösen" einheitlich zu erfolgen.[377]

Demzufolge wird der Anwendungsbereich des Eigenkapitalersatzrechts durch die neugeschaffenen Privilegierungstatbestände des § 32a Abs. 3 S. 2 und 3 GmbHG auch im Hinblick auf die stille Einlage erheblich eingeschränkt. Die Prüfung wird demnach in zwei Schritten zu erfolgen haben: Zunächst ist der eigenkapitalersetzende Charakter der stillen Einlage im Grundsatz festzustellen. Im Anschluss ist sodann zu fragen, ob der stille Gesellschafter ausnahmsweise durch die Neuregelungen privilegiert wird. Erst bei Verneinung dieser Frage unterfällt die stille Einlage den besonderen Bindungen des Kapitalersatzrechts. Wie die jeweiligen Voraussetzungen des § 32a Abs. 3 S. 2 und 3 GmbHG letztlich durch die Rechtsprechung konkretisiert werden, bleibt abzuwarten.

ee) Rechtsfolgen

Rechtsfolge ist die Umqualifizierung der formal als Fremdkapital begebenen Mittel in haftenden Eigenkapitalersatz. Im Einzelnen ist dabei zwischen Rechtsprechungs- und Novellenregeln zu differenzieren.
Die Rechtsprechungsregeln knüpfen an die Beeinträchtigung des Stammkapitals an. Die Umqualifizierung erfolgt daher nur in dem Umfang, der zur Abdeckung einer Unterbilanz oder einer darüber hinausgehenden bilanziellen Überschuldung erforderlich ist. In dieser Höhe ist eine Geltendmachung der - ehemals als Fremdkapital begebenen - stillen Einlage als reguläre Insolvenzforderung ausgeschlossen, gleiches gilt für die Verbuchung etwaiger Gewinn-

---

375 Hess/Obermüller, Rz. 812; K. Schmidt/Uhlenbruck, Rz. 377; Vollmer/Maurer, DB 1994, 1173; Groh, BB 1993, 1891 ff.

376 So aber Pentz, GmbHR 1999, 437, 449, der auf das Erfordernis des „Anteilserwerbs" abstellt.

377 V. Gerkan/Hommelhoff/Dauner-Lieb, Rz. 4.26; Dörrie, ZIP 1999, 12, 15.

anteile auf dem Einlagekonto. Daneben stellt die Haftung des Empfängers einer verbotswidrigen Ausschüttung die Hauptsanktion der Rechtsprechungsregeln dar. Bei Verstoß gegen das Tilgungsverbot besteht danach ein Anspruch der Gesellschaft auf Erstattung des verbotswidrig Erlangten, § 31 Abs. 1 GmbHG (analog). Dieser ist vom Geschäftsführer geltend zu machen, § 35 Abs. 1 GmbHG, im Insolvenzfall vom Insolvenzverwalter, § 80 Abs. 1 InsO. Nach neuerer Rechtsprechung des Bundesgerichtshofs entfällt der Rückerstattungsanspruch auch nicht durch eine nachhaltige Wiederherstellung des Stammkapitals.[378] Der Bundesgerichtshof stellt hierzu fest, dass die Erstattungsverpflichtung die Kehrseite der Einlageverpflichtung darstelle und ebenso wenig wie diese durch Gewinne der Gesellschaft erlöschen könne. Einem einmal entstandenen Erstattungsanspruch der Gesellschaft kann danach nicht entgegengehalten werden, dass zwischenzeitlich Sanierung eingetreten sei. Die Frist für die Geltendmachung des Rückzahlungsanspruchs beträgt zehn Jahre ab der verbotswidrigen Rückzahlung. Gleichwohl bleibt die stille Einlage nach den Rechtsprechungsregeln nicht notwendig dauerhaft verstrickt. Ihre Rückzahlung bzw. die Verbuchung von Gewinnanteilen auf dem Einlagekonto wird dann wieder möglich, wenn soviel Gesellschaftsvermögen vorhanden ist, dass die Stammkapitalziffer durch die Ausschüttung nicht mehr angegriffen wird.[379]

Rechtsfolge im Sinne der Novellenregeln ist eine vollumfängliche Verstrickung der kapitalersetzenden Gesellschafterhilfe. Der Gesellschafter kann seinen Erstattungsanspruch nur als nachrangiger Insolvenzgläubiger der rangletzten Stufe geltend machen, § 32a Abs. 1 GmbHG, § 39 Abs. 1 Nr. 5 InsO. Eine verbotswidrige Rückzahlung kann der Insolvenzverwalter nach den §§ 135 Nr. 2, 129 Abs. 1 InsO anfechten und die Erstattung des Erlangten verlangen. Gegenstand des Anspruchs können nur Rückzahlungen sein, die innerhalb eines Jahres vor Stellung des Insolvenzantrags vorgenommen wurden, § 135 InsO. Dabei nimmt diese Norm nicht ausdrücklich auf §§ 32a, 32b GmbHG Bezug, sondern erfasst auch kapitalersetzende Leistungen auf Basis der §§ 30, 31 GmbHG analog.[380] Innerhalb von zwei Jahren nach Stellung des Insolvenzantrages verjährt der Anspruch, § 146 Abs. 1 InsO.

---

378 BGH v. 29.5.2000 - II ZR 118/98, NJW 2000, 2577; zustimmend Lutter/Hommelhoff, GmbHG, § 31 Rz. 11; anders noch BGH v. 11.5.1987 - II ZR 226/86, NJW 1988, 139, 140.

379 BGH v. 6.4.1995 - II ZR 108/94, NJW 1995, 1962, 1964 (zum Darlehen); v. 8.11.2004 - II ZR 300/02, GmbHR 2005, 232, 233.

380 Smid/Zeuner, § 135 Rz. 1; Haarmeyer/Wutzke/Förster, Rz. 5/352.

Als Ergebnis kann die kapitalersetzende stille Einlage einschließlich etwaiger dafür bestellter Sicherheiten abweichend von § 236 Abs. 1 HGB nicht als gewöhnliche Insolvenzforderung zur Tabelle angemeldet werden.[381] Anders als bei Gleichstellung der stillen Einlage mit Eigenkapital aufgrund gesellschaftsvertraglicher Vereinbarungen führt das Kapitalersatzrecht nicht zur völligen Unanwendbarkeit des § 236 HGB, sondern überlagert und modifiziert diese Norm lediglich. Dies ergibt sich zum einen aus der Stellung des stillen Gesellschafters als nachrangiger Insolvenzgläubiger. Während eigenkapitalersetzende Forderungen unter Geltung der Konkursordnung überhaupt nicht als Konkursforderung geltend gemacht werden konnten, greift jetzt die Regelung des § 39 Abs. 1 Nr. 5 InsO ein. Auch wenn nach Befriedigung der Insolvenzgläubiger ausnahmsweise ein Masseüberschuss verbleibt, darf er nicht gemäß § 199 S. 2 InsO an die Gesellschafter der Gemeinschuldnerin ausgezahlt werden, sondern muss zunächst an die nachrangigen Insolvenzgläubiger in der in § 39 InsO angegebenen Reihenfolge ausgeschüttet werden. Damit wird das Ziel verfolgt, das Vermögen des Schuldners möglichst vollständig zu verteilen. Sollte nach Befriedigung der regulären Insolvenzgläubiger noch ein Überschuss verbleiben, ist es sachgerecht, vor Auskehrung an den Schuldner die in § 39 InsO genannten Forderungen zu erledigen.[382] Allerdings wird in der Praxis kaum jemals ein solcher Masseüberschuss vorhanden sein, dass die nachrangigen Gläubiger Zahlungen auf ihre Forderungen erwarten können. Die Einbeziehung in das Verfahren bedeutet für den Gläubiger einer kapitalersetzenden Forderung aus einer stillen Einlage daher kaum eine tatsächlich spürbare Verbesserung. In dogmatischer Hinsicht hat der Gesetzgeber jedoch klargestellt, dass eigenkapitalersetzende Gesellschafterhilfen – abweichend von den unter D. II. 2. b) dargestellten stillen Einlagen mit materiellen Eigenkapitalcharakter – nicht dem Eigenkapital zugeschlagen werden. Sie bleiben Fremdkapital, können aber nur erschwert zurückgefordert werden und müssen den regulären Insolvenzgläubigern als Haftungsmasse zur Verfügung stehen.

Für eine rückständige Einlage verbleibt es bei der Regelung des § 236 Abs. 2 HGB, sie ist also lediglich in Höhe der Verlustbeteiligung noch zu erbringen.[383] Sowohl die Rechtsprechungsregeln als auch die Novellenregeln zum

381 GroßkommHGB/Zutt, § 236 Rz. 15; Ebenroth/Boujong/Joost/Gehrlein, HGB, § 236 Rz.18; MünchHdb. StG/Polzer, § 93 Rz. 10 f.

382 Noack, Rz. 192.

383 OLG Hamm v. 3.5.1993 – 8 U 184/92, ZIP 1993, 1321 f.; Heymann/Horn, HGB, § 236 Rz. 13; GroßkommHGB/Zutt, § 236 Rz. 15; Ebenroth/Boujong/Joost/Gehrlein,

Kapitalersatz kommen nur zur Anwendung, wenn der Gesellschaft die eigenkapitalersetzende Leistung bereits gewährt wurde.[384] Auf eine rückständige Leistung sind die Rechtsfolgen des Kapitalersatzrechts nicht zugeschnitten. Außerdem begründete eine andere Sichtweise einen Widerspruch zu dem Grundgedanken der Finanzierungs(folgen)verantwortung, wonach der Gesellschafter, der sich in der Krise gegen eine Liquidation und für eine Kapitalzuführung entscheidet, das damit verbundene Risiko nicht abwälzen darf. Wer jedoch gar nichts zuführt, trägt auch keine solche Verantwortung, da eine generelle Pflicht zur Kapitalzuführung nicht besteht.

Unterfällt der stille Gesellschafter dem vom Kapitalersatzrecht erfassten Personenkreis, wird nicht nur seine stille Einlage bei Vorliegen der weiteren Voraussetzungen verstrickt. Darlehen und andere von ihm dem Geschäftsinhaber zur Verfügung gestellte oder belassene Leistungen, z.B. aus früherer Zeit stehengelassene Gewinne oder zum Gebrauch überlassene Gegenstände, begründen ebenfalls nur nachrangige Forderungen.[385]

ff) Zusammenfassung

Auch der stille Gesellschafter kann dem Normadressatenkreis des Eigenkapitalersatzrechts unterfallen. Für den gleichzeitig an der Inhabergesellschaft beteiligten Stillen ergeben sich keine Besonderheiten gegenüber den für den darlehensgebenden Gesellschafter entwickelten Grundsätzen, denn die stille Beteiligung ist aufgrund ihrer wirtschaftlichen Entsprechung mit einer Darlehensgewährung über § 32a Abs. 3 S. 1 GmbHG von den Regelungen über den Kapitalersatz erfasst. Ebenso kann auch der ausschließlich stille Gesellschafter grundsätzlich dem erfassten Personenkreis unterfallen, sofern seine Stellung derart atypisch ausgestaltet ist, dass er in nicht nur unerheblichem Maße am Gesellschaftsvermögen schuldrechtlich beteiligt ist und ihm über die gesetzliche Regelung hinaus ausgeprägte Mitwirkungsrechte zustehen. Dann muss er für die Finanzierung der Gesellschaft auch eine entsprechende Folgenverantwortung übernehmen. Der Anwendungsbereich wird allerdings durch die neu eingeführten Privilegierungstatbestände des § 32a Abs. 3 S. 2

HGB, § 236 Rz. 18; a. A. MünchKommInsO/Stodolkowitz, § 135 Rz. 20 für das Darlehensversprechen.

384 BGH v. 28.6.1999 - II ZR 272/98, ZIP 1999, 1263, 1264; Teller/Steffan, Rz. 207.

385 BGH v. 7.11.1988 – II ZR 46/88, WM 1989, 14, 15; MünchKommHGB/K. Schmidt, § 236 Rz. 42; GroßkommHGB/Zutt, § 236 Rz. 16; Ebenroth/Boujong/Joost/Gehrlein, HGB, § 236 Rz. 18; Heymann/Horn, HGB, § 230 Rz. 59; v. Gerkan/Hommelhoff/Bayer, Rz. 11.55.

und 3 GmbHG erheblich eingeschränkt. Danach werden die Leistungen eines ausschließlich stillen Gesellschafters nicht als kapitalersetzend verstrickt, wenn seine Rechtsstellung lediglich der eines mit 10 % oder weniger an der Inhabergesellschaft Beteiligten entspricht oder er seine mitgliedschaftsähnliche Position erst in der Krise zum Zwecke der Sanierung erworben hat.

d) Finanzplanabreden

Nicht eindeutig geklärt ist die Behandlung stiller Einlagen im Rahmen so genannter Finanzplanfinanzierungen (Finanzplanabreden). Hierbei handelt es sich um gesellschaftsrechtliche Vereinbarungen, nach denen die Gesellschafter von ihrer finanziellen Planung her zur Erreichung ihres Unternehmenszweckes von vorneherein, das heißt, ohne dass sich die Gesellschaft in einer Krise befinden muss, einen Finanzbedarf eingeplant haben, der aber nicht durch formelles Eigenkapital, sondern durch Darlehen oder ähnliche Mittel gedeckt werden soll.[386] Eine Finanzplanfinanzierung dient damit bestimmungsgemäß der Deckung eines Teils des Eigenkapitalbedarfs der Gesellschaft. Die Bindung durch den Finanzplan kann auf einer diesbezüglichen Überlassungsvereinbarung zwischen gewährendem Gesellschafter und der Gesellschaft oder auf einer alle Gesellschafter gleichermaßen erfassenden Satzungsbestimmung bzw. satzungsbegleitenden Nebenabrede beruhen. Da als Finanzplanfinanzierung all diejenigen Leistungen in Betracht kommen, die nach § 32a Abs. 3 S. 1 GmbHG dem Eigenkapitalersatzrecht unterliegen können[387], stellt auch die Vereinbarung der Leistung stiller Einlagen ein praktisch relevantes Finanzplaninstrument dar.

Die Finanzplanabrede wurde im Schrifttum als eigenständige Kategorie des Kapitalersatzrechts betrachtet.[388] Diese Auffassung dürfte jedenfalls seit der grundlegenden Entscheidung des Bundesgerichtshofes vom 28.6.1999[389] als überholt anzusehen sein. Der II. Zivilsenat betont darin, dass zwischen dem Kapitalersatzrecht und dem Instrument des Finanzplankredites ein wesentlicher Unterschied bestehe, da die Umqualifizierung von Gesellschafterhilfen nach den Rechtsprechungs- und Novellenregeln kraft Gesetzes eintrete, wäh-

---

386 Rowedder/Schmidt-Leithoff/Pentz, GmbHG, § 32a Rz. 46; Hirte, KapGesR, Rz. 5.137; Fleischer, S. 9; K. Schmidt, ZIP 1999, 1241; Sieger/Aleth, GmbHR 2000, 462, 463.

387 K. Schmidt/Uhlenbruck, Rz. 416.

388 Hachenburg/Ulmer, GmbHG, § 32a, b Rz. 61.

389 II ZR 272/98, ZIP 1999, 1263 ff.

rend es für die Finanzplankredite allein auf den Parteiwillen ankomme.[390] Aufgrund von Finanzplanabreden bereitgestellte Mittel sind danach vor Eintritt der Krise nicht bereits aufgrund der Regeln über den Eigenkapitalersatz gebunden.

Es handelt sich somit um Risikokapital, das diesen Charakter auf gewillkürter Grundlage erhält. Insoweit besteht eine enge Verwandtschaft zu den unter D. II. 2. b) dargestellten Fallkonstellationen: Auch Finanzplanabreden stellen eine Form materiellen Haftkapitals auf gesellschaftsvertraglicher Grundlage dar, wenn die wirtschaftliche Funktion des überlassenen Kapitals und die ihm von den Gesellschaftern beigemessene Zweckbestimmung eine einlageähnliche Verpflichtung begründen und damit eine Einordnung als Eigenkapital nahe legen. Da die Partner einer Finanzplanabrede sich regelmäßig nicht ausschließlich als Stille beteiligen, stellt sich allerdings weniger die Frage nach ihrer gesellschaftsrechtlichen Einbindung in die Inhabergesellschaft. Allein eine Doppelstellung als Stiller und als Gesellschafter der Inhabergesellschaft kann dazu nach den bisher dargelegten Erwägungen ohnehin nicht ausreichen.[391] Maßgeblich ist, dass die Gesellschafter im Rahmen ihrer Finanzierungsfreiheit eine privatautonome Entscheidung über die Form der Kapitalausstattung treffen, die geeignet ist, die grundsätzliche Einordnung des Stillen als Fremdkapitalgeber zu beseitigen. Auch der Grundsatz der Finanzierungsfreiheit kann es den Gesellschaftern nicht gestatten, der Gesellschaft funktional Eigenkapital zur Verfügung zu stellen und dieses Kapital bei Verwirklichung des unternehmerischen Risikos unter Berufung auf die formal-juristische Bezeichnung abzuziehen.[392] Denn die Gesellschafter selbst behandeln das überlassene Kapital wie eine Einlage, etwa in der Gründungsphase der Gesellschaft oder wenn später eine Unternehmenserweiterung ansteht. An dieser Entscheidung sind sie nach Eintritt der Gesellschaftskrise bzw. im Stadium der Insolvenz festzuhalten. Eine derart erbrachte stille Einlage ist in der Krise weder durch Kündigung noch im Einvernehmen zwischen den Gesellschaftern rückholbar.[393]

---

390 So auch die heute h. M., MünchKommHGB/K. Schmidt, § 236 Rz. 33; ders., ZIP 1999, 1241, 1248 ff.; Hirte, KapGesR, Rz. 5.137; v. Gerkan/Hommelhoff/Dauner-Lieb, Rz. 9.8 f.; Habersack, ZGR 2000, 384, 410 ff.; Michalski/de Vries, NZG 1999, 181, 183.

391 Ebenso OLG Brandenburg v. 9.6.2004 - 7 U 212/03, GmbHR 2004, 1390, 1391.

392 Habersack, ZHR 161 (1997), 457, 479; Michalski/de Vries, NZG 1999, 181, 183 f.

393 KG v. 17.6.1998 – 23 U 4451/96, GmbHR 1999, 128, 130 (zum Darlehen); Scholz/K. Schmidt, GmbHG, § 32a, 32b Rz. 36; Lutter/Hommelhoff, GmbHG, § 32a/b Rz. 181; v. Gerkan/Hommelhoff, Rz. 1.28; Habersack, ZHR 161 (1997), 457, 477 f.; Sieger/Aleth, GmbHR 2000, 462, 464.

Davon zu unterscheiden sind stille Einlagen, die im Rahmen eines Finanzplanes zugesagt, aber noch nicht erbracht wurden. Ergibt die Auslegung der Gesellschafterabreden einen Parteiwillen dahingehend, die zugesagten stillen Einlagen tatsächlich wie materielles Eigenkapital zu behandeln, sind die Gesellschafter abweichend von § 236 Abs. 2 HGB verpflichtet, die noch nicht geleisteten Finanzierungsbeiträge auch in Krise und Insolvenz noch zu erbringen, ohne sich auf die Verschlechterung der Vermögensverhältnisse berufen zu können.[394] Wesentliches Merkmal der Finanzplanabreden ist mithin die Abbedingung des außerordentlichen Kündigungsrechts aus § 490 Abs. 1 BGB.[395] Darin zeigt sich die Abweichung vom Kapitalersatzrecht: Nicht nur, dass sich die Umqualifizierung auf gesetzlicher Grundlage vollständig willensunabhängig vollzieht, eine Pflicht zur Zuführung frischen Kapitals in der Krise, wie sie durch eine finanzplanmäßige Bindung begründet werden kann, ist weder Rechtsprechungs- noch Novellenregeln zu entnehmen (vgl. D. II. 2. c)).

Des Weiteren unterliegen die im Rahmen einer Finanzplanabrede gewährten stillen Einlagen nicht den Ausnahmetatbeständen des § 32a Abs. 3 S. 2 und 3 GmbHG, so dass insbesondere auch von nur geringfügig beteiligten Gesellschaftern versprochene oder gewährte stille Einlagen Risikokapitalcharakter haben können.[396] Von dem unter D. II. 2. a) beschriebenen Rangrücktritt unterscheidet sich die Finanzplanabrede durch ihren korporationsrechtlichen Charakter: Während der Rangrücktritt im Verhältnis zwischen Kreditgeber und Kreditnehmer wurzelt, stützt sich die Finanzplanabrede auf das Sonderrechtsverhältnis zwischen den Gesellschaftern. Die funktionale Vergleichbarkeit mit Gesellschaftereinlagen führt dazu, die Vereinbarung in der Satzung oder einer schuldrechtlichen Nebenabrede zu treffen oder sie zum Gegenstand eines Gesellschafterbeschlusses zu machen.[397]

---

394 BGH v. 28.6.1999 – II ZR 272/98, ZIP 1999, 1263, 1264 f.; Brandenburgisches OLG v. 9.6.2004 - 7 U 212/03, GmbHR 2004, 1390, 1391 f.; Lutter/Hommelhoff, GmbHG, §§ 32a/b, Rz. 4; Habersack, a.a.O., S. 478 f.; Michalski/de Vries, NZG 1999, 181, 184; Sieger/Aleth, GmbHR 2000, 462, 464.

395 BGH v. 28.6.1999 – II ZR 272/98, ZIP 1999, 1263, 1265; MünchKommHGB/K. Schmidt, § 230 Rz. 172; Teller/Steffan, Rz. 210.

396 K. Schmidt/Uhlenbruck, Rz. 418; K. Schmidt, ZIP 1996, 1586, 1589; Fleischer, DStR 1999, 1774, 1780; Habersack, ZHR 161 (1997), 457, 461 f.; ders. ZGR 2000, 384, 412; Sieger/Aleth, a. a. O. , S. 469.

397 K. Schmidt, ZIP 1999, 1241, 1249; Habersack, ZGR 2000, 384, 411.

Eine Finanzplanfinanzierung mit Hilfe stiller Beteiligungen kann daher in mehrfacher Hinsicht strenger sein als es die gesetzlichen Regelungen des Eigenkapitalersatzrechts sind: Nicht nur, dass die Privilegierungen des § 32a Abs. 3 S. 2 und 3 GmbHG nicht zur Anwendung gelangen, es kann auch eine Verpflichtung zur Einzahlung rückständiger Einlagen in der Krise geschaffen werde, die das Kapitalersatzrecht nicht kennt.

Die Behandlung der Finanzplanabrede als Unterfall materiellen Haftkapitals auf gewillkürter Grundlage führt zu einer Unanwendbarkeit des § 236 HGB, die Geltendmachung der stillen Einlage als Insolvenzforderung ist ausgeschlossen, soweit sie zur Befriedigung der Geschäftsgläubiger benötigt wird. Auch eine entsprechende Anwendung des § 39 Abs. 1 Nr. 5 InsO ist in konsequenter Abgrenzung des privatautonom begründeten Quasi-Eigenkapitals vom gesetzlichen Eigenkapitalersatz abzulehnen.[398] Damit wird der stille Gesellschafter mit seiner Forderung wegen einer im Rahmen einer Finanzplanfinanzierung gewährten stillen Einlage gegenüber den Insolvenzgläubigern auf eine Stufe mit den Gesellschaftern der Inhabergesellschaft gestellt (§ 199 S. 2 InsO).

3. Verfahrensrechtliche Stellung des stillen Gesellschafters

Die Insolvenz des Geschäftsinhabers führt zur Auflösung und mithin zur Beendigung der stillen Gesellschaft. Der Stille ist demzufolge nur noch Forderungsgläubiger, Informationsrechte aus § 233 HGB stehen ihm nicht mehr zu.[399]

Der typische stille Gesellschafter ist mit seiner durch § 236 Abs. 1 HGB begründeten Forderung auf Rückzahlung der Einlage Insolvenzgläubiger im Sinne des § 38 InsO. Die gleiche Stellung kommt ihm im Hinblick auf andere gegenüber dem Geschäftsinhaber bestehende Forderungen zu, sei es wegen der Rückzahlung stehen gelassener Gewinnansprüche, Schadensersatzansprüchen wegen des Verlustes der Einlage oder wegen Forderungen aus selbständigem Rechtsgrund.[400] Insbesondere einen Schadensersatzanspruch wegen Verlustes der stillen Einlage, gerichtet auf Wiederherstellung der Einlage, die

---

398 A. A. Noack, Rz. 203.

399 BGH v. 11.7.1968 - II ZR 179/66, BGHZ 50, 316, 324; HansOLG Hamburg v. 4.3.2004, 11 U 200/03, ZIP 2004, 1099; MünchKommHGB/K. Schmidt, § 236 Rz. 13.

400 BGH v. 1.3.1982 – II ZR 23/81, BGHZ 83, 341, 344; Ebenroth/Boujong/Joost/Gehrlein, HGB, § 236 Rz. 4; v. Gerkan in: Röhricht/G. v. Westphalen, HGB, § 236 Rz. 8; Noack, Rz. 656; vgl. dazu auch D. II. 1. a).

dann allerdings den Gläubigern insgesamt zur Verfügung steht, kann der stille Gesellschafter zur Tabelle anmelden, wenn der Einlage nicht Haftkapitalcharakter zukommt.[401]

Hinsichtlich der verfahrensmäßigen Rechte des Stillen bestehen demnach keine Besonderheiten, er ist wie andere Gläubiger auch zu behandeln.[402] Im Einzelnen bedeutet das, dass der Stille, der im Falle der Verfahrenseröffnung Insolvenzgläubiger wäre, insbesondere auch nach § 14 Abs. 1 InsO berechtigt ist, den Antrag auf Eröffnung des Insolvenzverfahrens zu stellen. Auch soweit seine stille Einlage als eigenkapitalersetzend einzustufen ist, steht dies seinem Recht auf Stellung eines Insolvenzantrages nicht grundsätzlich entgegen, da gemäß § 13 Abs. 1 S. 2 InsO „die Gläubiger", nach der Insolvenzordnung also auch die nachrangigen Insolvenzgläubiger im Sinne des § 39 InsO, antragsberechtigt sind. Allerdings wird es bei nachrangigen Forderungen vielfach an dem zur Antragstellung erforderlichen Rechtsschutzinteresse fehlen.[403]
Im laufenden Verfahren kann der typische Stille an der Gläubigerversammlung teilnehmen, § 74 Abs. 1 S. 2 InsO, der die entscheidende Kompetenz in den wesentlichen Fragen der weiteren Gestaltung des Verfahrens zukommt.[404] Er ist dort nach § 77 Abs. 1 S. 1 InsO stimmberechtigt und kann nach § 78 InsO die Aufhebung eines Beschlusses verlangen. Weitergehend kann er dem Gläubigerausschuss angehören, dem als Untergremium der Gläubigerversammlung die Aufgabe zukommt, den Insolvenzverwalter bei seiner Geschäftsführung zu unterstützen und zu überwachen, vgl. §§ 67, 68 InsO.
Nach Maßgabe der §§ 94 ff. InsO kann der typische stille Gesellschafter mit seiner Insolvenzforderung aufrechnen, und zwar auch gegen eine Forderung, die mit seiner Einlagepflicht in Verbindung steht.[405] Weiterhin stehen ihm alle Informationsrechte eines Insolvenzgläubigers zu, z. B. aus §§ 66 Abs. 2 S. 2, 154, 188 S. 2 InsO, ebenso wie die Möglichkeit, gegen den Insolvenzverwalter oder die anderen Mitglieder des Gläubigerausschusses Schadensersatzansprüche wegen schuldhafter Verletzung der ihnen nach der Insolvenzordnung obliegenden Pflichten geltend zu machen, vgl. §§ 60, 71 InsO.

---

401 BGH v. 1.3.1982 - II ZR 23/81, BGHZ 83, 341, 345.
402 MünchKommHGB/K. Schmidt, HGB, § 236 Rz. 14; Noack, Rz. 657.
403 Uhlenbruck, InsO, § 14 Rz. 3.
404 Haarmeyer/Wutzke/Förster, Rz. 6/58 ff.
405 BGH v. 21.3.1983 - II ZR 139/82, ZIP 1983, 561; MünchKommHGB/K. Schmidt, § 236 Rz. 14; Häsemeyer, Rz. 31.53.

Anders stellt sich die Situation dar, sofern die stille Einlage dem Kapitalersatzrecht unterfällt und dem stillen Gesellschafter daher nach § 39 Abs. 1 Nr. 5 InsO nur die Stellung eines nachrangigen Insolvenzgläubigers zukommt. Er nimmt dann wie die anderen Gläubiger am Verfahren teil, allerdings mit stark eingeschränkten Rechten. Um das Verfahren nicht mit Forderungen zu belasten, die keinerlei Aussicht auf Erfüllung haben, sieht § 174 Abs. 3 S. 1 InsO vor, dass die Anmeldung einer nachrangigen Forderung nur nach besonderer Aufforderung durch das Insolvenzgericht erfolgen kann. In der Gläubigerversammlung sind nachrangige Gläubiger nicht stimmberechtigt, § 77 Abs. 1 S. 2 InsO.

Ist die stille Einlage aufgrund ihrer vertraglichen Ausgestaltung dem materiellen Eigenkapital zuzurechnen, ist ihre Geltendmachung im Insolvenzverfahren weder nach § 236 Abs. 1 HGB noch nach § 39 Abs. 1 Nr. 5 InsO möglich. Verfahrensrechte des Stillen ergeben sich folglich nicht.

4. Zwischenergebnis

Wird über das Vermögen des Geschäftsinhabers das Insolvenzverfahren eröffnet, kann der stille Gesellschafter seine Einlage, soweit sie den Betrag des auf ihn entfallenden Verlustanteils übersteigt, grundsätzlich als Insolvenzforderung geltend machen, § 236 Abs. 1 HGB. Eine rückständige Einlage muss er lediglich in dem Umfang einzahlen, der zur Deckung seines Anteils am Verlust erforderlich ist, § 236 Abs. 2 HGB. Von diesem für das Recht der stillen Gesellschaft so charakteristischen Grundsatz gibt es jedoch eine Reihe praktisch bedeutsamer Ausnahmen, in denen die stille Einlage als Haftkapital zu qualifizieren ist und den Gläubigern des Geschäftsinhabers daher als Teil der Masse zur Verfügung zu stehen hat.

Die Haftkapitalfunktion kann sich aus verschiedenen Gründen ergeben. So kann eine Rangrücktrittsvereinbarung als schuldrechtliche Abrede zwischen den Vertragsparteien eine Geltendmachung der Forderung durch den Stillen in der Insolvenz ausschließen. Die gleiche Rechtsfolge kann aus der gesellschaftsvertraglichen Ausgestaltung der stillen Gesellschaft resultieren, wenn diese nach dem Gesamtbild eine Einordnung der Einlage als materielles Eigenkapital nahe legt. In einer Fortentwicklung der Rechtsprechung zu den so genannten gesplitteten Einlagen kann ein solcher Fall auch dann vorliegen, wenn ein ausschließlich still Beteiligter schuldrechtlich am Geschäftsvermögen teilhat und ihm gesteigerte Mitwirkungsrechte zugestanden werden, sofern seine Einlage in Nutzungs- und Investitionsfunktion Eigenkapital vergleichbar ist. Um materielles Eigenkapital auf gewillkürter Grundlage handelt es sich ebenfalls bei stillen Einlagen im Rahmen so genannter Finanzplanabreden, bei

denen die Gesellschafter die zur Erreichung des Unternehmenszwecks notwendigen Mittel nach ihrer Planung von vorneherein nicht durch formelles Eigenkapital, sondern durch andere Finanzierungsbeiträge decken wollen. Nicht nur, dass eine Geltendmachung nach § 236 Abs. 1 HGB in diesen Fällen ausgeschlossen ist, entgegen § 236 Abs. 2 HGB ist eine rückständige Einlage auch vollumfänglich zu leisten, soweit es zur Befriedigung der Gläubiger erforderlich ist.
Daneben kann die stille Einlage in Anwendung der §§ 32a, b GmbHG bzw. §§ 30, 31 GmbHG analog aufgrund Gesetzes als eigenkapitalersetzend anzusehen sein, da sie einem Darlehen wirtschaftlich entspricht und daher in den Bereich des Kapitalersatzrechts einbezogen ist (§ 32a Abs. 3 S. 1 GmbHG). Ist der stille Gesellschafter auch an der Inhabergesellschaft beteiligt, ergeben sich gegenüber den allgemeinen Voraussetzungen keine Besonderheiten. Ein ausschließlich stiller Gesellschafter wird als gleichgestellter Dritter dann vom Normadressatenkreis des Kapitalersatzrechts erfasst, wenn er derart in den mitgliedschaftlichen Verband eingebunden ist, dass er hinsichtlich Vermögensbeteiligung und Einflussmöglichkeiten einem Hauptgesellschafter vergleichbar ist. Dann trifft ihn gleichermaßen die so genannte Finanzierungsfolgenverantwortung. Allerdings hat der Gesetzgeber den Bereich des Kapitalersatzrechts durch den neuen § 32a Abs. 3 S. 2 und 3 GmbHG erheblich eingeschränkt, diese Privilegierungen sind auch für den still Beteiligten beachtlich.
Eine kapitalersetzende stille Einlage kann gemäß § 39 Abs. 1 Nr. 5 InsO lediglich als nachrangige Insolvenzforderung geltend gemacht werden. Auf die Behandlung einer rückständigen Einlage hat das Kapitalersatzrecht hingegen keine Auswirkungen.

In Abweichung von der gesetzlichen Ausgestaltung der stillen Einlage als qualifizierter Kredit kann demnach aufgrund von verschiedenen Fallgruppen, die nach Voraussetzungen und Rechtsfolgen voneinander zu trennen sind, eine Gleichstellung mit Eigenkapital notwendig werden. Daraus folgt jedoch nicht, dass sich der Haftkapitalcharakter stets nur alternativ aus dem einen oder dem anderen Grunde ergeben kann. Überschneidungen sind vielfältig vorstellbar und eine Zurechnung der Einlage zur Haftungsmasse sowohl wegen ihrer vertraglichen Ausgestaltung als auch wegen des Vorliegens der gesetzlichen Voraussetzungen des Kapitalersatzrechts durchaus denkbar.

Da die Rechtsstellung des stillen Gesellschafters in der Insolvenz stets eine Prüfung des Einzelfalles nötig macht, die eine Vielzahl von Gesichtspunkten zu berücksichtigen und gegeneinander abzuwägen hat, während gleichzeitig die dadurch bedingten Unterschiede in den Rechtsfolgen gravierend sein können, ist es dringend angeraten, diesem Aspekt bei der Abfassung des Gesellschaftsvertrages besondere Aufmerksamkeit zu widmen.

III. Das kapitalersetzende Darlehen als stille Beteiligung?

Mincke hat vor einiger Zeit die Rechtsstellung des Gesellschafters, der zugleich Darlehensgeber eines kapitalersetzenden Darlehens ist, untersucht.[406] Ausgehend von der Frage der Besicherbarkeit kapitalersetzender Darlehen gelangt er auf der Suche nach einem gemeinsamen Tatbestand dieses Rechtsverhältnisses zu dem Ergebnis einer dogmatischen Einordnung als stille Gesellschaft. Die Rechtsprechungsregeln zu den §§ 30, 31 GmbHG analog ebenso wie die §§ 32a, b GmbHG regelten tatsächlich einen Sonderfall einer stillen Gesellschaft zwischen einer GmbH und ihrem Gesellschafter und hätten damit ihren richtigen Ort im Handelsgesetzbuch in den §§ 230 ff. HGB.[407]

Die große rechtliche Nähe der stillen Gesellschaft zu einem Darlehensverhältnis wurde bereits mehrfach betont und durch die hier vertretene Auffassung, dass das partiarische Darlehen von der stillen Gesellschaft nicht sinnvoll abgrenzbar ist und daher auch als eine solche behandelt werden muss, unterstrichen. Dennoch bestehen gegen die Einordnung *Minckes* Bedenken. *Mincke* versucht eine Charakterisierung des kapitalersetzenden Darlehens auf der Grundlage einer Gegenüberstellung von Darlehen und Beteiligung.[408] Dem ist zuzugeben, dass der Gesetzgeber mit der stillen Gesellschaft ein Regelungsmodell geschaffen hat, das einerseits eine gesellschaftsrechtliche Form der Beteiligung darstellt, den stillen Gesellschafter andererseits aber nur obligatorisch bindet. Der stillen Beteiligung eines GmbH-Gesellschafters an seiner GmbH stehen dabei keine grundsätzlichen Hindernisse entgegen.[409] Auch ist *Mincke* darin zuzustimmen, dass es unbeachtlich ist, ob die Parteien ihr Rechtsverhältnis ausdrücklich als Darlehen bezeichnet haben, da die von ihnen gewählte Bezeichnung hinter einer objektiven rechtlichen Bewertung zurücktreten muss.[410]
Allerdings setzt eine Einordnung als stille Gesellschaft voraus, dass die getroffene Parteivereinbarung den rechtlichen Anforderungen an diese Gesellschaftsform auch tatsächlich entspricht. Die zwingende Erfassung jedes

---

406 Mincke, ZGR 1987, 521 ff.
407 Mincke, a. a. O., S. 528.
408 Mincke, a. a. O., S. 525 und 528.
409 Vgl. BFH v. 21.6.1983 - VIII R 237/80, BStBl. II 1983, 563.
410 Mincke, a. a. O., S. 533; a. A. Reusch, S. 290; Rümker, ZGR 1988, 494, 504.

kapitalersetzenden Darlehens scheitert aus mehreren Gründen, da diejenigen Regelungen, die das Erscheinungsbild der stillen Gesellschaft bestimmen, nicht auf ein zwischen Gesellschafter und Gesellschaft im Zeitpunkt der Krise vereinbartes Darlehensverhältnis zugeschnitten sind.

Wichtiges Abgrenzungskriterium zwischen Darlehen und stiller Gesellschaft sind die Mitgliedschaftsrechte, die sich aus § 233 HGB ergeben. Solche Informations- und Kontrollrechte werden bei der Gewährung eines Darlehens in aller Regel nicht vereinbart. Zwar findet nach der hier vertretenen Auffassung auch auf ein partiarisches Darlehen die eben genannte Vorschrift Anwendung (vgl. B. II. 1. c)). Eine Gewinnbeteiligung dürfte im Fall einer kapitalersetzenden Gesellschafterhilfe jedoch nur selten ausbedungen werden. Dies leitet über zu einer anderen, noch gewichtigeren Schwierigkeit: Im Gegensatz zu einem Darlehensverhältnis setzt eine stille Gesellschaft die Beteiligung am Gewinn des Geschäftsinhabers zwingend voraus, § 231 Abs. 2 HGB. Auch wenn mangels anderweitiger Abreden gemäß § 231 Abs. 1 HGB ein angemessener Anteil als vereinbart gilt, so wird dies dem Parteiwillen doch regelmäßig nicht entsprechen. Soll der Kapitalgeber für die überlassene Finanzierungshilfe überhaupt eine Vergütung erhalten, so wird diese typischerweise in einer festen, vom Unternehmensgewinn unabhängigen Verzinsung bestehen. Eine solche ist jedoch nach allgemeiner Ansicht keinesfalls geeignet, die für die Annahme eines stillen Gesellschaftsverhältnisses zwingend notwendige Gewinnbeteiligung zu ersetzen, sondern sie stellt vielmehr ein typisches Merkmal einer darlehensweisen Kapitalüberlassung dar.[411]
Mincke behilft sich mit der Feststellung, die für eine gesellschaftliche Beteiligung notwendigen Bindungen und Rechte müssten nicht gerade durch die Einlage des Stillen geschaffen werden, sondern könnten dem Gesellschafter schon aufgrund seiner Stellung in der GmbH zugerechnet werden. Mitspracherechte und Beteiligung am Betriebsergebnis fänden sich in dieser Position.[412] Dabei wird verkannt, dass es sich bei der Beteiligung als GmbH-Gesellschafter und als stiller Gesellschafter um zwei verschiedene, rechtlich unabhängig voneinander bestehende Gesellschaftsverhältnisse handelt. Für eine einheitliche Behandlung findet sich im Gesetz keine Grundlage. Die GmbH ist als juristische Person ein eigenständiges Rechtssubjekt und auch bei den anderen Handelsgesellschaften ermöglicht erst die rechtliche Trennung zwischen Gesellschaft und Gesellschafter eine eigenständige stille Beteiligung

---

411 RG v. 6.12.1928 – IV 93/28, RGZ 122, 387, 390; MünchKommHGB/K. Schmidt, § 230 Rz. 41; GroßkommHGB/Zutt, § 231 Rz. 9; Blaurock, Rz. 7.4.

412 Mincke, ZGR 1987, 521, 532.

des auch an der Inhabergesellschaft Beteiligten. Beide Mitgliedschaften bestehen nebeneinander und es verbietet sich, Rechte und Pflichten schlicht zu addieren. Zwar ist allein die Tatsache, dass die Informations- und Weisungsrechte eines GmbH-Gesellschafter über den Rahmen des § 233 HGB erheblich hinausgehen, für sich genommen noch kein Hindernis[413], da die Parteien eines stillen Gesellschaftsverhältnisses grundsätzlich frei sind, die Mitwirkungsrechte des Stillen privatautonom zu erweitern. Für den typischen Fall des kapitalersetzenden Darlehens wird diese Vereinbarung aber gerade nicht getroffen.
Dass keine einheitliche Rechtsposition vorliegt, ergibt sich auch daraus, dass der Gesellschafter die GmbH-Mitgliedschaft bei Vorliegen der erforderlichen Voraussetzungen unabhängig von der stillen Beteiligung kündigen kann.[414] Im Falle einer Kündigung könnte die – angebliche - stille Gesellschaft nicht fortbestehen, da damit ihre nur durch die GmbH-Beteiligung vermittelten Voraussetzungen entfielen. Als Konsequenz müsste der Forderungsinhaber den geleisteten Beitrag nach bereicherungsrechtlichen Grundsätzen herausverlangen können[415]- ein Ergebnis, dass in deutlichem Widerspruch zur Gesetzeslage und den rechtspolitischen Hintergründen des Kapitalersatzrechts steht. *Mincke* wendet die §§ 30, 31 GmbHG bzw. §§ 32a, b GmbHG dennoch an[416], um auf diese Weise zu akzeptablen Rechtsfolgen zu gelangen.

Nicht nur, dass der Tatbestand einer stillen Gesellschaft in der Regel von einem kapitalersetzenden Darlehen nicht erfüllt wird, *Mincke* selbst muss zugeben, dass die Vorschriften der §§ 230 ff. HGB einer angemessenen Regelung kapitalersetzender Darlehen entgegenlaufen.[417] Einen deutlichen Hinweis auf das Recht der stillen Gesellschaft meint er jedoch in § 32b GmbHG zu sehen, der eine Erstattungspflicht des Gesellschafters vorsieht, wenn die Gesellschaft im letzten Jahr vor dem Antrag auf Eröffnung des Insolvenzverfahrens ein vom Gesellschafter unter den Voraussetzungen des § 32a Abs. 2 GmbHG gesichertes Darlehen an den Dritten zurückgezahlt hat. Dieser entspreche dem § 237 HGB (a. F., jetzt § 136 InsO), der ein Anfechtungsrecht vorsieht, wenn dem stillen Gesellschafter ein Jahr vor Eröffnung des Insolvenzverfahrens seine Einlage zurückgewährt worden ist.

---

413 A. A. Reusch, S. 291.
414 Reusch, S. 291.
415 Reusch, a. a. O.
416 Mincke, a. a. O., S. 533.
417 Mincke, a. a. O.

Mit Einführung der neuen Insolvenzordnung 1999 hat der Gesetzgeber diese Vorschrift dahin überführt, wo sie ihren systematischen Zusammenhang findet, in das Insolvenzrecht. § 237 HGB a. F. bzw. der im Wesentlichen inhaltsgleiche § 136 InsO regeln ein besonderes Anfechtungsrecht in der Insolvenz des Geschäftsinhabers, das seinen Grund in dessen größerer Nähe zum Stillen findet. Diese bringt die Gefahr mit sich, dass der Stille bei Verschlechterung der Vermögensverhältnisse des Inhabers seine Einlage im Zusammenwirken mit diesem dem Zugriff der Gläubiger entzieht.[418] Hat der Stille die Einlage nach erfolgter Anfechtung der Rückzahlung zurückgewährt, so wird er durch § 136 InsO nicht daran gehindert, gemäß § 236 HGB seine Forderung wegen der Einlage als Insolvenzgläubiger geltend zu machen.[419] Die Vorschrift soll demnach lediglich das Insolvenzrisiko des stillen Gesellschafters so wiederherstellen, wie es vor der Rückzahlung bestand. Die Schutzrichtung ist eine vollkommen andere als im Bereich des Kapitalersatzrechts, das eine Gleichstellung der überlassenen Gesellschafterhilfen mit haftendem Kapital bezweckt. Eine Ähnlichkeit in den Rechtsfolgen vermag somit keinesfalls den Nachweis zu begründen, kapitalersetzende Darlehen seien dem Recht der stillen Gesellschaft zu unterstellen.

Neben den tatbestandlichen Differenzen der unterschiedlichen Normenkomplexe macht auch eine Rückbesinnung auf den Normzweck des Kapitalersatzrechts deutlich, dass kapitalersetzende Darlehen keinen Unterfall stiller Gesellschaften bilden. Das Kapitalersatzrecht stellt ein Instrument des Gläubigerschutzes dar. Die Gläubigergesamtheit soll davor geschützt werden, dass der Gesellschafter einen Beitrag dazu leistet, das Unternehmen in der Insolvenzkrise fortzuführen. Diese besondere Verantwortung gründet auf der Doppelstellung des Gesellschafters, dem mit Eintritt der Krise kraft seiner Mitgliedschaft besondere Pflichten zum Schutz der Gläubigergesamtheit obliegen, denen er sich nicht durch Ausweichen auf eine außergesellschaftliche Ebene entziehen kann.[420] Bei der Beurteilung der mitgliedschaftlich begründeten Pflichtenstellung wird zwar auch eine Einbindung als stiller Gesellschafter – zumindest unter gewissen Voraussetzungen – nicht unberücksichtigt bleiben können, wie bereits ausführlich erörtert worden ist (vgl. D. II. 2. c)cc)). Die stille Gesellschaft hingegen stellt eine dem Ansatz nach auf Gewinnerzielung

---

418 Schlegelberger/K. Schmidt, HGB, § 342 Rz. 1; ders., KTS 1977, 1, 65, 68; Blaurock, Rz. 17.79; ausführlich zu § 136 InsO vgl. D. VI. 3.

419 Uhlenbruck/Hirte, InsO, § 136 Rz. 4; Blaurock, Rz. 17.106; Koenigs, S. 321; K. Schmidt, KTS 1977, 1, 65, 71.

420 Haas, Gutachten zum Deutschen Juristentag 2006, S. E 57.

gerichtete Form der Unternehmensbeteiligung dar und unterscheidet sich damit grundsätzlich vom Normzweck des Kapitalersatzrechts. Aus der mitgliedschaftlichen Stellung allein als GmbH-Gesellschafter in der Krise Tatbestandselemente der stillen Gesellschaft zu entleihen, um damit (gegenüber dem Vorgesagten quasi den umgekehrten Weg gehend), das Vorliegen einer stillen Gesellschaft erst zu begründen, wird den unterschiedlichen Rechtsinstituten auch unter teleologischen Gesichtspunkten nicht gerecht.

Es stellt sich hier die grundsätzliche Frage nach Sinn und Zweck der von *Mincke* vorgenommenen Untersuchung. Er rückt kapitalersetzende Leistungen in die Nähe dinglicher Beteiligungen an der Gesellschaft und beschäftigt sich mit der daraus abgeleiteten Problematik der Besicherung.[421] Betrachtet man kapitalersetzende Darlehen hingegen mit der herrschenden Meinung weiterhin als ihrem Rechtscharakter nach unveränderte Leistungen, mithin als Darlehen, die jedoch nur unter erschwerten Bedingungen zurückgefordert werden können,[422] lassen sich die dargestellten Schwierigkeiten vermeiden.
Ist ein Darlehen nach den §§ 30, 31 GmbHG analog als kapitalersetzend zu qualifizieren, bewirken diese Normen ein Tilgungsverbot nur unterhalb der Stammkapitalziffer und auch nur in Höhe des Betrages, der nötig ist, um das Stammkapital wieder zu erreichen.[423] Der Rückzahlungsanspruch des Gesellschafters aus § 488 Abs. 1 BGB bleibt also erhalten, er lebt wieder auf, wenn sich die Verhältnisse der Gesellschaft verbessern. Der Gesellschafter bleibt folglich in der Rechtsstellung eines Darlehensgebers.[424] Nichts anderes gilt bei Anwendung der §§ 32a, b GmbHG. Zwar wird die kapitalersetzende Gesellschafterhilfe aufgrund dieser Normen in vollem Umfang verstrickt und bleibt dies, unabhängig vom Vorliegen einer Unterbilanz. Jedoch stellt § 32a Abs. 1 GmbHG i. V. m. § 39 Abs. 1 Nr. 5 InsO klar, dass kapitalersetzende Forderungen mit Eröffnung des Insolvenzverfahrens grundsätzlich erhalten bleiben, wenn sie auch nur stark erschwert zurückgefordert werden können. In der Rechtswirklichkeit steht der Gesellschafter im Ergebnis zwar regelmäßig so, als sei ihm die Forderung entzogen worden. Dennoch hat der Gesetzgeber mit der Neufassung in dogmatischer Hinsicht die Auffassung bestätigt, dass auch die Novellenregeln das Darlehensverhältnis und den Rückzahlungsan-

---

421 Mincke, a. a. O., S. 525.

422 BGH v. 7.12.1998 - II ZR 382/96, NJW 1999, 577, 578; v. 8.1.2001 – II ZR 88/99, NJW 2001, 1280, 1281 f.

423 BGH v. 29.3.1980 - II ZR 213/77, BGHZ 76, 326, 332 ff.; v. 26.3.1984 - II ZR 14/84, BGHZ 90, 370, 378; Uhlenbruck/K. Schmidt, Rz. 95.

424 Dies sieht erstaunlicherweise auch Mincke, a. a. O., S. 525 f.

spruch aus § 488 Abs. 1 BGB im Grundsatz bestehen lassen und lediglich Modifizierungen dieses Verhältnisses vornehmen. Der Gesellschafter behält daher nach den §§ 32a, b GmbHG ebenfalls die Position eines Darlehensgebers, seine Einordnung als stiller Gesellschafter erübrigt sich somit.

Die Vorschriften der §§ 230 ff. HGB regeln eine typische stille Beteiligung, deren stille Einlage Fremdkapitalcharakter hat. Sie verfolgen eine andere Zweckrichtung und haben einen anderen Regelungsgehalt als das Kapitalersatzrecht, daher können sie den dort auftretenden Problemen nicht gerecht werden. Es besteht kein Anlass dafür, kapitalersetzende Leistungen sämtlich als stille Einlagen anzusehen.[425]
Davon zu unterscheiden ist die bereits behandelte Frage, wann die stille Einlage abweichend von der gesetzlichen Regelung Eigenkapitalcharakter besitzt und daher in der Insolvenz entgegen § 236 HGB nicht mehr als Insolvenzforderung geltend gemacht werden kann.[426]

IV. Insolvenzgründe

Die Frage der Eröffnung eines Insolvenzverfahrens hängt gemäß § 16 InsO davon ab, ob einer der Insolvenzgründe nach den §§ 17 ff. InsO vorliegt. Neben den bereits unter Geltung der Konkurs- und Vergleichsordnung bestehenden Insolvenzgründen der Zahlungsunfähigkeit und der Überschuldung hat der Gesetzgeber mit der Insolvenzordnung zusätzlich zu einer Präzisierung der vorhandenen außerdem in § 18 InsO den neuen Insolvenzgrund der drohenden Zahlungsunfähigkeit eingeführt, der jedoch nur im Falle des Eigenantrages des Schuldners Anwendung findet. Maßgeblicher Zeitpunkt für die Feststellung der Insolvenzgründe ist der Moment der Entscheidung des Insolvenzgerichts über die Verfahrenseröffnung.[427]

1. Zahlungsunfähigkeit

Allgemeiner Eröffnungsgrund ist gemäß § 17 InsO die Zahlungsunfähigkeit des Schuldners. Absatz 2 der Vorschrift enthält insoweit eine Legaldefinition, wonach der Schuldner zahlungsunfähig ist, wenn er nicht in der Lage ist, seine fälligen Zahlungsverpflichtungen zu erfüllen. Der Gesetzgeber hat sich damit von der zum alten Recht entwickelten Definition, die maßgeblich auf die um-

---

425 Im Ergebnis ebenso Rümker, ZGR 1988, 494, 504; Reusch, S. 293.
426 Dazu ausführlich D. I. 2. b).
427 Bork, Rz. 86; Haarmeyer/Wutzke/Förster, Rz. 1/80.

strittenen Merkmale der Wesentlichkeit und der Dauer abstellte, gelöst.[428] Die Zahlungsunfähigkeit wird widerleglich vermutet, wenn der Schuldner seine Zahlungen eingestellt hat, § 17 Abs. 2 S. 2 InsO. Fehlt es daran, ist die Zahlungseinstellung mit Hilfe einer Liquiditätsbilanz festzustellen, die eine Gegenüberstellung der fälligen Verbindlichkeiten mit den kurzfristig verfügbaren Zahlungsmitteln enthält.[429]

Wie bisher ist der Begriff der Zahlungsunfähigkeit objektiviert, also haftungsrechtlich zu definieren, auf eine Zahlungsunwilligkeit kommt es ebenso wenig an wie auf subjektive Merkmale wie Krankheit oder Überlastung des Schuldners.[430] Dabei ist eine nur kurzfristige Liquiditätslücke nach wie vor nicht ausreichend, das Kriterium der Zahlungsunfähigkeit auszufüllen, sondern stellt lediglich eine so genannte Zahlungsstockung dar. Diese Illiquidität darf jedoch sodann den Zeitraum nicht überschreiten, den eine kreditwürdige Person benötigt, um sich die benötigten Mittel zu leihen, wofür zwei bis drei Wochen ausreichend sind.[431]

2. Drohende Zahlungsunfähigkeit

Nach § 18 InsO genügt für einen Eigenantrag des Schuldners nunmehr auch der Eröffnungsgrund der drohenden Zahlungsunfähigkeit. Damit soll dem Schuldner die rechtspolitisch erwünschte Möglichkeit der frühzeitigen Verfahrenseröffnung geboten werden, ohne zugleich Bemühungen für eine außergerichtliche Sanierung zu behindern.[432] Im Unterschied zur bereits eingetretenen Zahlungsunfähigkeit nach § 17 InsO ist nicht nur auf gegenwärtig fällige, sondern weiter auch auf künftig fällig werdende Zahlungspflichten abzustellen. Die danach anzustellende Prognose hat die gesamte Entwicklung der Finanzlage des Schuldners zu berücksichtigen. Vorhandene Liquidität und zukünftig zu erwartende Einnahmen sind denjenigen Verbindlichkeiten gegenüberzustellen, die in einem überschaubaren Zeitraum voraussichtlich fällig werden, sodann ist die überwiegende Wahrscheinlichkeit des Eintritts der Zahlungsunfähigkeit zu prüfen.[433]

---

428 Häsemeyer, Rz. 7.17; Haarmeyer/Wutzke/Förster, Rz. 1/83.

429 Bork, Rz. 85.

430 MünchKommInsO/Eilenberger, § 17 Rz. 8 f.; Uhlenbruck, InsO, § 17 Rz. 5; Bork, Rz. 84; Häsemeyer, Rz. 7.18.

431 BGH v. 24.5.2005 – IX ZR 123/04, BGHZ 163, 134, 139; Uhlenbruck, InsO, § 17 Rz. 9, 18.

432 Vgl. Begr. RegE zu § 22 RegE InsO (jetzt § 18 InsO), BR-Drucks 1/92.

433 Bork, Rz. 89; Haarmeyer/Wutzke/Förster, Rz. 1/87.

3. Überschuldung

Als weiteren Insolvenzgrund sieht die Insolvenzordnung in § 19 InsO die Überschuldung vor. Anders als die vorgenannten Insolvenzauslösungstatbestände ist die bilanziell zu ermittelnde Überschuldung auf juristische Personen, Gesellschaften ohne Rechtspersönlichkeit, bei denen keine natürliche Person unbeschränkt haftet, sowie den Nachlass beschränkt, vgl. § 19 Abs. 1, Abs. 3 InsO. Sie kommt mithin nur bei einem Teil der möglichen Insolvenzschuldner zum Tragen. Ist der Geschäftsinhaber hingegen Einzelkaufmann oder eine Personengesellschaft, bei der zumindest eine natürliche Person als Vollhafter zur Verfügung steht, kommt diesem Insolvenzgrund keine Relevanz zu. Nach der Legaldefinition des § 19 Abs. 1 S. 1 InsO liegt Überschuldung dann vor, wenn das Vermögen des Schuldners die bestehenden Verbindlichkeiten nicht mehr deckt. Diese Begriffsbestimmung erscheint auf den ersten Blick klar und einfach handhabbar. Dennoch bereitet die Feststellung der Überschuldung in der Praxis erhebliche Probleme.

Unter Geltung der Konkursordnung hatte sich der Bundesgerichtshof den maßgeblich auf *Karsten Schmidt*[434] zurückgehenden so genannten modifizierten zweistufigen Überschuldungsbegriff zu eigen gemacht. Danach war die Gesellschaft überschuldet, wenn ihr Vermögen bei Ansatz von Liquidationswerten die bestehenden Verbindlichkeiten nicht deckte und eine Fortführung des Unternehmens mittelfristig nicht gesichert war.[435] Eine positive Fortführungsprognose führte mit anderen Worten dazu, dass die Überschuldung zu verneinen war. Mit Einführung des § 19 Abs. 2 S. 2 InsO, wonach bei der Bewertung des Vermögens die Fortführung des Unternehmens zugrunde zu legen ist, sofern diese nach den Umständen überwiegend wahrscheinlich ist, hat der Gesetzgeber nunmehr ausdrücklich klargestellt, dass eine positive Fortführungsprognose den Überschuldungstatbestand nicht beseitigen kann, sondern lediglich die Bewertung der Vermögensgegenstände im Überschuldungsstatus bestimmt. Der Rechtsausschuss hat hierzu ausdrücklich formuliert, dass auch bei einer positiven Prognose für die Fortführung des Unternehmens nicht von vorneherein ausgeschlossen sei, dass Überschuldung vorliege. Allerdings sei bei einer solchen positiven Prognose das Vermögen mit Fortführungswerten anzusetzen.[436]

---

434 AG 1978, 334, 337 ff.; vgl. auch Scholz/K. Schmidt, GmbHG, Vor § 64 Rz. 16 f.

435 BGH v. 13.7.1992 – II ZR 269/91, NJW 1992, 2891; v. 6.6.1994 – II ZR 292/91, NJW 1995, 1739, 1740.

436 Vgl. den Bericht des Rechtsausschusses zu § 23 Abs. 2 RegE InsO (jetzt § 19 Abs. 2 InsO), BT-Drucks. 12/7302, S. 157.

Der genaue Ablauf der Überschuldungsfeststellung unter Geltung der Insolvenzordnung ist allerdings nach wie vor ungeklärt. Nach einer Ansicht[437] ist zunächst die Erstellung eines Überschuldungsstatus notwendig, in dem die Aktiva mit Liquidationswerten anzusetzen sind. Wenn dieser eine rechnerische Überschuldung ergebe, sei in einem zweiten Schritt eine Fortbestehensprognose vorzunehmen, die bei einem positiven Ergebnis zu der Erstellung eines weiteren Überschuldungsstatus verpflichten soll, nunmehr jedoch auf der Grundlage von Fortführungswerten (going-concern). Erst wenn dann noch immer eine Überschuldung vorliege, sei das Unternehmen zur Stellung eines Insolvenzantrages verpflichtet, anderenfalls könne es fortgeführt werden. Fällt die Prognose negativ aus, bleibe es bei der Bilanzierung zu Liquidationswerten. Dabei ist der Fortführungswert derjenige Wert, der einem Vermögensgegenstand unter der Erwartung beizumessen ist, dass dieser sich künftig auf den Ertrag des Unternehmens auswirken werde.[438] Der Liquidationswert bestimmt sich hingegen nach dem Veräußerungserlös, der dem Vermögensgegenstand voraussichtlich bei einer Liquidation der Gesellschaft zukommt, wobei von einer Einzelveräußerung auszugehen ist.[439]

Die Gegenansicht will zunächst eine Fortbestehensprognose anstellen und sodann in Abhängigkeit von deren Ergebnis entweder nur nach Liquidationswerten oder nur nach Fortführungswerten bilanzieren.[440] Ebenfalls wird - in Anlehnung an den modifizierten zweistufigen Überschuldungsbegriff - nach wie vor vertreten, bei Vorliegen einer positiven Fortbestehensprognose auf die Erstellung eines weiteren Überschuldungsstatus ganz zu verzichten.[441] Wenn die Fortbestehensprognose positiv ausfalle, sei die Befriedigung der Gläubiger aus der wirtschaftenden Gesellschaft gesichert und es werde verhindert, dass lebensfähige Unternehmen ohne Not zum Nachteil aller Beteiligten liquidiert würden. Eine Überschuldungsbilanz nach Fortführungswerten erlaube keine Aussagen über das Schuldendeckungspotential der Gesellschaft.[442]

---

437 Uhlenbruck, InsO, § 19 Rz. 17 und 24 ff.; Breutigam/Blersch/Goetsch, InsO, § 19 Rz. 24; KP-Pape, InsO, § 19 Rz. 7 f.; Haarmeyer/Wutzke/Förster, Rz. 1/95 ff.; Hirte, KapGesR, Rz. 3.64; Bork, Rz. 92 f.; Häsemeyer, Rz. 7.25, der allerdings in „geeigneten Fällen" darauf verzichten will.

438 Baumbach/Hueck/Schulze-Osterloh, GmbHG, § 64 Rz. 31.

439 Baumbach/Hueck/Schulze-Osterloh, GmbHG, § 64 Rz. 31.

440 Hess/Weis/Wienberg, InsO, § 19 Rz. 25; Hüffer, AktG, § 92 Rz. 12; Lutter, ZIP 1999, 641, 644.

441 Teller/Steffan, Rz. 138.

442 Teller/Steffan, Rz. 138 f.

Diese Ansicht setzt sich jedoch in Widerspruch zu § 19 InsO, wonach eine positive Fortführungsprognose allein den Tatbestand der Überschuldung nunmehr nicht zu beseitigen, sondern lediglich die Bewertung der Aktiva zu beeinflussen vermag. Welcher Auffassung allerdings unter dieser Voraussetzung hinsichtlich der konkreten Vorgehensweise der Vorzug zu geben ist, soll hier dahinstehen, denn es bleibt ohne Auswirkung auf die vorliegend interessierende Frage, in welcher Form die Einlage des stillen Gesellschafters in den Überschuldungsstatus einzustellen ist.

a) Grundsätzlich Passivierung der stillen Einlage

Für die Feststellung der Überschuldung sind alle gegenwärtig bestehenden Verbindlichkeiten zu berücksichtigen, die für den Fall der Eröffnung eines Insolvenzverfahrens aus der Masse zu befriedigen wären, das heißt also auch noch nicht fällige oder gestundete Verbindlichkeiten.[443] Im Grundsatz ist die stille Einlage in der Überschuldungsbilanz daher mit ihrem Barwert zu passivieren.[444]

Dies gilt uneingeschränkt, sofern der stille Gesellschafter nicht am Verlust beteiligt und seine Stellung auch nicht derart atypisch ausgestaltet ist, dass es nicht mehr gerechtfertigt wäre, ihn wie einen Fremdgläubiger zu behandeln. Da der Stille in diesem Fall seine gesamte Einlage gemäß § 236 Abs. 1 HGB als Insolvenzgläubiger geltend machen kann, muss der Geschäftsinhaber notwendig eine entsprechende Verbindlichkeit bei der Feststellung einer möglichen Überschuldung berücksichtigen.

Auch wenn der stille Gesellschafter am Verlust beteiligt ist, führt dies nicht zu einer gänzlichen Nichtberücksichtigung im Überschuldungsstatus.[445] Die Verlustbeteiligung zieht nicht zwingend eine Aufzehrung der gesamten Einlage nach sich. Jedoch ist im Einzelfall zu prüfen, in welchem Umfang die stille Einlage durch auf den stillen Gesellschafter entfallende Verlustanteile bereits gemindert ist. Auch § 236 Abs. 1 HGB lässt in der Insolvenz eine Geltendmachung nur in Höhe desjenigen Betrages zu, der die Verlustbeteiligung übersteigt. Es liegt auf der Hand, dass eine Passivierung im

443 Uhlenbruck, InsO, § 19 Rz. 49; Breutigam/Blersch/Goetsch, InsO, § 19 Rz. 38; K. Schmidt/Uhlenbruck, Rz. 909.

444 Baumbach/Hueck/Schulze-Osterloh, GmbHG, § 64 Rz. 25; Scholz/K. Schmidt, GmbHG, Vor § 64 Rz. 31; Uhlenbruck, InsO, § 19 Rz. 68; K. Schmidt, ZHR 140 (1976), 475, 482; Noack, Rz. 81; Groh, BB 1993, 1882, 1891.

445 Vgl. dazu Knobbe-Keuk, ZIP 1983, 127, 129 f.; Schulze zur Wiesche, Rz. 104.

Überschuldungsstatus im Grundsatz im Gleichlauf mit der Regelung des § 236 Abs. 1 HGB ebenfalls nur in dieser Höhe vorzunehmen ist.[446]

b) Rangrücktrittsvereinbarungen

Streitig war und ist die Behandlung kapitalersetzender Leistungen im Überschuldungsstatus. Insoweit wird von der herrschenden Meinung über den kapitalersetzenden Charakter hinaus ein ausdrücklicher Rangrücktritt und von einigen Stimmen sogar ein bedinger Erlassvertrag gefordert, um auf eine Passivierung verzichten zu können (dazu D. IV. 3. d)). Unter Geltung der Konkursordnung bestand aber Einigkeit darüber, *jedenfalls* solche Verbindlichkeiten des Geschäftsinhabers, hinsichtlich derer der Forderungsinhaber einen umfassenden Rangrücktritt erklärt hatte, im Überschuldungsstatus außer Ansatz zu lassen.[447] Die Vereinbarung eines derartigen Rangrücktritts war daher in der Praxis stets ein wichtiges Instrument, um eine drohende Überschuldung abzuwenden und ein wichtiger Gesichtspunkt bei der Entwicklung eines Finanzierungs- oder Sanierungskonzeptes für eine Gesellschaft. Sie sollte dazu dienen, die Insolvenzantragspflicht aus § 64 Abs. 1 GmbHG, § 92 Abs. 2 AktG, §§ 130a Abs. 1, 177a HGB zu beseitigen und so die Sanierung außerhalb eines gerichtlichen Verfahrens zu ermöglichen.

Mit Einführung der Insolvenzordnung ist die Berechtigung, auf eine Passivierung von Forderungen mit umfassendem Rangrücktritt im Überschuldungsstatus zu verzichten, von einigen Stimmen in der Literatur in Abrede gestellt worden. Anlass war insbesondere die neue Vorschrift des § 39 InsO. Während die Konkursordnung keine Einbeziehung nachrangiger Forderungen in das Konkursverfahren vorsah, sind diese nunmehr zumindest dann zu bedienen, wenn nach Befriedigung der regulären Insolvenzgläubiger noch Masse zur Verteilung zur Verfügung stehen sollte.[448] Diese selten praktisch werdende

---

[446] MünchKommHGB/K. Schmidt, § 236 Rz. 6; Scholz/K. Schmidt, GmbHG, Vor § 64 Rz. 31; Baumbach/Hueck/Schulze-Osterloh, GmbHG, § 64 Rz. 25; Noack, Rz. 81; Uhlenbruck in: Gottwald, InsR-Hdb., § 6 Rz. 45.

[447] BGH v. 9.2.1987 - II ZR104/86, NJW 1987, 1697, 1698; HansOLG Hamburg v. 18.7.1986 - 11 U 77/84, WM 1986, 1110, 1112; Hachenburg/Ulmer, GmbHG, § 63 Rz. 46a; Hirte, DStR 2000, 1829; Priester, DB 1977, 2429 f.; Knobbe-Keuk, ZIP 1983, 127, 128; Fleischer, ZIP 1996, 773, 774; Livonius, ZInsO 1998, 309, 310; Groh, BB 1993, 1882, 1891.

[448] Die Vorschrift erklärt sich aus dem Prinzip der Vollabwicklung, das der Insolvenzordnung zugrunde liegt, und in dem jede Verbindlichkeit einen Platz vor den nach § 199 S. 2 InsO an die Gesellschafter auszukehrenden Liquidationsquoten findet, vgl. Bork, Rz. 135; Lutter, ZIP 1999, 641, 645; K. Schmidt, GmbHR 1999, 9, 11 f.

Regelung hat vereinzelt zu der Forderung geführt, schon Verbindlichkeiten mit Rangrücktrittsvereinbarung als Passiva in der Überschuldungsbilanz zu berücksichtigen, solange Gesellschaft und Gläubiger keinen (aufschiebend oder auflösend bedingten) Erlassvertrag vereinbaren.[449] Die herrschende Meinung vertritt demgegenüber nach wie vor die Rechtsauffassung - der sich zwischenzeitlich auch der Bundesgerichtshof angeschlossen hat - wonach die Interessen der Gläubiger durch einen Rangrücktritt hinreichend gewahrt werden und daher kein Forderungsverzicht erforderlich ist.[450]

Diese herrschende Auffassung verdient Zustimmung. Zwar kann sich die Minderansicht auf die Begründung des Regierungsentwurfes zu § 23 InsO[451] (heute § 19 InsO) stützen, die sich in diesem Zusammenhang deutlich äußert: „Auf der Passivseite des Überschuldungsstatus sind auch die nachrangigen Verbindlichkeiten ... zu berücksichtigen. Dem Bedürfnis der Praxis, durch den Rangrücktritt eines Gläubigers den Eintritt der Überschuldung zu vermeiden oder eine bereits eingetretene Überschuldung wieder zu beseitigen, kann in der Weise Rechnung getragen werden, dass die Forderung für den Fall der Eröffnung des Insolvenzverfahrens erlassen wird."
Es ist allerdings fraglich, ob diese vielfach zitierte Passage der Regierungsbegründung tatsächlich einen Willen des Gesetzgebers zum Ausdruck bringt, der zum Ansatz jeglicher Verbindlichkeiten, hinsichtlich derer kein Forderungsverzicht erklärt wurde, im Überschuldungsstatus zwingt. Sicherlich ist die amtliche Begründung eines Gesetzes eine bedeutsame Auslegungshilfe.[452] Das Bundesverfassungsgericht hat jedoch klargestellt, dass Gesetzesmaterialien bei der Auslegung von Gesetzen nur unterstützend zur Bestimmung eines objektiven Gesetzesinhalts heranzuziehen sind. Der Wille des Gesetzgebers wird nur berücksichtigt, soweit er sich im Gesetzestext hinreichend bestimmt niedergeschlagen hat. Haben die Motive und Vorstellungen der Mitglieder der gesetzgebenden Körperschaften im Gesetz keinen Ausdruck gefunden, sind

---

449 Hess/Weis/Wienberg, InsO, § 19 Rz. 43; KP-Holzer, InsO, § 39 Rz. 22a.

450 BGH v. 8.1.2001 – II ZR 88/99, NJW 2001, 1280, 1281 (zwar erging die Entscheidung zum alten Recht, der BGH hat sich jedoch ausdrücklich auch mit Blick auf die Zukunft geäußert); GroßkommAktG/Habersack, § 92 Rz. 59; Hüffer, AktG, § 92 Rz. 11; Uhlenbruck, InsO, § 19 Rz. 66; Breutigam/Blersch/Goetsch, InsO, § 19 Rz. 41; v. Gerkan/Hommelhoff/Kleindiek (1. Aufl.), Rz 7.38; Teller/Steffan, Rz. 245; Hirte, DStR 2000, 1829, 1831; Altmeppen, ZHR 164 (2000), 349, 360 f.; Lutter, ZIP 1999, 641, 645; Livonius, ZInsO 1998, 309, 310 f.; Bauer, ZInsO 2001, 486, 490.

451 Begründung RegE, BT-Drucks. 12/2443, S. 115.

452 Dazu allgemein Larenz/Canaris, Methodenlehre, S. 149 ff.

sie nicht entscheidend.[453] Hierzu ist festzustellen, dass sich die in der Regierungsbegründung zur Insolvenzordnung dargelegte Auffassung im Zuge der Kodifikation weder in § 19 Abs. 2 noch in § 39 InsO manifestiert hat, denn keine der Normen beschäftigt sich mit der Frage des Ansatzes nachrangiger Forderungen im Überschuldungsstatus.[454] Die Gesetzesmaterialien lassen sich daher lediglich als ein Mittel der historischen Auslegung heranziehen, ohne den Rechtsanwender zu binden. Sie müssen gegebenenfalls hinter anderen, gewichtigeren Gesichtspunkten zurückstehen.

In diesem Zusammenhang ist weiter zu bedenken, dass schon ein Rangrücktritt der vorgenannten Art dazu führt, dass der Zurücktretende nur dann mit seiner Forderung zum Zuge kommt, wenn alle anderen Insolvenzforderungen vollständig erfüllt worden sind. Eine Konkurrenzsituation, die die Quote der regulären Insolvenzgläubiger schmälern könnte, entsteht keinesfalls. Sinn und Zweck der Überschuldungsbilanz sind aber gerade im Schutz der regulären Insolvenzgläubiger zu sehen – zum einen soll einer Verschlechterung der Befriedigungsaussichten aktueller Gesellschaftsgläubiger entgegengewirkt werden, zum anderen gilt es, potentielle Drittgläubiger davon abzuhalten, noch finanzielle Beziehungen zu einer insolventen Gesellschaft aufzunehmen.[455] Die Änderung der Rechtslage durch Einführung des § 39 InsO berührt die Rechtsstellung der regulären Insolvenzgläubiger nicht, da die dort genannten Forderungen sich nicht zu ihren Lasten auswirken können. Ihrem Schutz wird daher auch ohne den Ansatz einer mit einem Rangrücktritt versehenen Forderung im Überschuldungsstatus ausreichend Rechnung getragen. Wäre hingegen die Einstellung subordinierter Forderungen als Passiva notwendig, könnte eine durchaus solvente Gesellschaft in ein Insolvenzverfahren gezwungen werden, möglicherweise mit erheblichen Nachteilen auch für ihre außenstehenden Gläubiger.

Offenbar sind von den Verfassern der Entwurfsbegründung auch die erheblichen Unterschiede in den Rechtsfolgen zwischen Rangrücktritt und Forderungsverzicht nicht ausreichend bedacht worden. Insbesondere die steuerlichen Folgen eines Forderungsverzichtes können gravierend sein, da dieser sich unter Umständen erfolgswirksam auswirken kann. Der Bundesfinanzhof

---

453 BVerfG v. 17.5.1960 – 2 BvL 11/59, 11/60, BVerfGE 11, 126, 130 f.; ähnlich auch BVerfG v. 16.2.1983 – 2 BvE 1, 2, 3, 4/83, BVerfGE 62, 1, 44 f.

454 GroßkommAktG/Habersack, § 92 Rz. 57; v. Gerkan/Hommelhoff/Kleindiek (1. Aufl.), Rz. 7.43; a. A. Hess/Weis/Wienberg, InsO, § 19 Rz. 74.

455 V. Gerkan/Hommelhoff/Kleindiek (1.Aufl.), Rz. 7.34; Lutter, ZIP 1999, 641, 645.

betrachtet zwar in diesen Fällen den werthaltigen Teil der Forderung als verdeckte Einlage, den übrigen Teil aber als Buchgewinn. In der Folge entsteht, nach Abschaffung des § 3 Nr. 66 EStG, in Höhe des Unterschiedsbetrages zwischen dem Wert und dem Nennbetrag der Forderung ein steuerpflichtiger Gewinn der Gesellschaft, ohne dass dieser zugleich liquide Mittel zuflössen, aus denen die Steuerschuld beglichen werden könnte (sog. bilanzieller Sanierungsgewinn).[456] Insbesondere in der Krise ist dies eine problematische Situation, die die finanziellen Verhältnisse zu Lasten der Gläubiger weiter verschlechtert und eine Sanierung mit Hilfe von Forderungsverzichten erheblich erschwert. Ein Rangrücktritt hingegen beeinflusst die Passivierung der Gesellschafterforderung in der Handels- und Steuerbilanz nicht.[457] Weiter ist mit Blick auf die Rechtsfolgen zu beachten, dass ein Rangrücktritt den Zinslauf nicht hindert, sondern nur die Auszahlung der Zinsen sperrt,[458] während ein Erlass der Forderung auch den Zinslauf erfasst. Schließlich gefährdet ein Forderungsverzicht etwa bestehende Sicherheiten.[459] Nach alledem wird deutlich, dass die teilweise vertretene Forderung nach einem Erlassvertrag als Voraussetzung einer Nichtberücksichtigung im Überschuldungsstatus ein erfolgreiches Finanzierungs- und Sanierungskonzept erheblich erschweren dürfte.

Einzuräumen ist zwar, dass der Überschuldungsstatus nicht dem Ziel dient, Steuerverbindlichkeiten zu vermeiden.[460] Gleichwohl ist es nicht gerechtfertigt, Gesellschaft und Gesellschafter den dargestellten Belastungen auszusetzen, ohne dass dies für einen effektiven Schutz der außenstehenden Gläubiger erforderlich wäre. Zu Recht weist *Livonius*[461] außerdem darauf hin, dass bei Notwendigkeit eines Forderungsverzichtes für den Nichtansatz die Vorschrift des § 39 Abs. 2 InsO leer liefe. Erlischt die Forderung bezüglich der Einlage mit der Eröffnung des Verfahrens, so kann sie – wovon der Gesetzgeber jedoch erkennbar ausging – auch nicht mehr als nachrangige Forderung geltend gemacht werden. In der Konsequenz ist regelmäßig davon auszugehen, dass der gemeinsame Parteiwille nicht auf einen Forderungsverzicht mit seinen weitreichenden Rechtsfolgen gerichtet sein wird. Eine Überprüfung unter te-

---

456 BFH v. 9.6.1997 – GrS 1/94, BStBl II 1998, 307; Altmeppen, ZHR 164 (2000), 349, 359 f.

457 BFH v. 30.3.1993, BStBl II 1993, 502.

458 K. Schmidt, GmbHR 1999, 9, 11.

459 K. Schmidt, a. a. O.; Altmeppen, ZHR 164 (2000), 349, 359; Bauer, ZInsO 2001, 486, 490.

460 So Hess/Weis/Wienberg, InsO, § 19 Rz. 72.

461 ZInsO 1998, 309, 310.

leologischen Gesichtspunkten hat oben gezeigt, dass dies, trotz abweichender Entwurfsbegründung, gar nicht nötig ist.

Im Ergebnis ist daher mit der herrschenden Meinung davon auszugehen, dass der Geschäftsinhaber die Forderung des stillen Gesellschafters wegen der Einlage im Überschuldungsstatus unberücksichtigt lassen kann, wenn der Stille eine qualifizierte Rangrücktrittserklärung abgegeben hat.

c) Stille Einlagen mit Eigenkapitalcharakter

Nie hat eine Passivierung der stillen Einlage zu erfolgen, wenn ihr aufgrund ihrer gesellschaftsvertraglichen Ausgestaltung der Charakter materiellen Eigenkapitals zukommt.[462] Eine Geltendmachung der Forderung wegen der Einlage durch den stillen Gesellschafter ist entgegen § 236 Abs. 1 HGB wegen des eigenkapitalgleichen Charakters in diesen Fällen ausgeschlossen, somit ist sie auch im Überschuldungsstatus nicht zu erfassen. Folgerichtig ist hinsichtlich einer rückständigen Einlage, die der stille Gesellschafter entgegen § 236 Abs. 2 HGB einzuzahlen verpflichtet ist, im Überschuldungsstatus eine Forderung zu aktivieren.
Demgegenüber ist nach *Wahl*[463] eine stille Beteiligung bereits dann nicht in den Überschuldungsstatus aufzunehmen, wenn eine atypische stille Gesellschaft mit Vermögensbeteiligung besteht. Das Einlagekonto dokumentiere in diesem Fall eine echte Unternehmensbeteiligung und habe daher Eigenkapitalcharakter.[464] Die Nichtberücksichtigung sei auch deswegen geboten, weil der Auseinandersetzungsanspruch des stillen Gesellschafters aufschiebend bedingt sei und erst mit rechtskräftiger Eröffnung des Konkursverfahrens zum Vollrecht erstarke. Da die Aufstellung des Überschuldungsstatus und die Konkurseröffnung jedoch zwei selbständige Vorgänge seien, komme eine Passivierung im Überschuldungsstatus nicht in Betracht.[465]

Dieser Auffassung kann bereits deshalb nicht gefolgt werden, weil vorliegend wesentlich weitreichendere Anforderungen an die stille Beteiligung gestellt werden, bevor der stillen Einlage Eigenkapitalcharakter zuzuerkennen ist.

---

462 MünchKommHGB/K. Schmidt, § 236 Rz. 8; Baumbach/Hueck/Schulze-Osterloh, GmbHG, § 64 Rz. 25; Uhlenbruck, InsO, § 19 Rz. 68; Blaurock, 17.44; a.A. K. Schmidt/Uhlenbruck, Rz. 92i m.w.N., von denen sich allerdings keiner auf den Fall einer stillen Einlage mit materiellem Eigenkapitalcharakter bezieht.
463 GmbHR 1975, 169 ff.; ähnlich auch Schulze zur Wiesche, Rz. 104.
464 Wahl, a. a. O., S. 176.
465 Wahl, a. a. O., S. 175 f.

Allein die Vereinbarung einer schuldrechtlichen Beteiligung am Vermögen des Geschäftsinhabers rechtfertigt es nicht, den atypischen stillen Gesellschafter bilanziell und buchhalterisch in Bezug auf sein Einlagekonto wie einen Personengesellschafter zu behandeln. Seine Einlage bleibt Fremdkapital und ist entsprechend zu bilanzieren.

Ebenso wenig überzeugt die Argumentation, dass die Forderung wegen der Einlage vor Konkurseröffnung noch gar nicht entstanden und daher für die Feststellung der Überschuldung folglich auch nicht zu berücksichtigen sei. Selbst wenn man mit *Wahl* davon ausgeht, dass es sich bei dem Auseinandersetzungsanspruch des Stillen um eine aufschiebend bedingte Forderung handelt, die erst mit Konkurs- bzw. Insolvenzeröffnung entsteht[466], rechtfertigt dies nicht ihre Nichtansetzung. Zwar sind Schulden, die erst mit der Eröffnung entstehen, grundsätzlich im Überschuldungsstatus außer Ansatz zu lassen. Erst der Insolvenzverwalter bezieht diese Positionen in seinen Status ein, der auf den Tag der Eröffnung abstellt.[467] Allerdings handelt es sich hier um Verbindlichkeiten im Sinne des § 39 Abs. 1 InsO, die als nachrangige Verbindlichkeiten ohne große Befriedigungsaussicht am Verfahren teilnehmen und unter Geltung der Konkursordnung sogar vollständig von einer Teilnahme ausgeschlossen waren. Da der Überschuldungsstatus den Schutz der regulären Insolvenzgläubiger bezweckt und einer Verschlechterung ihrer Befriedigungsaussichten entgegenwirken will, ist es sachgerecht, die vorgenannten Verbindlichkeiten nicht aufzunehmen, denn sie schmälern die den Insolvenzgläubigern zur Verfügung stehende Masse nicht. Anders verhält es sich jedoch mit der Forderung, die dem stillen Gesellschafter gemäß § 236 Abs. 1 HGB zukommt und die ihm die Stellung eines regulären Insolvenzgläubigers gegenüber dem Geschäftsinhaber vermittelt. Sie ist vom Insolvenzverwalter aus der Masse zu begleichen und schmälert damit unmittelbar die Quote der anderen Gläubiger. Aufstellung des Überschuldungsstatus und Insolvenzeröffnung als zwei voneinander unabhängige Ereignisse zu betrachten, liefe dem Sinn und Zweck des Überschuldungsstatus zuwider. Zwischen beiden besteht vielmehr ein innerer Zusammenhang, dem durch die Passivierung einer Verbindlichkeit, wann immer dem stillen Gesellschafter im Rahmen des § 236 Abs. 1 HGB eine Forderung zukommt, Rechnung zu tragen ist.

Entgegen den Ausführungen *Wahls* bedarf es demnach sowohl einer qualifizierten vermögensmäßigen Beteiligung als auch eines gewissen unternehmerischen Einflusses, um die stille Einlage aufgrund ihres durch gesellschafts-

---

466 Überzeugender erscheint ihre Einordnung als betagte Forderung, vgl. K. Schmidt, ZHR 140 (1976), 475, 480.

467 Haarmeyer/Wutzke/Förster, Rz. 1/99.

vertragliche Vereinbarungen bedingten materiellen Eigenkapitalcharakters im Überschuldungsstatus unberücksichtigt zu lassen.

Stille Einlagen, die im Rahmen einer Finanzplanabrede gewährt werden, finden aufgrund ihres materiellen Eigenkapitalcharakters ebenso wenig Berücksichtigung, denn auch hier steht dem stillen Gesellschafter keine Insolvenzforderung zu. Auf der Passivseite der Überschuldungsbilanz bleiben sie daher außer Betracht, ohne dass es noch eines Rangrücktrittes bedarf.[468]

d) Eigenkapitalersetzende stille Einlagen

Problematisch war und ist die Behandlung eigenkapitalersetzender Gesellschafterleistungen im Überschuldungsstatus. Die Fragestellung wird in engem Zusammenhang mit den Problemen einer Rangrücktrittserklärung im Überschuldungsstatus diskutiert (vgl. dazu schon D. IV. 3. b)), denn insbesondere im Fall kapitalersetzender Gesellschafterleistungen wird die Notwendigkeit und/oder Möglichkeit eines Rangrücktritts zur Abwehr der Überschuldung in besonderem Maße praktisch relevant. Dass eine Passivierung unter Geltung der Konkursordnung unterbleiben konnte, sofern die Vertragsparteien einen Rangrücktritt des Inhalts vereinbart hatten, dass die Leistung nur aus künftigen Bilanzgewinnen oder einem Liquidationsüberschuss zurückgewährt werden dürfe, stand weitgehend außer Streit.[469]

Unklar war, ob dies auch für kapitalersetzende Leistungen gelten solle, hinsichtlich derer kein Rangrücktritt vereinbart war. *Altmeppen*[470] hat in diesem Zusammenhang kritisiert, dass eine gläubigerschützende Rechtsfigur dysfunktional eingesetzt würde, wenn man kapitalersetzende Leistungen im Überschuldungsstatus unberücksichtigt ließe. Es diene nicht den Gläubigern, wenn das Insolvenzverfahren unter Hinweis auf die gläubigerschützenden Regeln über den Kapitalersatz hinausgezögert werden könnte, denn trotz ihres Nachrangs bestätige gerade die Forderung eines Gesellschafters aus Kapitalersatz

---

[468] MünchKommHGB/K. Schmidt, § 236 Rz. 8; Fleischer, S. 335; K. Schmidt, FS Goerdeler, S. 487, 498; a. A. Priester DB 1991, 1917, 1924.

[469] BGH v. 9.2.1987 - II ZR 104/86, NJW 1987, 1697, 1698; HansOLG v. 18.7.1986 - 11 U 77/84, WM 1986, 1110, 1112; Hachenburg/Ulmer, GmbHG, § 63 Rz. 46a; Fleischer, S. 335; ders., ZIP 1996, 773, 774; Goette, DStR 1997, 2027, 2030; Schlitt, NZG 1998, 701, 704; Livonius, ZInsO 1998, 309, 310; K. Schmidt, GmbHR 1999, 9, 12 f.; Priester, DB 1977, 2429, 2432.

[470] Altmeppen, ZHR 164 (2000), 349, 366 ff.

das unzureichende Eigenkapital der Gesellschaft. In dieser Lage müsse saniert oder liquidiert werden.
Altmeppen ist entgegenzuhalten, dass es den Gläubigern aber ebenso wenig nützlich ist, ein Insolvenzverfahren verfrüht einzuleiten. Die Konsequenz seiner Ausführungen wäre die Erfüllung eines Insolvenzauslösungstatbestandes durch jede Gesellschaft, die überwiegend durch Gesellschafterleistungen finanziert wird. Dies verstieße in eklatanter Weise gegen die den Gesellschaftern zukommende Finanzierungsfreiheit, die es ihnen gestattet, den Finanzmittelbedarf ihrer Gesellschaft im Wesentlichen nach ihrem Ermessen vorzunehmen.[471] Den Gläubigerinteressen wird gerade dadurch Rechnung getragen, dass die als Fremdkapital ausgereichten Mittel unter bestimmten Voraussetzungen wie Eigenkapital gebunden werden und im Verhältnis zu außenstehenden Gläubigern die Funktion von Haftkapital übernehmen.

Kernfrage der Auseinandersetzung blieb daher in der Vergangenheit, ob eine Rangrücktrittsvereinbarung nicht nur ausreichend, sondern ob sie tatsächlich auch erforderlich war, um von einer Passivierung eigenkapitalersetzender stiller Einlagen absehen zu können. Die wohl herrschende Meinung wollte die Passivierungspflicht nur bei Vorliegen einer entsprechenden Nachrangabrede entfallen lassen.[472] Stützen ließ sich dies zunächst auf die Gesetzesmaterialien zur GmbH-Novelle 1980. § 32a Abs. 1 S. 5 des Regierungsentwurfes zum GmbHG[473] hatte das Erfordernis eines Rangrücktritts ausdrücklich zur Voraussetzung einer Nicht-Passivierung gemacht. Die Vorschrift wurde vom Gesetzgeber jedoch letztlich nicht umgesetzt. Gewichtiger erscheint ein anderes Argument: So sei die Einordnung eines Gesellschafterdarlehens als eigenkapitalersetzend durchaus zweifelhaft und werde häufig erst im Nachhinein durch Gerichte geklärt. Diese Unwägbarkeiten dürften nicht den Geschäftsleitungsorganen aufgebürdet werden, es drohten eine gläubigergefährdende Insolvenzverschleppung sowie erhebliche Strafbarkeitsrisiken[474] für die Antragsverpflichteten.

---

471 Vgl. D. II. 2. c)aa); v. Gerkan/Hommelhoff/Kleindiek, Rz. 7.31; K. Schmidt, GmbHR 1999, 9, 13.

472 HansOLG Hamburg v. 18.7.1986 - 11 U 77/84, WM 1986, 1110, 1112; OLG Düsseldorf v. 19.1.1995 - 6 U 272/93, DB 1996, 1226; GroßkommAktG/Habersack, § 92 Rz. 43; Kilger/K. Schmidt, KO, § 32a Anm. 3d; K. Schmidt, FS Goerdeler, S. 487, 506; Beintmann, S. 140 ff.; Knobbe-Keuk, ZIP 1983, 127, 129; Priester, DB 1991, 1917, 1923.

473 BT Drucks. 8/1347, S. 9.

474 Zu den im Raum stehenden Straftatbeständen bei einer GmbH & Still in der Krise vgl. Hey, GmbHR 2001, 1100, 1107 f.

Im Gegensatz dazu stritt (und streitet) eine beachtliche Mindermeinung dafür, die Passivierungspflicht schon dann entfallen zu lassen, wenn der organschaftliche Vertreter vom kapitalersetzenden Charakter der Gesellschafterleistung ausgehen kann, ohne dass es noch der Abgabe einer Rangrücktrittserklärung durch den Gesellschafter bedürfe.[475] Eine andere Lösung sei aus rechtssystematischer Sicht abzulehnen, weil sie dem Zweck des Überschuldungstatbestandes und der daraus folgenden Funktion des Überschuldungsstatus nicht gerecht werde: Der Überschuldungsstatus zeige an, wann das verwertbare Gesellschaftsvermögen nicht mehr ausreiche, um bestehende Verbindlichkeiten auszugleichen und die Gesellschafter somit das Privileg eigenverantwortlichen Wirtschaftens mit beschränkter Haftung verspielt hätten. Das Gesellschaftsvermögen hafte vorrangig zu Gunsten der außenstehenden Geschäftsgläubiger. Durch Verbindlichkeiten aus eigenkapitalersetzenden Leistungen werde aber die Haftungsmasse gar nicht zu ihren Lasten geschmälert. Es wäre daher wertungswidersprüchlich, wenn derartige Verbindlichkeiten eine Überschuldung herbeiführen könnten und die Frage nach der Insolvenzeröffnung von der Kooperationsbereitschaft einzelner Gesellschafter in Bezug auf die Abgabe einer Rangrücktrittserklärung abhinge, obwohl doch ausreichend Risikokapital zur Verfügung stehe.
Die ehemals bestehenden Unsicherheiten bei der Beurteilung der Kapitalersatzqualität einer Leistung seien durch eine gefestigte Rechtsprechung weitgehend behoben worden.[476] Die Entscheidung über das Vorliegen einer Überschuldung falle nach der gesetzlichen Kompetenzverteilung in den zwingenden Aufgabenbereich der Geschäftsleitungsorgane und schließe die Beantwortung der in vielerlei Hinsicht schwierig zu beurteilenden Vorfragen mit ein.[477] Verbleibenden Beurteilungsrisiken könne jedoch durch Bildung von Rückstellungen Rechnung getragen werden.[478] Darüber hinaus entspreche es dem Sinn und Zweck des Gläubigerschutzes, die Frage des Kapitalersatzes möglichst frühzeitig, also schon im Überschuldungsstatus zu klären.[479]

---

475 Hachenburg/Ulmer, GmbHG, § 63 Rz. 46a; Baumbach/Hueck/Schulze-Osterloh, GmbHG, § 64 Rz. 24; Fleck, FS Döllerer, S. 109, 126 f.; Hommelhoff, FS Döllerer, S. 245, 257 f.; Fleischer, S. 337; ders. ZIP 1996, 773, 777 ff.

476 Hachenburg/Ulmer, GmbHG, § 63 Rz. 46a; Hommelhoff, FS Döllerer, S. 245, 261 ff.; Fleischer, ZIP 1996, 773.

477 Hommelhoff, FS Döllerer, S. 245, S. 262 f.

478 Hachenburg/Ulmer, GmbHG, § 63 Rz. 46a; Noack, Rz. 80; Hommelhoff, FS Döllerer, S. 245, S. 263; Fleischer, S. 337 f.; ders., ZIP 1996, 773, 777.

479 Groh, BB 1993, 1882, 1888.

Nachdem sich dieser Auffassung auch einige Obergerichte angeschlossen hatten[480], erfuhr der Streit mit Einführung der Insolvenzordnung und der Neufassung des § 32a GmbHG keine wesentliche Änderung.[481] Zwar nehmen jetzt auch Forderungen aus Eigenkapitalersatz grundsätzlich am Verfahren teil. Abgesehen davon, dass die Realisierungschancen für solche Forderungen nach wie vor gering sind, treten sie aber wegen des durch § 39 Abs. 1 Nr. 5 InsO begründeten Nachrangs gar nicht erst in Konkurrenz zu den Forderungen der außenstehenden Gläubiger. Ihre Berücksichtigung erklärt sich lediglich aus dem der Insolvenzordnung im Gegensatz zur Konkursordnung zugrunde liegenden Prinzip der Vollabwicklung (vgl. § 199 S. 2 InsO), mit dem jeder Verbindlichkeit ein Platz vor den Liquidationsquoten der Gesellschafter zugewiesen wird[482], und beeinflusst die Bilanzierung im Überschuldungsstatus nicht. Trotz abweichender Entwurfsbegründung ist auch - entgegen vereinzelt geäußerter, anderweitiger Auffassung - keinesfalls davon auszugehen, dass nunmehr ein Forderungsverzicht erforderlich wäre, um nachrangige Forderungen aus Eigenkapitalersatz nicht in den Überschuldungsstatus aufzunehmen.[483]

Die Auseinandersetzung hat allerdings durch eine eindeutige höchstrichterliche Grundsatzentscheidung zwischenzeitlich an praktischer Relevanz verloren. Während der Bundesgerichtshof die Frage zunächst offengelassen hatte, hat er nunmehr für Klärung gesorgt.[484] Danach sind Gesellschafterforderungen aus der Gewährung kapitalersetzender Leistungen im Überschuldungsstatus der Gesellschaft grundsätzlich zu passivieren, es sei denn, der Gesellschafter erklärt einen umfassenden Rangrücktritt des Inhalts, dass er mit seiner Forderung erst nach Befriedigung sämtlicher Gesellschaftsgläubiger und - bis zur Abwendung der Krise - auch nicht vor, sondern nur zugleich mit den Einlagerückgewähransprüchen seiner Mitgesellschafter berücksichtigt werden wolle. Der Zurücktretende müsse sich also so behandeln lassen, als

---

480 OLG München v. 8.7.1994 – 3 Ws 87/94, NJW 1994, 3112, 3114; OLG Düsseldorf v. 18.4.1997 – 22 U 226/96, WM 1997, 1866, 1868; OLG Stuttgart v. 5.11.1997 – 20 U 74/97, NZG 1998, 308, 310.

481 Vgl. beispielhaft MünchKommInsO/Drukarczyk/Schüler, § 19 Rz. 106 und Fischer, GmbHR 2000, 66, 68 gegenüber Hirte, DStR 2000, 1829, 1831; v. Gerkan/Hommelhoff/Kleindiek, Rz. 7.30; Noack, Rz. 80.

482 K. Schmidt, GmbHR 1999, 9, 12 f.; Altmeppen, ZHR 164 (2000), 349, 351.

483 BGH v. 8.1.2001 – II ZR 88/99, NJW 2001, 1280, 1281; Noack, Rz. 80; K. Schmidt, GmbHR 1999, 9, 11; Fischer, GmbHR 2000, 66, 68; a.A. KP-Holzer, InsO, § 39 Rz. 22b; siehe dazu schon D. IV. 3. b).

484 BGH v. 8.1.2001 – II ZR 88/99, NJW 2001, 1280, 1281.

sei seine Gesellschafterleistung statutarisches Kapital, denn trotz ihrer Qualifikation als Kapitalersatz behielten die Gesellschafterforderungen ihren Charakter als Verbindlichkeiten. Zentraler Gesichtspunkt ist für den Bundesgerichtshof das Bedürfnis nach Rechtssicherheit. Der Geschäftsführer müsse in Grenzfällen eine sichere Entscheidungsgrundlage erhalten, indem der Gesellschafter zweifelsfrei klarstelle, dass er jedenfalls für die Dauer der Krise auf seine Position als Drittgläubiger verzichte. Mit den schadensersatz- und strafrechtlichen Konsequenzen einer unklaren Situation dürfe nicht der Geschäftsführer belastet werden. Ein Vorrang des Erhaltungsinteresses der Gesellschaft gegenüber dem Interesse des Geschäftsführers und der Allgemeinheit an einer rechtssicheren Entscheidung bestehe nicht.

Diese Entscheidung ist im Schrifttum vielfach auf Zustimmung gestoßen.[485] Sie sollte aber durchaus kritisch betrachtet werden. Die Feststellung der Überschuldung dient dem präventiven Gläubigerschutz. Ein Insolvenzverfahren ist einzuleiten, um eine für die vollständige Befriedigung aller Gläubiger nicht mehr ausreichende Masse gleichmäßig an diese zu verteilen.[486] Der Bundesgerichtshof zwingt die Geschäftsleitungsorgane jedoch mit seiner Entscheidung sogar unter Strafandrohung, die Verfahrenseröffnung zu beantragen, obwohl das Schuldendeckungspotential der Gesellschaft aufgrund der Zurechnung der kapitalersetzenden Leistungen zu dem zur Verfügung stehenden Haftkapital noch groß genug ist. Ihr grundsätzlicher Charakter als Verbindlichkeit ist insoweit nicht ausschlaggebend. Aufgrund des bereits gesetzlich angeordneten Nachranges erscheint es sinnwidrig, zusätzlich noch eine vertragliche Subordination zu verlangen und die Frage der Überschuldung mithin in das Belieben einzelner Gesellschafter zu stellen. In Zukunft kann es also auch wegen nachrangiger, als Risikokapital zu behandelnder Forderungen wegen stiller Einlagen nötig werden, ein Insolvenzverfahren zu eröffnen, obwohl die Forderungen vom Insolvenzverwalter nicht bedient werden dürfen. Nur nach Aufforderung durch das Insolvenzgericht können diese nachrangigen Forderungen überhaupt zur Tabelle angemeldet werden (§ 174 Abs. 3 InsO). Vorzugswürdig wäre eine Entscheidung gewesen, die den teleologischen Aspekt der Funktion des Überschuldungsstatus stärker berücksichtigt hätte. Das antragspflichtige Organ hätte zwar über den Kapitalersatzcharakter verantwortlich entscheiden müssen. Es ist zuzugeben, dass - insbesondere im Recht der stillen Gesellschaft - hierbei oftmals schwierige Rechtsfragen zu klären sind.

---

485 Vgl. Uhlenbruck, InsO, § 19 Rz. 70 f.; Altmeppen, ZIP 2001, 240; Bauer, ZInsO 2001, 486; Priester, EWiR 2001, 329.

486 K. Schmidt, GmbHR 1999, 9, 13.

Die Geschäftsleitung hätte sich jedoch zu diesem Punkt rechtlich beraten lassen können, so dass die Anforderungen an sie nicht höher gewesen wären als in vielen anderen Bereichen ihrer Geschäftsleitungstätigkeit auch.[487] Trifft der Geschäftsführer oder der Vorstand, gegebenenfalls nach Rücksprache mit juristischen Fachleuten, eine Entscheidung über die Qualifikation der stillen Einlage mit der Sorgfalt eines ordentlichen und gewissenhaften Geschäftsleiters, setzt er sich weder straf- noch zivilrechtlich einer Haftung aus, vgl. § 43 Abs. 1 GmbHG. Zweifelsfälle hätten über die Bildung von Rückstellungen gelöst werden können, wie sonst im Bilanzrecht üblich. Die Rechtspraxis wird sich jedoch nach der Vorgabe des Bundesgerichtshofes zu richten haben: Die Forderung des stillen Gesellschafters wegen einer eigenkapitalersetzenden stillen Einlage, ebenso wie wegen anderer, von ihm eventuell gewährter kapitalersetzender Leistungen, ist im Überschuldungsstatus zu passivieren, solange der Gesellschafter keinen qualifizierten Rangrücktritt erklärt.

Zweifeln lässt sich auch an der vom Bundesgerichtshof verlangten Ausgestaltung des Rangrücktritts. Aus der angeführten BGH-Entscheidung geht hervor, dass der Senat eine Vereinbarung fordert, wonach die kapitalersetzende Forderung erst bei der Ermittlung des Anteils am Liquidationserlös nach § 199 S. 2 InsO Berücksichtigung findet.[488] Das erscheint nicht sachgerecht, denn dadurch wird der kooperative Gesellschafter bestraft, der den Nachrang rechtsgeschäftlich akzeptiert, um damit die Insolvenzreife zu beseitigen und einen Beitrag zur Sanierung zu leisten. Sinn und Zweck des Rangrücktritts liegen in der Beseitigung der Überschuldung der begünstigten Gesellschaft. Muss der Rangrücktritt stets in den Rang des § 199 S. 2 InsO erfolgen, läuft damit die Zweifelsregelung des § 39 Abs. 2 InsO leer. Aber auch im Hinblick auf den aus der letztgenannten Vorschrift folgenden Rang ist zu bedenken, dass bei Vorhandensein mehrerer Gesellschafter als Gläubiger kapitalersetzender Leistungen regelmäßig keiner der Zurücktretenden einen Rang noch hinter den Forderungen seiner Mitgesellschafter anstreben wird. Der Wille wird vielmehr darauf gerichtet sein, den gesetzlichen Nachrang im Sinne des § 39 Abs. 1 Nr. 5 InsO zweifelsfrei und rechtsverbindlich

---

487 Z. B. bei der Frage, ob sie möglicherweise kapitalersetzende Leistungen auf Weisung der Gesellschafter zurückgewähren muss oder ob diese durch §§ 30, 31 GmbHG analog gebunden sind und sie sich im Falle einer Rückgewährung gemäß § 43 Abs. 3 GmbHG schadensersatzpflichtig macht, vgl. etwa BGH v. 9.12.1991 - II ZR 43/91, NJW 1992, 1166.

488 BGH v. 8.1.2001 – II ZR 88/99, NJW 2001, 1280, 1281; ebenso auch Goette DStR 2001, 179.

festzustellen.[489] Mit einer solchen verbindlichen Klarstellung würden auch die Bedenken im Hinblick auf die Rechtssicherheit obsolet, die der Bundesgerichtshof als tragendes Argument für die Notwendigkeit einer Rangrücktrittserklärung anführt. Der Geschäftsführer könnte sich ebenso wie der Insolvenzverwalter auf den eigenkapitalersetzenden und damit nachrangigen Charakter der Gesellschafterforderung berufen, ohne dass es einer möglicherweise schwierigen rechtlichen Prüfung bedürfte. Insbesondere der Geschäftsführer bekäme damit eine sichere Entscheidungsgrundlage an die Hand gegeben, die ihn von etwaigen schadensersatz- oder strafrechtlichen Risiken bezüglich der Insolvenzantragstellung befreit. Zugleich wäre der gläubigerschützenden Funktion des Überschuldungsstatus Genüge getan, denn der Gläubiger der subordinierten Forderung hat klargestellt, dass er für die Dauer der Krise auf seine Stellung als regulärer Drittgläubiger verzichtet. Soweit andere Gläubiger bereits in den Rang des § 39 Abs. 2 InsO zurückgetreten sind, stünde ihnen gegenüber keine unzumutbare Schlechterstellung zu befürchten, haben sie sich doch den Rang hinter den Gläubigern im Sinne von § 39 Abs. 1 Nr. 5 InsO selbst ausgesucht.[490] Für die Anwendung des § 39 Abs. 2 InsO bliebe mithin angesichts der Interessenlage der Beteiligten kein Raum[491], sie ist zur Beseitigung der Überschuldung ebenso wenig erforderlich wie eine Subordination in den Rang des § 199 S. 2 InsO.

Die Praxis wird der Entscheidung des Bundesgerichtshofs gleichwohl Rechnung tragen müssen. Soll eine kapitalersetzende stille Einlage mithin keine Berücksichtigung im Überschuldungsstatus finden, wird der stille Gesellschafter eine qualifizierte Rangrücktrittserklärung des Inhalts abgeben müssen, dass seine Forderung wegen der Einlage erst nach sämtlichen anderen Gläubigern im Rahmen der Auskehrung eines etwaigen Liquidationserlöses berichtigt werden soll.

e) Ergebnis

Greift für den Geschäftsinhaber gemäß § 19 Abs. 1, Abs. 3 InsO auch der bilanziell zu ermittelnde Insolvenzauslösungstatbestand der Überschuldung

---

[489] Uhlenbruck, InsO, § 19 Rz. 72; Scholz/K. Schmidt, GmbHG, §§ 32a, 32b Rz. 100; Hirte, KapGesR, Rz. 5.124; K. Schmidt/Uhlenbruck, Rz. 919; Noack, Rz. 197; K. Schmidt, GmbHR 1999, 9, 12; Lutter, ZIP 1999, 641, 645; unschlüssig Bauer, ZInsO 2001, 486, 492: § 39 Abs. 1 Nr. 5 InsO oder § 39 Abs. 2 InsO, allerdings unter zutreffendem Hinweis auf die geringe praktische Relevanz in Fn. 49.

[490] Bauer, ZInsO 2001, 486, 492.

[491] So aber auch Altmeppen, ZHR 164 (2000), 349, 373; ders. ZIP 2001, 240, 241.

ein, so ist die Forderung des stillen Gesellschafters wegen seiner Einlage im Grundsatz auf der Passivseite des Überschuldungsstatuts in Ansatz zu bringen, soweit sie den auf den Stillen entfallenden Verlustanteil übersteigt. Die Passivierungspflicht entfällt, sobald der Einlage aufgrund von Finanzplanabreden oder ihrer gesellschaftsvertraglichen Ausgestaltung der Charakter materiellen Eigenkapitals zukommt. Dies ist die unmittelbare Folge der Nichtanwendbarkeit des § 236 Abs. 1 HGB. Ebenso kann ein Ansatz im Überschuldungsstatus vermieden werden, wenn der stille Gesellschafter in Bezug auf seine Forderung einen umfassenden Rangrücktritt des Inhalts abgibt, dass er die Leistung nur aus künftigen Bilanzgewinnen oder einem Liquidationsüberschuss zurückfordern werde. Entgegen der Begründung zum Regierungsentwurf der Insolvenzordnung ist insoweit kein Forderungsverzicht notwendig. Gleiches gilt – nach einer eindeutigen Entscheidung des Bundesgerichtshofs – auch dann, wenn der stillen Einlage kapitalersetzender Charakter zukommt. Der qualifizierte Rangrücktritt bleibt erforderlich, wenn auch ausreichend, obwohl gute Gründe dafür sprächen, den über § 32a Abs. 1 GmbHG, § 39 Abs. 1 Nr. 5 InsO gesetzlich angeordneten Nachrang für eine Nichtpassivierung genügen zu lassen.

V. Auseinandersetzung

Erfüllt der Geschäftsinhaber einen der vorgenannten Insolvenzauslösungstatbestände und wird das Insolvenzverfahren über sein Vermögen eröffnet, so bleibt zu untersuchen, welchen Regeln die Auseinandersetzung der stillen Gesellschaft in diesem Falle folgt. Im Schwerpunkt wird die Fragestellung dort relevant, wo der Stille seine Einlageforderung über § 236 Abs. 1 HGB uneingeschränkt als regulärer Insolvenzgläubiger verfolgen kann. Aber auch dort, wo § 236 Abs. 1 HGB durch die §§ 39 Abs. 1 Nr. 5, 39 Abs. 2 InsO überlagert wird und der Stille lediglich Inhaber einer nachrangigen Forderung ist, kann den Details der Auseinandersetzung im Einzelfall Bedeutung zukommen, sollte aufgrund einer hinreichenden Insolvenzmasse ausnahmsweise die (Teil-) Befriedigung auch nachrangiger Gläubiger möglich werden.

1. Höhe des Auseinandersetzungsanspruches

Die Höhe des Auseinandersetzungsanspruches des stillen Gesellschafters, das heißt also die Höhe seiner Insolvenzforderung im Sinne von § 236 Abs. 1 HGB, folgt im Grundsatz denjenigen Regeln, die auch bei einer anderweitigen Auflösung der stillen Gesellschaft zum Tragen kommen.[492] Gemäß § 235

[492] Vgl. dazu bereits B. III. 2.b)bb).

HGB sind die beiderseitigen Guthaben und Verbindlichkeiten im Sinne einer Forderungsberechnung gegenüberzustellen. Die Einzelansprüche werden in dieser Rechnung zu unselbständigen Rechnungsposten.[493] Die Abrechnung des Einlagekontos berücksichtigt die, eventuell durch Verluste geminderte, Einlage sowie die noch nicht verbuchten Anteile an Gewinn und Verlust, die zwischen dem Ende des letzten Geschäftsjahres und dem Auflösungszeitpunkt entstanden sind. Dabei sind gesellschaftsvertragliche Vereinbarungen zwischen Stillem und Geschäftsinhaber, die die Regelung des § 235 HGB modifizieren oder ergänzen, - vorbehaltlich ihrer Anfechtbarkeit - auch gegenüber dem Insolvenzverwalter verbindlich.[494]

Ein Schadensersatzanspruch wegen schuldhafter Verlustverursachung durch den Gemeinschuldner ist bei der Verlusttragung nicht zu berücksichtigen, um eine Bevorzugung des stillen Gesellschafters gegenüber den anderen Insolvenzgläubigern zu vermeiden.[495] Einen solchen Schadensersatzanspruch kann der Stille jedoch ebenfalls als Insolvenzforderung zur Tabelle anmelden.[496] Stichtag für die Feststellung des Guthabens ist der Zeitpunkt der Insolvenzverfahrenseröffnung.[497] Bis zu diesem Zeitpunkt nimmt der stille Gesellschafter auf Grundlage der vertraglichen Absprachen an Gewinnen und Verlusten des Geschäftsinhabers teil.[498] Der Stille muss sich daher auch diejenigen Verluste zurechnen lassen, die allein aus der Tatsache der Insolvenzeröffnung resultieren, jedoch noch unter dem gemeinsamen Zweck erwirtschaftet wurden, und die die Buchwerte in der auf den Auflösungsstichtag bezogenen Auseinandersetzungsbilanz beeinflussen.[499] Dies gilt auch für den typischen stillen Gesellschafter, der am Geschäftsvermögen nicht beteiligt ist, da die Wertveränderungen nicht auf externen, etwa marktbedingten, Faktoren beruhen, sondern unmittelbar auf den Geschäftsbetrieb des Inhabers und seine Unternehmenstätigkeit zurückzuführen sind.[500] Demgegenüber treffen ihn

493 BGH v. 8.11.2004 - II ZR 300/02, GmbHR 2005, 232, 233; Grunewald, 1. D. Rz. 37.

494 Haas in: Gottwald, InsR-Hdb., § 94 Rz. 158.

495 BGH v. 1.3.1982 - II ZR 23/81, BGHZ 83, 341, 344.

496 BGH v. 1.3.1982 – II ZR 23/81, BGHZ 83, 341, 344; Uhlenbruck/Hirte, InsO, § 11 Rz. 386; Baumbach/Hopt, HGB, § 236 Rz. 1.

497 RG v. 18.4.1901 – VI 53/1901, JW 1901, 404; Baumbach/Hopt, HGB, § 236 Rz. 1; Ebenroth/Boujong/Joost/Gehrlein, HGB, § 236 Rz. 5; Heymann/Horn, HGB, § 236 Rz. 2; MünchHdb. StG/Polzer, § 93 Rz. 3.

498 Blaurock, Rz. 17.57.

499 MünchKommHGB/K. Schmidt, § 236 Rz. 18; MünchHdb. StG/Polzer, § 93 Rz. 3; Koenigs, S. 287.

500 Vgl. B. III. 2.b).

solche Gewinne und Verluste, die nach Verfahrenseröffnung unter dem Regime des Insolvenzzwecks erwirtschaftet worden sind, sei es aus der Verwertung des Betriebsvermögens oder aus einem vom Insolvenzverwalter fortgesetzten operativen Geschäft, nicht.[501]

Soweit in der Auseinandersetzungsbilanz eine Vermögensbewertung vorzunehmen ist, wird das Anlagevermögen auf den Auflösungsstichtag bezogen zum Liquidationswert, das heißt unter Berücksichtigung der wahrscheinlichen Verwertungsart, angesetzt.[502] Das Umlaufvermögen ist grundsätzlich mit den Anschaffungs- oder Herstellungskosten zu aktivieren, eine Korrektur auf der Grundlage der mutmaßlichen Verwertungsergebnisse ist jedoch möglich.[503]

Ein Problem ergibt sich aus der Behandlung der schwebenden Geschäfte. Hierunter sind alle diejenigen Geschäfte zu verstehen, zu denen der Geschäftsinhaber am Abfindungsstichtag bereits aufgrund verbindlicher Vereinbarungen verpflichtet war, die aber noch nicht vollständig erfüllt wurden.[504] § 235 Abs. 2 HGB bestimmt ausdrücklich, dass der stille Gesellschafter am Abwicklungsergebnis dieser Geschäfte zu beteiligen ist, gemäß § 235 Abs. 3 HGB ist insoweit eine Sonderabrechung zu erteilen. Der Stille soll nachwirkend noch an solchen Vorgängen teilhaben, die Bezug zum gemeinsamen Zweck haben. Klassischer Anwendungsfall sind verbindlich geschlossene, aber zum Zeitpunkt der Auflösung noch unerfüllte Lieferverträge. Im Grundsatz sind auch vom Insolvenzverwalter abzuwickelnde, bei Eröffnung des Insolvenzverfahrens schwebende Geschäfte über § 235 Abs. 2 HGB bei der Berechnung des Auseinandersetzungsanspruches zu berücksichtigen.[505]

Schwierigkeiten bereitet in diesem Zusammenhang die Regelung des § 103 InsO, die dem Insolvenzverwalter in Bezug auf die Erfüllung oder Nichterfüllung gegenseitiger Verträge ein Wahlrecht einräumt, sofern bisher kein

---

501 Ebenroth/Boujong/Joost/Gehrlein, HGB, § 236 Rz. 5; Heymann/Horn, HGB, § 236 Rz. 5; Blaurock, Rz. 17.57; MünchHdb. StG/Polzer, § 93 Rz. 3.

502 RG v. 18.4.1901 – VI 53/1901, RG JW 1901, 404 f.; MünchKommHGB/K. Schmidt, § 236 Rz. 18; v. Gerkan in: Röhricht/G. v.Westphalen, HGB, § 236 Rz. 3; Heymann/Horn, HGB, § 236 Rz. 2; MünchHdb. StG/Polzer, § 93 Rz. 3.

503 MünchKommHGB/K. Schmidt, § 236 Rz. 18; v. Gerkan in: Röhricht/G. v. Westphalen, HGB, § 236 Rz. 3; MünchHdb. StG/Polzer, § 93 Rz. 3.

504 BGH v. 29.4.1985 – II ZR 167/84, WM 1985, 1166; v. 16.12.1985 – II ZR 38/85, WM 1986, 709, 710; Blaurock, Rz. 16.49; MünchHdb. StG/Bezzenberger/Keul, § 92 Rz. 50.

505 RG v. 18.4.1901 – VI 53/1901, JW 1901, 404; Baumbach/Hopt, HGB, § 236 Rz. 2; GroßkommHGB/Zutt, § 236 Rz. 17; Koenigs, S. 305; Blaurock, Rz. 17.57; MünchHdb. StG/Polzer, § 93 Rz. 4.

Vertragspartner vollständig erfüllt hat. Nach pflichtgemäßer Entscheidung kann der Insolvenzverwalter den noch schwebenden Vertrag an Stelle des Gemeinschuldners erfüllen und vom anderen Teil ebenfalls Erfüllung verlangen, er kann die Erfüllung aber auch ablehnen. Im ersteren Fall stellen die vertraglichen Ansprüche der Gegenseite voll zu befriedigende Masseschulden gemäß § 55 Abs. 1 Nr. 2 InsO dar. Entstehen hingegen durch die Ablehnung der Vertragserfüllung Schadensersatzansprüche des anderen Teils, so sind diese als Insolvenzforderung geltend zu machen und demgemäß nur mit der jeweiligen Insolvenzquote zu befriedigen. Es liegt nahe, dass dies im Einzelfall für die Insolvenzmasse günstiger sein kann.
Für den Insolvenzverwalter kann daraus ein Interessenwiderstreit entstehen[506]: Einerseits ist er den außenstehenden Gläubigern des Gemeinschuldners gegenüber kraft seines Amtes zur Wahrung ihrer Interessen verpflichtet, vgl. § 60 InsO. Andererseits besteht aber auch gegenüber dem stillen Gesellschafter die Pflicht, die schwebenden Geschäfte im beiderseitigen Interesse abzuwickeln. Im Zweifel muss der Stille hier mit seinen Belangen als einzelner unter vielen anderen Gläubigern zurückstehen und dulden, dass der Insolvenzverwalter im Interesse der Masse Maßnahmen ergreift, die seinen eigenen Interessen zuwiderlaufen. Im Gegenzug dürfen die aus der Wahl der Nichterfüllung entstehenden Verluste aber den stillen Gesellschafter nicht (anteilig) treffen.[507] Während dieses Ergebnis teilweise aus Billigkeitserwägungen heraus abgeleitet wird[508], so ergibt es sich doch bereits zwingend daraus, dass die Wahl der Nichterfüllung eine allein vom Insolvenzzweck geleitete Entscheidung darstellt und folglich der von § 235 Abs. 2 HGB vorausgesetzte Bezug zum ehemals gemeinsamen Zweck der stillen Gesellschaft fehlt. Die Nichtberücksichtigung erklärt sich daher bereits aus den allgemeinen, oben dargelegten Berechnungsgrundsätzen.

Ob dem stillen Gesellschafter schließlich eine Forderung im Sinne von § 236 Abs. 1 HGB zusteht, hängt naturgemäß von dem sich nach der Auseinandersetzungsrechnung ergebenden Saldo ab. Nur wenn sich ein positiver Saldo ergibt, kann der Stille ein entsprechendes Forderungsrecht geltend machen, vorausgesetzt § 236 Abs. 1 HGB ist im jeweiligen Fall uneingeschränkt an-

---

506 Vgl. dazu Koenigs, S. 311; P. Hartmann, S. 127; Heckel, S. 56 („echtes Spannungsverhältnis").

507 MünchKommHGB/K. Schmidt, § 236 Rz. 19; GroßkommHGB/Zutt, § 236 Rz. 17; v. Gerkan in: Röhricht/G. v. Westphalen, HGB, § 236 Rz. 4; Koller/Roth/Morck, HGB, § 236 Rz. 3; MünchHdb. StG/Polzer, § 93 Rz. 4; Koenigs, S. 311.

508 Blaurock, Rz. 17.58; Heckel, S. 56.

wendbar. Besteht hingegen bei negativem Saldo ausnahmsweise noch eine Zahlungsverpflichtung, etwa unter den Voraussetzungen des § 236 Abs. 2 HGB, so kann der stille Gesellschafter dieser nicht mit dem Einwand begegnen, es seien noch Gewinnanteile aus schwebenden Geschäften zu erwarten.[509] Der stille Gesellschafter kann aber Sicherstellung gemäß § 95 InsO verlangen.[510]

2. Die Durchführung der Auseinandersetzung

Nachdem soeben dargestellt wurde, welche Rechnungsposten bei Feststellung des Auseinandersetzungsguthabens Eingang finden, wird im Folgenden zu problematisieren sein, welcher Weg für die Ermittlung des Auseinandersetzungsguthabens einzuschlagen ist und in welcher Form Insolvenzverwalter und stiller Gesellschafter bei der Berechnung der Insolvenzforderung im Sinne von § 236 Abs. 1 HGB zur Mitwirkung berechtigt und verpflichtet sind.

Die herrschende Meinung will die Auseinandersetzung in Anwendung des § 84 Abs. 1 S. 1 InsO außerhalb des Insolvenzverfahrens, also ohne insolvenzmäßige Anmeldung der Forderung wegen der Einlage, stattfinden lassen.[511] Sei der Auseinandersetzungsanspruch vom Insolvenzverwalter außerhalb des Insolvenzverfahrens festgestellt und anerkannt worden, könnten die anderen Insolvenzgläubiger ein eventuelles Guthaben nicht mehr bestreiten.[512] In der Konsequenz entfalle für den stillen Gesellschafter das mit der Anmeldung einer selbstberechneten Forderung verbundene Risiko, dass der Insolvenzverwalter oder ein anderer Gläubiger Widerspruch erhebt und der stille Gesellschafter in einen Feststellungsprozess gezwungen wird, mit dem er keinen höheren als den angemeldeten Betrag geltend machen kann. Die Verpflichtung des Insolvenzverwalters zur Aufstellung der Auseinandersetzungsrech-

---

509 MünchKommHGB/K. Schmidt, § 235 Rz. 46; Blaurock, Rz. 17.65.

510 Blaurock, Rz. 17.65; Koenigs, S. 310; Heckel, S. 58 (letztere zu § 54 Abs. 3 KO).

511 KP-Lüke, InsO, § 84 Rz. 15; Breutigam/Blersch/Goetsch, InsO, § 84 Rz. 3; Uhlenbruck/Hirte, InsO, § 84 Rz. 6; Nerlich/Römermann/Wittkowski, InsO, § 84 Rz. 12; Ebenroth/Boujong/Joost/Gehrlein, HGB, § 236 Rz. 2; Blaurock, Rz. 17.55; ebenso zu § 16 KO: Jaeger/Henckel, KO, § 16 Rz. 7; Kuhn/Uhlenbruck, KO, § 16 Rz. 6; GroßkommHGB/Zutt, § 236 Rz. 3, 15; Heymann/Horn, HGB, § 236 Rz. 1; Koenigs, S. 305.

512 KP-Lüke, InsO, § 84 Rz. 15; GroßkommHGB/Zutt, § 236 Rz. 4; MünchHdb. StG/Polzer, § 93 Rz. 5; Uhlenbruck, Abschreibungsgesellschaften, S. 142; Koenigs, S. 307.

nung stelle eine Masseschuld im Sinne von § 55 Abs. 1 Nr. 2 InsO und folglich ein außerhalb des Insolvenzverfahrens durchsetzbares Recht dar.[513]

Eine Mindermeinung spricht sich demgegenüber gegen eine Anwendung des § 84 Abs. 1 S. 1 InsO aus, da die Vorschrift das Vorhandensein eines gemeinschaftlichen Vermögens voraussetze und mithin nicht auf die stille Gesellschaft zugeschnitten sei.[514]
Dem stillen Gesellschafter steht aber nach dieser Ansicht ein von § 84 Abs. 1 S. 1 InsO unabhängiger Auskunfts- und Rechnungslegungsanspruch gegen den Insolvenzverwalter zu.

Die Problematik liegt im insolvenzrechtlichen Feststellungsverfahren begründet. In diesem in den §§ 174 – 186 InsO geregelten Verfahren muss der Insolvenzgläubiger seine Forderung beim Insolvenzverwalter anmelden, um bei der Verteilung berücksichtigt zu werden. Die Anmeldung hat unter Nennung von Grund und Höhe der Forderung innerhalb der vom Insolvenzgericht im Eröffnungsbeschluss gemäß § 28 Abs. 1 InsO gesetzten Frist schriftlich zu erfolgen, § 174 Abs. 1, Abs. 2 InsO. Gemäß § 175 S. 1 InsO trägt der Insolvenzverwalter die angemeldete Forderung – ohne jede Prüfung – in die Insolvenztabelle ein. Die Prüfung der Forderung erfolgt dann in einem allgemeinen Prüfungstermin, der gemäß § 29 Abs. 1 Nr. 2 InsO vom Insolvenzgericht im Eröffnungsbeschluss festgesetzt wird. Wird die Forderung in diesem Termin nicht bestritten, gilt sie als „festgestellt". Die Eintragung dieser Feststellung durch das Insolvenzgericht wirkt gemäß § 178 Abs. 3 InsO gegenüber dem Insolvenzverwalter ebenso wie gegenüber allen Insolvenzgläubigern wie ein rechtskräftiges Urteil, sie hat mithin Titelfunktion. Wird die Forderung hingegen im Prüfungstermin vom Insolvenzverwalter oder einem Insolvenzgläubiger bestritten, kann der anmeldende Gläubiger den Widerspruch nur außerhalb des Insolvenzverfahrens durch eine Klage auf Feststellung der Insolvenzforderung beseitigen, vgl. § 179 InsO. War die bestrittene Forderung bei Eröffnung des Insolvenzverfahrens bereits tituliert, muss der Bestreitende die Klage erheben, § 179 Abs. 2 InsO, bei nicht titulierten Forderungen hat der Gläubiger der bestrittenen Forderung zu klagen, § 179 Abs. 1 InsO. In

513 Ebenroth/Boujong/Joost/Gehrlein, HGB, § 236 Rz. 2; Uhlenbruck/Hirte, InsO, § 84 Rz. 6; Haas in: Gottwald, InsR-Hdb., § 94 Rz. 160; zu § 16 KO: Kuhn/Uhlenbruck, KO, § 16 Rz. 6d.

514 MünchKommInsO/Stodolkowitz, § 84 Rz. 12; Smid, InsO, § 84 Rz. 2; MünchKommHGB/K. Schmidt, § 236 Rz. 12; K. Schmidt/Jungmann, NZI 2002, 65, 67; ebenso zu § 16 KO: K. Schmidt, KTS 1977, 1 ff.; Heckel, S. 71 f.; Paulick, S. 279.

diesem Feststellungsprozess kann der Gläubiger dann keinen höheren als den angemeldeten Betrag geltend machen, § 181 InsO.

Das Anmeldeverfahren der Insolvenzordnung kennt keine Differenzierung zwischen einer Anmeldung dem Grunde und der Höhe nach, so dass es nicht möglich ist, eine Forderung lediglich dem Grunde nach zur Tabelle festzustellen.[515] Für den stillen Gesellschafter besteht jedoch hinsichtlich der Berechnung vielfach Ungewissheit, da ihm oftmals die Berechnungsgrundlagen fehlen, um seine Forderung wegen der Einlage im Sinne von § 236 Abs. 1 HGB exakt zu beziffern. Hieraus ergibt sich das Dilemma des Stillen: Er ist als Insolvenzgläubiger anmeldungsberechtigt, die Höhe der Forderung kann er aber nur aus einer Auseinandersetzungsrechnung ersehen, auf die er außerhalb des Insolvenzverfahrens zweifelsfrei einen Anspruch aus § 235 HGB gegen den Geschäftsinhaber gehabt hätte. Dieser Schwierigkeit versucht die herrschende Meinung durch die Anwendung des § 84 Abs. 1 S. 1 InsO zu begegnen.

Für eine kritische Auseinandersetzung mit einem solchen Lösungsweg gilt es, sich den Regelungszweck der Vorschrift einmal genauer vor Augen zu führen. Das Insolvenzverfahren erfasst nur das zur Zeit der Insolvenzeröffnung vorhandene oder später erlangte Vermögen des Schuldners, § 35 InsO. Ist der Schuldner gemeinsam mit anderen, nicht vom Insolvenzbeschlag betroffenen Personen, an einem Gegenstand oder einer Gesellschaft beteiligt, so liegt es auf der Hand, dass nicht der gesamte Gegenstand bzw. die Gesellschaft in die Insolvenzmasse fallen. Anderenfalls würden die Beschlagnahmewirkungen des Insolvenzrechts auf unbeteiligte Außenstehende erstreckt, obwohl die Miteigentümer bzw. Mitgesellschafter mit der Insolvenz des Gemeinschuldners an sich nichts zu tun haben. Bestandteil der Masse kann daher stets nur die jeweilige Beteiligung des Schuldners werden. Eine derartige Beteiligung wird jedoch, anders als etwa der Anteil an einer Kapitalgesellschaft, nicht zu Gunsten der Insolvenzgläubiger zu verwerten sein, ohne dass dabei die Interessen der Miteigentümer bzw. Mitgesellschafter berührt werden. Es muss daher regelmäßig eine Auseinandersetzung unter den Beteiligten stattfinden. § 84 InsO stellt dies klar und verweist für die Regeln, nach denen diese Auseinandersetzung stattzufinden hat, auf das jeweils geltende sonstige Recht.[516]

---

515 BFH v. 17.5.1984 – V R 80/77, ZIP 1984, 1004, 1005; K. Schmidt/Jungmann, NZI 2002, 65.

516 MünchKommInsO/Stodolkowitz, § 84 Rz. 1; Uhlenbruck/Hirte, InsO, § 84 Rz. 1.

Nur so lässt sich der Vollstreckungszugriff sachgerecht auf das Schuldnervermögen begrenzen.
Aus dem Gesagten ergibt sich, dass § 84 Abs. 1 S. 1 InsO von seinem Normzweck her die Aufteilung gemeinschaftlichen Vermögens regeln will. Die Situation bei der stillen Gesellschaft ist hingegen eine vollkommen andere, auch wenn sie als „Gesellschaft ohne Rechtspersönlichkeit" vom Wortlaut der Vorschrift scheinbar zwanglos erfasst wird. Die stille Gesellschaft ist eine Innengesellschaft, bei der sich der Stille am Handelsgewerbe des Geschäftsinhabers beteiligt. In der Folge geht eine von ihm geleistete Einlage in das Vermögen des Geschäftsinhabers über, § 230 Abs. 1 HGB, Gesamthandsvermögen wird nicht gebildet. Da der Geschäftsinhaber alleiniger Vermögensträger ist, bestehen folgerichtig keine Gesellschaftsschulden, sondern lediglich Schulden des Geschäftsinhabers, deren Berichtigung innerhalb des Insolvenzverfahrens nach den dafür geltenden Vorschriften erfolgt.[517] Zwischen den Gesellschaftern entstehen aufgrund des Gesellschaftsverhältnisses keine dinglichen Rechtsbeziehungen, auch dann nicht, wenn eine (schuldrechtliche) Beteiligung des Stillen am Geschäftsvermögen vereinbart wird. Die insolvenzmäßige Auseinandersetzung der stillen Gesellschaft zielt mithin nicht auf die Bestimmung von Gesellschaftsanteilen, sondern nur auf die Ermittlung eines Rückzahlungsanspruchs. Aus diesem Grund muss eine Anwendung des § 84 Abs. 1 S. 1 InsO bei der stillen Gesellschaft erheblichen dogmatischen Bedenken ausgesetzt sein.

Es fragt sich jedoch, ob das Heranziehen dieser Vorschrift tatsächlich notwendig ist. Der damit bezweckte Schutz des stillen Gesellschafters lässt sich, soweit sachgerecht, womöglich auch ohne Heranziehung des § 84 Abs. 1 S. 1 InsO verwirklichen. In der Praxis wird sich der stille Gesellschafter ohnehin zunächst mit dem Insolvenzverwalter in Verbindung setzen und ihn um Abrechnung bitten. Diesem Verlangen wird der Verwalter in der großen Mehrheit der Fälle auch in sachgerechter Weise nachkommen, so dass sich die Frage, auf welcher Rechtsgrundlage die Abrechnung erfolgt ist, nicht mehr stellt. Ist das allerdings nicht der Fall, so wendet die herrschende Meinung § 84 Abs. 1 S. 1 InsO an, um eine rechtliche Verpflichtung des Insolvenzverwalters zur Aufstellung der Auseinandersetzungsrechnung zu erreichen. Der rechtsdogmatisch zweifelhafte Rückgriff wäre folglich - jedenfalls bezogen auf diesen Gesichtspunkt - entbehrlich, sofern sich ein Auskunfts- und Rechnungslegungsanspruch des stillen Gesellschafters auch anderweitig begründen ließe.

517 Heckel, S. 69.

Schon das Reichsgericht hat festgestellt, dass sich der Konkursverwalter nicht auf das Bestreiten einer angemeldeten Konkursforderung beschränken könne, sondern die Grundlagen für die Berechnung des Schlussguthabens beschaffen, den Vermögensstand zur Zeit der Konkurseröffnung aufstellen und dartun müsse, ob bzw. bis zu welcher Höhe die Einlage aufgezehrt ist.[518] Die Entscheidung betraf jedoch den Fall, dass der Verwalter nach Forderungsanmeldung widerspricht. Für den stillen Gesellschafter ist hingegen maßgeblich, dass ihm ein Auskunftsanspruch zusteht, den er trotz § 87 InsO bereits vor Forderungsanmeldung durchsetzen kann, um ihm die Anmeldung einer der Höhe nach exakt bestimmten Forderung zu ermöglichen. Zwischenzeitlich hat sich die Erkenntnis durchgesetzt, dass, wann immer ein Gläubiger zur Bezifferung einer gegen die Insolvenzmasse gerichteten Forderung auf eine vorherige Auskunft oder Abrechnung durch den Schuldner angewiesen ist, der Insolvenzverwalter zur Erteilung verpflichtet ist, weil es sich um einen mit der Forderung verbundenen Hilfsanspruch handelt.[519] Ob man den Anspruch als Masseschuld[520], als Insolvenzforderung bei gleichzeitiger teleologischer Reduktion des § 87 InsO[521] oder gar als Anspruch eigener Art ansieht[522], ist ohne Bedeutung. Die Möglichkeit der klageweisen Durchsetzung vor Forderungsanmeldung ist in jedem Fall gewährleistet. Im Ergebnis ist es somit dem stillen Gesellschafter auch ohne die Anwendung des § 84 Abs. 1 S. 1 InsO möglich, seine Forderung aus § 236 Abs. 1 HGB in einer den Anforderungen des § 174 InsO entsprechenden Weise anzumelden, da unabhängig von § 84 Abs. 1 S. 1 InsO ein Auskunfts- und Rechnungslegungsanspruch gegen den Insolvenzverwalter besteht. Im Übrigen bleibt es dem Stillen unbenommen, seine Forderung selbst zu berechnen und sogleich zur Tabelle anzumelden, sofern er über alle dazu notwendigen Informationen verfügt.[523]

---

518 RG v. 8.11.1902 – I 108/1902, JW 1903, 10.

519 BGH v. 30.10.1967 – VIII ZR 176/65, BGHZ 49, 11, 16 ff.; v. 7.12.1977 – VIII ZR 164/76, BGHZ 70, 86, 91; OLG Stuttgart v. 2.1.1995 – 2 W 28/93, ZIP 1995, 45, 46; MünchKommInsO/Stodolkowitz, § 84 Rz. 13; Häsemeyer, Rz. 13.10; K. Schmidt, KTS 1977, 1, 21 f.

520 So Ebenroth/Boujong/Joost/Gehrlein, HGB, § 236 Rz. 2; Uhlenbruck/Hirte, InsO, § 84 Rz. 6; Haas in: Gottwald, InsR-Hdb., § 94 Rz. 160; zu § 16 KO: Kuhn/Uhlenbruck, KO, § 16 Rz. 6d.

521 So OLG Stuttgart v. 2.1.1995 – 2 W 28/93, ZIP 1995, 45, 46.

522 So K. Schmidt, KTS 1977, 1, 20 ff.; Heckel, S. 84.

523 Allg. Ansicht, vgl. nur Nerlich/Römermann/Wittkowski, InsO, § 84 Rz. 13; MünchKommInsO/Stodolkowitz, § 84 Rz. 14; Uhlenbruck/Hirte, InsO, § 84 Rz. 6; Blaurock, Rz. 17.60.

Ein weiteres von der herrschenden Meinung im Zusammenhang mit der Anwendung des § 84 Abs. 1 S. 1 InsO verfolgtes Anliegen besteht darin, den stillen Gesellschafter nicht dem Risiko eines Widerspruchs im Prüfungstermin gemäß §§ 177, 178 InsO und einem nachfolgenden Feststellungsprozess auszusetzen. Ein Widerspruch sei ausgeschlossen, wenn der Insolvenzverwalter das Guthaben außerhalb des Insolvenzverfahrens anerkannt habe.[524] Auch die Gegner einer Anwendung von § 84 Abs. 1 S. 1 InsO verfolgen teilweise dieses Ziel.[525] Eine solche Begünstigung des stillen Gesellschafters ist jedoch abzulehnen.[526] Zwar ist der stille Gesellschafter mit dem Geschäftsinhaber und späteren Gemeinschuldner bis zur Insolvenzeröffnung über ein Gesellschaftsverhältnis verbunden. Es wurde jedoch bereits mehrfach dargelegt, dass der Stille nach Auflösung der Gesellschaft mit seiner Forderung aus § 236 Abs. 1 HGB die Stellung eines regulären Insolvenzgläubigers innehat, mit identischen Rechten und Pflichten. Die von ihm erbrachte Einlage hat den Charakter eines qualifizierten Kredits, woraufhin er in der Insolvenz des Geschäftsinhabers seinen schuldrechtlichen Anspruch auf Auszahlung des Auseinandersetzungsguthabens als Insolvenzforderung geltend machen kann. Anders als die Mehrzahl der anderen Insolvenzgläubiger ist er lediglich für die Berechnung der Höhe seiner Forderung auf Mitwirkung angewiesen. Er unterscheidet sich dadurch maßgeblich von dem Gesellschafter etwa einer Personenhandelsgesellschaft, der auf § 199 S. 2 InsO zu verweisen ist. Wird der stille Gesellschafter durch die oben beschriebene Auskunfts- und Rechnungslegungsverpflichtung des Insolvenzverwalters in die Lage versetzt, seine konkret bezifferte Forderung zur Tabelle anzumelden, so ist keine Rechtfertigung für eine von den anderen Gläubigern abweichende Behandlung im Feststellungsverfahren ersichtlich. Meldet er eine zuvor vom Insolvenzverwalter berechnete Forderung an, so wird der Verwalter keinen Anlass zum Widerspruch haben. Das Widerspruchsrecht der anderen Gläubiger wird dadurch aber nicht berührt und der Stille ist – als normaler Insolvenzgläubiger – gezwungen, die Berechtigung seiner Forderung durch eine Feststellungsklage nach den §§ 179 ff. InsO klären zu lassen. Hierbei kann er sich zur Substantiierung seiner Forderung der vom Insolvenzverwalter zu erteilenden Auskünfte über das Auseinandersetzungsguthaben bedienen.

---

524 KP-Lüke, InsO, § 84 Rz. 15; Großkomm. HGB/Zutt, § 236 Rz. 4; MünchHdb. StG/Polzer, § 93 Rz. 5; Uhlenbruck, Abschreibungsgesellschaften, S. 142; Koenigs, S. 307.

525 K. Schmidt, KTS 1977, 1, 20 ff.; Heckel, S. 76.

526 Im Ergebnis ebenso Nerlich/Römermann/Wittkowski, InsO, § 84 Rz. 13; MünchKommInsO/Stodolkowitz, § 84 Rz. 14; MünchKommHGB/K. Schmidt, § 236 Rz. 12.

Die Anwendung des § 84 Abs. 1 S. 1 InsO auf die stille Gesellschaft in der Insolvenz ist demzufolge weder vom Normzweck her geboten noch aufgrund der angestrebten Rechtsfolgen notwendig. Das gilt in gleichem Maße für die typische wie für die atypische stille Gesellschaft mit Vermögensbeteiligung, weil auch letztere sich in schuldrechtlichen Beziehungen erschöpft und gemeinschaftliches Vermögen nicht gebildet wird. Eine andere Betrachtungsweise wäre lediglich bei der stillen Einlage mit Eigenkapitalcharakter denkbar, da die Stellung des stillen Gesellschafters in diesen Konstellationen sehr stark an die Position eines Mitgesellschafters der Inhabergesellschaft angenähert ist, so dass unter Umständen einer analogen Anwendung des § 84 Abs. 1 S. 1 InsO weniger rechtsdogmatische Bedenken entgegenstünden.[527] Auch hier ist die Anwendung dieser Vorschrift jedoch aus den genannten Erwägungen entbehrlich, so dass auf die seitens der herrschenden Meinung bevorzugte Analogie zu verzichten ist. Im Übrigen ist § 236 Abs. 1 HGB in diesen Fällen ohnehin nicht einschlägig, da dem stillen Gesellschafter nicht die Rolle eines Insolvenzgläubigers zukommt (vgl. D. II. 2. b)).

3. Anwendbarkeit des § 84 Abs. 1 S. 2 InsO

Während die Anwendbarkeit des § 84 Abs. 1 S. 1 InsO auf die stille Gesellschaft umstritten ist, so ist doch jedenfalls § 84 Abs. 1 S. 2 InsO nach nahezu einhelliger Auffassung nicht heranzuziehen. Absatz 1 Satz 2 ergänzt den Satz 1 insofern, als er den Mitgesellschaftern oder –eigentümern wegen ihrer Forderungen aus dem Gemeinschaftsverhältnis ein Absonderungsrecht an dem bei der Auseinandersetzung ermittelten Anteil des Gemeinschuldners gewährt. Die herrschende Meinung erkennt hier an, dass ein Anspruch auf abgesonderte Befriedigung ein dinglich gebundenes Gemeinschaftsvermögen voraussetzt, über welches die stille Gesellschaft nicht verfügt.[528] Eine Ausnahme stellt lediglich die – noch unter Geltung der Konkursordnung geäußerte – Auffassung *Wagners*[529] zum atypischen stillen Gesellschafter mit Vermögens-

---

[527] Vgl. MünchKommHGB/K. Schmidt, § 236 Rz. 12, der einer Anwendung des § 84 Abs. 1 InsO für den Fall einer „Innenliquidation" in einer atypischen stillen Gesellschaft aufgeschlossen gegenübersteht.

[528] KP-Lüke, InsO, § 84 Rz. 16; Breutigam/Blersch/Goetsch, InsO, § 84 Rz. 5; Uhlenbruck/Hirte, InsO, § 84 Rz. 6; v. Gerkan in: Röhricht/G. v. Westphalen, HGB, § 236 Rz. 7; MünchKommHGB/K. Schmidt, § 236 Rz. 21; Blaurock, Rz. 17.56; MünchHdb. StG/Polzer, § 93 Rz. 6; ebenso zu § 51 KO: BGH v. 18.12.1954 - II ZR 177/53, BB 1955, 331; Kilger/K. Schmidt, KO, § 51 Rz. 1; Kuhn/Uhlenbruck, KO, § 51 Rz. 1; Schlegelberger/K. Schmidt, HGB, § 341 Rz. 18; GroßkommHGB/Zutt, § 236 Rz. 8; Koenigs, S. 308.

[529] KTS 1979, 53 ff.

beteiligung in einer Massengesellschaft dar. Wegen der dort vorhandenen großen rechtlichen Nähe zur BGB-Gesellschaft könne der stille Gesellschafter in Anwendung der §§ 16, 51 KO seinen eigenen Anteil aussondern und wegen seiner auf das Gemeinschaftsverhältnis gegründeten Forderung ein Absonderungsrecht am Anteil des Geschäftsinhabers geltend machen.[530] Wagner stützt sich insbesondere auf eine Entscheidung des Bundesgerichtshofs vom 24.9.1952[531], aus der er folgert, dass die atypische stille Gesellschaft nur nach den §§ 705 ff. BGB zu beurteilen sei, da die §§ 335 ff. HGB (a. F., entspricht §§ 230 ff. HGB) und insbesondere § 341 HGB (heute § 236 HGB) allein der typischen stillen Gesellschaft vorbehalten blieben.[532] Er subsumiert die atypische stille Gesellschaft unter den Begriff der „Gesellschaft" im Sinne von §§ 16, 51 KO und stellt den atypischen Stillen im Ergebnis einem gesamthänderisch beteiligten BGB-Gesellschafter gleich.

Der Auffassung *Wagners* kann, auch für den begrenzten Anwendungsbereich der atypisch stillen Massengesellschaft, nicht gefolgt werden. Auch auf die atypische stille Gesellschaft bleiben die §§ 230 ff. HGB im Grundsatz anwendbar.[533] Aufgrund der weitreichenden Disposivität dieser Vorschriften kann der Gesellschaftsvertrag Regelungen enthalten, die von dem im HGB niedergelegten Leitbild erheblich abweichen. Welche Schlussfolgerungen daraus für die rechtliche Behandlung des stillen Gesellschafters zu ziehen sind, bedarf aber stets einer umfassenden Prüfung anhand des konkreten Einzelfalles. Dass eine im Innenverhältnis vorgenommene Annäherung der Rechtsstellung des Stillen an die eines Gesamthänders unter gewissen Voraussetzungen weitreichende Folgen, gerade auch für den Fall der Insolvenz, haben kann, wurde bereits unter D. II. 2. ausführlich dargestellt. Das bedeutet jedoch nicht, dass im Falle der Nichtanwendung des § 236 Abs. 1 HGB stattdessen § 84 Abs. 1 S. 2 InsO zum Zuge käme. Die Vorschriften haben einen grundsätzlich unterschiedlichen Regelungsinhalt, der nicht zu einem Alternativitätsverhältnis führt: Während zum einen die Geltendmachung des Auseinandersetzungsguthabens als Insolvenzforderung betroffen ist, geht es zum anderen um abgesonderte Befriedigung wegen Forderungen aus einem Gemeinschaftsverhältnis. Kann § 236 Abs. 1 HGB aufgrund des materiellen Eigenkapitalcharakters der stillen Einlage keine Anwendung finden, so kann

530 Wagner, a. a. O., S. 58.
531 II ZR 136/51, BGHZ 7, 174 ff.
532 Wagner, a. a. O., S. 56.
533 Siehe auch Heckel, S. 107.

der Stille seine Forderung in der Insolvenz überhaupt nicht geltend machen, für § 84 InsO bleibt kein Raum.
Etwas anderes folgt auch nicht aus der von *Wagner* offensichtlich missverstandenen Entscheidung des Bundesgerichtshofs. Der Senat stellt dort fest, dass der Stille durch die Beteiligung am Gesellschaftsvermögen bei der Auseinandersetzung so gestellt werde, als ob er gesamthänderisch beteiligt wäre, betont aber gleichzeitig die Beschränkung einer solchen Vereinbarung auf das Innenverhältnis.[534] Zu beachten ist, dass sich die Ausführungen des Bundesgerichtshofs lediglich auf die Frage der Berechnung des Auseinandersetzungsguthabens bezogen, ohne dass ein Fall der Insolvenz vorlag. Selbstverständlich muss dabei die vereinbarte schuldrechtliche Vermögensbeteiligung eine Rolle spielen: Der Stille wird *rechnerisch* wie ein ausscheidender Gesamthänder gestellt (vgl. C. III. 2. b)bb)). In der Folge erfüllt der fiktive Gesellschaftsanteil die Funktion einer Rechengröße. Rückschlüsse auf dingliche Rechtswirkungen, die in der Insolvenz des Geschäftsinhabers zu einem Absonderungsrecht nach § 84 Abs. 1 S. 2 InsO führen könnten, verbieten sich.

§ 84 Abs. 1 S. 2 InsO ist demnach weder auf die typische noch auf die atypische stille Gesellschaft anwendbar. Das schließt allerdings nicht aus, dass dem stillen Gesellschafter aus anderen Gründen ein Recht auf abgesonderte Befriedigung nach den §§ 49, 50 InsO zustehen kann, etwa wenn zur Sicherung seiner Einlage ein Pfandrecht anfechtungsfrei bestellt wurde oder Gegenstände anfechtungsfrei sicherungsübereignet worden sind.[535] Hat er dem Geschäftsinhaber Sachen zum Gebrauch überlassen ohne das Eigentum an ihnen zu übertragen, sei es in Erfüllung seiner Beitragspflicht oder aus selbständigem Rechtsgrund, so steht ihm im Hinblick auf diese Sachen ein Aussonderungsrecht nach § 47 InsO zu.

VI. Insolvenzanfechtung

Die §§ 129 – 147 InsO regeln das Recht der Anfechtung innerhalb des Insolvenzverfahrens. Im Folgenden soll zunächst ein kurzer Überblick über die wesentlichen Grundsätze dieses Rechtsinstitutes gegeben werden, bevor sich eine Darstellung der besonderen Anfechtungstatbestände des § 135 InsO so-

---

534 BGH v. 24.9.1952 – II ZR 136/51, BGHZ 7, 174, 178.

535 RG v. 1.5.1914 – II 21/14, RGZ 84, 434, 436 f.; v. Gerkan in: Röhricht/G. v. Westphalen, HGB, § 236 Rz. 5; Heymann/Horn, HGB, § 236 Rz. 9; GroßkommHGB/Zutt, § 236 Rz. 8.

wie insbesondere des speziell auf die stille Gesellschaft zugeschnittenen § 136 InsO anschließt.

1. Allgemeine Grundsätze der §§ 129 ff. InsO

Im Unterschied zu dem unter der Konkursordnung geltenden Recht handelt es sich bei der Insolvenzanfechtung nunmehr um ein Institut des einheitlichen Insolvenzverfahrens, das nach Verfahrenseröffnung zum Tragen kommt.[536] Stets gelangt das gleiche Recht zur Anwendung, gleich ob im Verfahren das Schuldnervermögen liquidiert oder die Erhaltung oder Reorganisation eines Schuldnerunternehmens angestrebt wird.[537]

a) Sinn und Zweck der Vorschriften

Die Insolvenzanfechtung hat zum Ziel, als ungerechtfertigt gewertete Vermögensverschiebungen zu Lasten der Insolvenzmasse rückgängig zu machen und das den Gläubigern haftende Schuldnervermögen wiederherzustellen.[538] Das Insolvenzverfahren wird beherrscht vom Grundsatz der Gleichbehandlung aller Gläubiger. Nach Verfahrenseröffnung wird dieses Anliegen durch die §§ 80 – 91 InsO gesichert. Maßnahmen des Schuldners oder einzelner Gläubiger, die gegen den obigen Grundsatz verstoßen, sind danach unwirksam. Häufig werden jedoch schon während einer sich abzeichnenden Krise, u. U. lange vor Stellung eines Insolvenzantrages, Vermögensgegenstände vom späteren Gemeinschuldner in einer die Gläubiger benachteiligenden Weise veräußert oder der Zugriff der Gläubigergesamtheit auf das Schuldnervermögen anderweitig erschwert. Einzelne Gläubiger, die besonders enge Beziehungen zum Schuldner unterhalten oder ihre Interessen außergewöhnlich hart durchzusetzen wissen, werden so noch befriedigt, während die übrigen Gläubiger nach einer späteren Insolvenz oftmals nur geringe Zahlungen auf ihre Forderungen erhalten.

Die §§ 129 ff. InsO wurden daher vom Gesetzgeber geschaffen, um unter bestimmten Voraussetzungen den Schutz der Gläubiger und insbesondere ihrer gleichmäßigen Befriedigung zumindest in abgeschwächter Form zeitlich vorzuverlegen.[539] Im Spannungsfeld zwischen der im Vorfeld der Ver-

---

[536] Zur seit jeher umstrittenen dogmatischen Einordnung der Konkurs- bzw. Insolvenzanfechtung vgl. z. B. Uhlenbruck/Hirte, InsO, § 129 Rz. 132 ff.; MünchKommInsO/Kirchhof, vor §§ 129 bis 147 Rz. 11 ff.

[537] Begr. RegE, BT-Drucks 12/2443, S. 156.

[538] Begr. RegE, BT-Drucks 12/2443, S. 156.

[539] MünchKommInsO/Kirchhof, vor §§ 129 bis 147 Rz. 2; Haarmeyer/Wutzke/Förster, Rz. 5/307; Häsemeyer, Rz. 21.02.

fahrenseröffnung weiter bestehenden Privatautonomie des Schuldners und den daraus resultierenden Gefahren für die Ziele des amtlichen Insolvenzverfahrens sollen sie dazu dienen, die Insolvenzmasse wieder anzureichern und so den Verfahrenszweck insgesamt zu fördern.[540]

b) Allgemeine Voraussetzungen

Der Anwendungsbereich der Insolvenzanfechtung wird durch § 129 Abs. 1 InsO abgegrenzt. Er stellt damit eine Grundnorm dar, deren Tatbestandsmerkmale Voraussetzung jeglicher Insolvenzanfechtung sind.[541] Erforderlich ist danach eine Rechtshandlung, welche die Gläubiger benachteiligt. § 129 Abs. 2 InsO stellt zudem das rechtserhebliche Unterlassen dem positiven Tun gleich.

Der Begriff der Rechtshandlung ist, wie auch im früher geltenden Recht, weit auszulegen. Erfasst wird jedes Handeln, das eine rechtliche Wirkung auslöst, wozu Verfügungen, Willenserklärungen und rechtsgeschäftliche Handlungen gehören, gleichgültig, ob dies gewollt ist oder nicht.[542] Die Wirksamkeit der Rechtshandlung ist hingegen nicht Voraussetzung. Auch nichtige Rechtshandlungen können anfechtbar sein, sofern trotz der Nichtigkeit die objektive Gläubigergefährdung zu bejahen ist (dazu sogleich).[543] Das gilt gleichermaßen für Rechtshandlungen, die infolge der Eröffnung des Insolvenzverfahrens, etwa nach § 88 InsO, unwirksam werden.[544] Zwar wird eine Anfechtung in diesen Fällen zumeist überflüssig sein. Nichtigkeit/Unwirksamkeit einerseits und Anfechtung andererseits sind jedoch nach Voraussetzungen und Rechtsfolgen unterschiedliche Regelungskomplexe. Nicht immer wird der Insolvenzverwalter die Voraussetzungen der Unwirksamkeit darlegen und beweisen können. In Fällen zweifelhafter Rechtswirksamkeit muss ihm daher alternativ auch die Anfechtung zur Verfügung stehen, um die Haftungsmasse zu erhalten. Grundsätzlich sind nur Rechtshandlungen anfechtbar, die vor Eröffnung des Insolvenzverfahrens vorgenommen wurden.[545] Eine Durchbrechung

---

540 Begr. RegE, BT Drucks 12/2443, S. 82, 85.

541 Zeuner, Rz. 15.

542 Vgl. BGH v. 15.10.1975 – VIII ZR 62/74, WM 1975, 1182, 1184; v. 12.2.2004 - IX ZR 98/03, ZIP 2004, 620, 621; OLG Stuttgart v. 3.7.1996 – 1 U 41/96, ZIP 1996, 1621; KP-Paulus, InsO, § 129 Rz. 11; Uhlenbruck/Hirte, InsO, § 129 Rz. 62; HK-Kreft, InsO, § 129 Rz. 10 f.; Bork, Rz. 206; Frege/Keller/Riedel, Rz. 1395.

543 BGH v. 4.3.1999 – IX ZR 63/98, BGHZ 141, 97, 105; HK-Kreft, InsO, § 129 Rz. 22.

544 OLG Stuttgart v. 8.4.1994 – 2 U 267/93, ZIP 1994, 722; Uhlenbruck/Hirte, InsO, § 129 Rz. 79; Häsemeyer, Rz. 21.33.

545 BGH v. 4.3.1999 – IX ZR 63/98, BGHZ 141, 97, 107; Bork, Rz. 209.

dieses Grundsatzes stellt § 147 InsO dar, der die Anfechtung nach Verfahrenseröffnung vorgenommener Handlungen zulässt, wenn sie zu einem wirksamen Erwerb kraft guten Glaubens geführt haben. Darüber hinaus erscheint es aufgrund der oben dargelegten Erwägung auch sachgerecht, die Anfechtungsvorschriften dann eingreifen zu lassen, wenn das Vorliegen der insolvenzrechtlichen Verfügungsbeschränkungen unklar ist.[546] So lassen sich haftungsrechtliche Lücken wirksam vermeiden.

Vorgenommen ist eine Rechtshandlung in dem Zeitpunkt, in dem ihre rechtlichen Wirkungen eintreten, § 140 Abs. 1 InsO.

Unabdingbare Voraussetzung jeder Anfechtung ist weiter, dass die Insolvenzgläubiger in ihrer Gesamtheit durch die Rechtshandlung objektiv benachteiligt werden.[547] Eine solche Gläubigerbenachteiligung kann entweder in einer Vermehrung der Passivmasse oder einer Verkürzung der Aktivmasse liegen, wenn dadurch der Zugriff auf das Schuldnervermögen vereitelt, erschwert oder verzögert wird.[548] Mit anderen Worten müsste sich die Befriedigung der Insolvenzgläubiger bei Unterbleiben der angefochtenen Handlung günstiger gestaltet haben.[549] Die Anfechtung dient hingegen nicht dazu, der Masse Vorteile zu verschaffen, die sie ohne die angefochtene Rechtshandlung nicht erlangt hätte. Insbesondere bei unwirksamen Rechtshandlungen ist für eine Gläubigerbenachteiligung erforderlich, dass die Realisierung eines Rückforderungsanspruches erschwert ist oder die Leistung eine formale Rechtsstellung begründet hat, die den zur Masse gehörenden Anspruch im Hinblick auf die Rechte gutgläubiger Dritter gefährden kann.[550] Die Rechtshandlung muss für die Gläubigerbenachteiligung ursächlich gewesen sein. Soweit die jeweiligen Anfechtungsgründe nichts anderes vorsehen, genügt eine „mittelbare" Benachteiligung, das heißt es ist ausreichend, wenn die Benachteiligung erst dadurch herbeigeführt worden ist, dass zu der Rechtshandlung weitere Umstän-

546 MünchKommInsO/Kirchhof, § 129 Rz. 74; Uhlenbruck/Hirte, InsO, § 129 Rz. 79; Häsemeyer, Rz. 21.31a.

547 BGH v. 12.11.1992 – IX ZR 237/91, ZIP 1993, 271, 273; v. 17.6.1999 – IX ZR 176/98, NJW 1999, 2969, 2970; Uhlenbruck/Hirte, InsO, § 129 Rz. 91; Bork, Rz. 212.

548 BGH v. 10.1.1985 - IX ZR 2/84, WM 1985, 427, 428; v. 17.6.1999 – IX ZR 176/98, NJW 1999, 2969, 2970; Bork, Rz. 212; Frege/Keller/Riedel, Rz. 1408 f.

549 BGH v. 19.9.1988 – II ZR 255/87, BGHZ 105, 168, 187; v. 11.11.1993 – IX ZR 257/92, BGHZ 124, 76, 78 f.

550 BGH v. 11.7.1996 – IX ZR 226/94, ZIP 1996, 1516, 1518; v. 4.3.1999 – IX ZR 63/98, BGHZ 141, 97, 106.

de hinzugetreten sind.[551] Ob im Einzelfall eine objektive Benachteiligung vorliegt, ist nach wirtschaftlichen Gesichtspunkten zu entscheiden.[552]

c) Konkurrenzen bezüglich der einzelnen Anfechtungsvorschriften

Die Anfechtungstatbestände der §§ 130 bis 136 InsO stehen selbständig nebeneinander. Sie schließen sich grundsätzlich nicht gegenseitig aus, ebenso wenig bedeutet die Verneinung einer Anfechtungsnorm im konkreten Fall, dass damit die anderen Anfechtungsgründe nicht anwendbar wären.[553] Jedoch verdrängen die Tatbestände der Deckungsanfechtung nach den §§ 130, 131 InsO als Spezialtatbestände die Anfechtungstatbestände des § 132 InsO.[554]

d) Geltendmachung und Inhalt des Anfechtungsanspruches

Inhaber des Anfechtungsrechts ist der Insolvenzverwalter, der dieses kraft seines Amtes im Interesse aller Gläubiger auszuüben hat.[555] Die Geltendmachung erfolgt regelmäßig durch Erhebung der Klage, eine formlose Erklärung gegenüber dem Anfechtungsgegner ist nicht ausreichend. Gemäß § 146 Abs. 1 InsO verjährt der Anfechtungsanspruch in zwei Jahren seit der Eröffnung des Insolvenzverfahrens. Die Hemmung und Unterbrechung der Verjährung richtet sich nach den allgemeinen Vorschriften der §§ 202 ff. BGB. Daneben kann die Anfechtung auch im Wege der Einrede geltend gemacht werden, was dann in Betracht kommt, wenn der Verwalter seinerseits in Anspruch genommen wird. Diese Einrede kann er auch dann erheben, wenn der Anfechtungsanspruch verjährt ist, § 146 Abs. 2 InsO. Ihre Geltendmachung dient dem Zweck zu verhindern, dass Gegenstände und Rechte, die noch in der Masse sind, aufgrund eines anfechtbaren Rechtserwerbs deshalb der Masse entzogen werde, weil der Anfechtungsanspruch verjährt ist.[556]

---

551 BGH v. 5.12.1985 – IX ZR 165/84, WM 1986, 296, 298; v. 9.12.1999 – IX ZR 102/97, WM 2000, 324, 326; Bork, Rz. 212; Frege/Keller/Riedel, Rz. 1417.

552 BGH v. 20.2.1980 - VIII ZR 48/79, NJW 1980, 1580, 1581.

553 BGH v. 15.3.1972 – VIII ZR 159/70, NJW 1972, 870, 871; v. 30.9.1993 – IX ZR 227/92, NJW 1993, 3267; Uhlenbruck/Hirte, InsO, § 129 Rz. 90; MünchKomm-InsO/Kirchhof, vor §§ 129 bis 147 Rz. 94; Haarmeyer/Wutzke/Förster, Rz. 5/317.

554 MünchKommInsO/Kirchhof, vor §§ 129 bis 147 Rz. 94; Haarmeyer/Wutzke/Förster, Rz. 5/317; Zeuner, Rz. 6.

555 BGH v. 10.2.1982 – VIII ZR 158/80, BGHZ 83, 102, 105; Haarmeyer/Wutzke/Förster, Rz. 5/310.

556 BGH v. 1.3.1982 – VIII ZR 75/81, BGHZ 83, 158, 160; Uhlenbruck/Hirte, InsO, § 146 Rz. 11; Haarmeyer/Wutzke/Förster, Rz. 5/312; Bork, Rz. 231.

Der Inhalt des Anfechtungsanspruches nach § 143 Abs. 1 S. 1 ist primär auf Rückgewähr in Natur gerichtet; das, was dem Vermögen des Schuldners durch die anfechtbare Rechtshandlung entzogen wurde, ist zurückzugewähren.[557] Die Gegenansprüche des Anfechtungsgegners regelt § 144 InsO. Die Vorschrift soll dafür sorgen, dass zwar die Gläubigerbenachteiligung rückgängig gemacht, die Masse im Übrigen aber nicht ungerechtfertigt bereichert wird.[558] Ist die Rückgewähr in Natur nicht möglich, ist stattdessen Wertersatz in Geld nach den Regeln der verschärften Bereicherungshaftung zu leisten, § 143 Abs. 1 S. 2 InsO i. V. m. §§ 819, 818 Abs. 4, 292, 989, 990 BGB. Zu erstatten ist der volle Wert, den der Anfechtungsgegenstand selbst für die Masse haben würde, wenn die anfechtbare Handlung unterblieben wäre.[559] Eine Vorteilsausgleichung wird nicht vorgenommen, da der Anfechtungsanspruch kein Schadensersatzanspruch ist.[560]

Nach § 143 Abs. 2 InsO ist der Empfänger einer unentgeltlichen Leistung nicht zur Rückgewähr verpflichtet, solange er weder weiß noch den Umständen nach wissen musste, dass diese Leistung die Gläubiger benachteiligt.

2. § 135 InsO

§ 135 InsO enthält einen Sonderanfechtungstatbestand für den Fall, dass für die Forderung eines Gesellschafters auf Rückgewähr eines kapitalersetzenden Darlehens oder einer gleichgestellten Forderung Sicherung oder Befriedigung gewährt wurde. Die Vorschrift ist mithin für die Fälle einschlägig, in denen der stillen Einlage eines an der Inhaber-Gesellschaft beteiligten Gesellschafters oder einer diesem gleichgestellten Person Eigenkapitalersatzcharakter zukommt.[561] Auch für stille Beteiligungen mit materiellem Eigenkapitalcharakter werden häufig parallel die Voraussetzungen des Eigenkapitalersatzrechts vorliegen, so dass eine Anwendung des § 135 InsO in Betracht zu ziehen ist.
Für den Begriff der Rechtshandlung ist auf die Erläuterungen zu § 129 InsO zu verweisen, es ergeben sich insoweit keine Besonderheiten. Gleiches gilt hinsichtlich der stets erforderlichen objektiven Gläubigerbenachteiligung.

---

557 BGH v. 15.10.1969 – VIII ZR 136/67, NJW 1970, 44, 45; v. 13.3.1978 – VIII ZR 241/76, NJW 1978, 1326; Uhlenbruck/Hirte, InsO, § 143 Rz. 3; Zeuner, Rz. 315; Frege/Keller/Riedel, Rz. 1390.

558 Uhlenbruck/Hirte, InsO, § 144 Rz. 8; Haarmeyer/Wutzke/Förster, Rz. 5/360.

559 BGH v. 20.2.1980 – VIII ZR 48/79, NJW 1980, 1580, 1581.

560 BGH v. 15.10.1969 – VIII ZR 136/67, NJW 1970, 44, 46; v. 30.1.1986 - IX ZR 79/85, BGHZ 97, 87, 95; Uhlenbruck/Hirte, InsO, § 143 Rz. 23.

561 Vgl. dazu D. II. 2. c).

Rechtshandlungen, die dem Gläubiger einer kapitalersetzenden Forderung Sicherung gewähren, sind gemäß § 135 Nr. 1 InsO anfechtbar, wenn die Handlung in den letzten zehn Jahren vor dem Eröffnungsantrag oder nach dem Antrag vorgenommen wurde. Bei zusammengesetzten Rechtshandlungen kommt es auf den letzten Teilakt an.[562] Der Begriff der Sicherung ist weit zu verstehen, es fallen hierunter alle dem Gläubiger eingeräumten Sicherheiten.[563] Für die Anfechtbarkeit ist es ausreichend, dass die besicherte Forderung bis zum Zeitpunkt der Anfechtung kapitalersetzend geworden ist; darauf, ob sie bereits bei Bestellung der Sicherheit kapitalersetzend gewesen ist, kommt es für § 135 Nr. 1 InsO nicht an.[564]

Die Befriedigung des Rückforderungsanspruches kann gemäß § 135 Nr. 2 InsO dann angefochten werden, wenn die dazu führende Rechtshandlung innerhalb Jahresfrist vor dem Eröffnungsantrag oder danach vorgenommen wurde. Der Begriff der Befriedigung erfasst alle Erfüllungssurrogate, etwa Leistungen an Erfüllungs Statt oder erfüllungshalber, die Aufrechnung oder eine Verrechnungsvereinbarung.[565] Die Anfechtbarkeit bezieht sich gleichermaßen auf die Anfechtung von Nebenforderungen.[566]

Gewährt der Gläubiger die anfechtbar erlangte Leistung nach § 143 Abs. 1 InsO zurück, lebt seine Forderung gemäß § 144 Abs. 1 InsO in der Form wieder auf, in der sie ursprünglich bestanden hat.[567] Der stille Gesellschafter nimmt in Bezug auf seine kapitalersetzende stille Einlage also wieder den vor Verfahrenseröffnung bestehenden Rang des § 39 Abs. 1 Nr. 5 InsO ein.

3. § 136 InsO

Einen weiteren, speziell auf die stille Gesellschaft zugeschnittenen Sonderanfechtungstatbestand enthält § 136 InsO. Er übernimmt im Wesentlichen die Regelung des § 237 HGB a. F., die jedoch mit Inkrafttreten der Insolvenzordnung im Jahre 1999 in ihren eigentlichen systematischen Zusammenhang der

562 Vgl. BGH v. 20.3.1997 - IX ZR 71/96, NJW 1997, 1857, 1859.
563 MünchKommInsO/Stodolkowitz, § 135 Rz. 75.
564 BGH v. 19.9.1988 - II ZR 55/87, BGHZ 105, 168, 187; KP-Paulus, InsO, § 135 Rz. 28; Uhlenbruck/Hirte, InsO, § 135 Rz. 41.
565 Scholz/K. Schmidt, GmbHG, §§ 32a, 32b Rz. 70; MünchKommInsO/Stodolkowitz, § 135 Rz. 76.
566 BGH v. 27.9.1976 - II ZR 162/75, BGHZ 67, 171, 179 f.; Scholz/K. Schmidt, GmbHG, §§ 32a, 32b Rz. 70.
567 Uhlenbruck/Hirte, InsO, § 144 Rz. 3.

insolvenzrechtlichen Anfechtung transferiert wurde. Die Vorschrift gewährt eine erleichterte Anfechtungsmöglichkeit, die ihren Grund darin findet, dass der stille Gesellschafter - nicht zuletzt wegen seiner Kontrollrechte aus § 233 HGB - dem Unternehmen näher steht als andere Gläubiger.[568] Dies birgt die Gefahr einer Bevorzugung des Stillen, der im Falle einer sich abzeichnenden Vermögensverschlechterung seine Einlage dem Gläubigerzugriff entziehen könnte, um sich vor Verlusten zu schützen. § 136 InsO enthält einen rein objektivrechtlich ausgestalteten Tatbestand. Subjektive Voraussetzungen wie etwa Bösgläubigkeit oder die Absicht der Gläubigerbenachteiligung werden nicht aufgestellt[569], im Umkehrschluss kann der stille Gesellschafter jedoch auch aus seiner Gutgläubigkeit keinerlei Vorteile herleiten. Wie alle insolvenzrechtlichen Anfechtungstatbestände verlangt § 136 InsO im Hinblick auf § 129 InsO gleichwohl, dass die anfechtbare Handlung objektiv zu einer Gläubigerbenachteiligung im Sinne einer Masseschmälerung geführt hat.

a) Voraussetzungen

aa) Stille Gesellschaft

§ 136 InsO setzt zunächst voraus, dass innerhalb eines Jahres vor dem Insolvenzeröffnungsantrag eine stille Gesellschaft rechtswirksam bestanden hat. Ihr Fortbestand im Zeitpunkt der Anfechtung ist nicht erforderlich, vgl. § 136 Abs. 1 S. 2 InsO. Demgemäß ist der Anwendungsbereich des § 136 InsO nicht eröffnet, sofern der Vertrag über die stille Gesellschaft nichtig ist.[570]

Bei der Beurteilung des rechtswirksamen Bestehens einer stillen Gesellschaft ist allerdings zu beachten, dass nach einer gefestigten Rechtsprechung auf die typische wie die atypische stille Gesellschaft die Grundsätze der fehlerhaften Gesellschaft anzuwenden sind[571], wenngleich diese Grundsätze zwischenzeitlich gewichtige Einschränkungen erfahren haben. Das Rechtsinstitut der fehlerhaften Gesellschaft führt dazu, dass ein fehlerhafter Gesellschaftsvertrag regelmäßig wirksam bleibt und durchgeführt wird, bis seine Beseitigung durch

---

[568] Begründung RegE, BT-Drucks. 12/2443, S. 161; HK-Kreft, InsO, § 136 Rz. 2; Nerlich/Römermann, InsO, § 136 Rz. 2; Ebenroth/Boujong/Joost/Gehrlein, HGB, § 237 Rz. 1; MünchKommHGB/K. Schmidt, Anh. § 236 Rz. 3; Blaurock, Rz. 17.79.

[569] Uhlenbruck/Hirte, InsO, § 136 Rz. 1; KP-Paulus, InsO, § 136 Rz. 1; Baumbach/Hopt, HGB, § 236 Rz. 6.

[570] GroßkommHGB/Zutt, § 237 Rz. 5; Ebenroth/Boujong/Joost/Gehrlein, HGB, § 237 Rz. 2; Blaurock, Rz. 17.99.

[571] Vgl. etwa BGH v. 29.11.1952 – II ZR 15/52, BGHZ 8, 157, 167 f.; v. 29.7.1970 – II ZR 158/69, BGHZ 55, 5, 8 f.; v. 29.6.1992 – II ZR 284/91, NJW 1992, 2692, 2698; OLG Hamm v. 2.3.1999 - 27 U 257/98, NJW-RR 1999, 1415, 1416.

Kündigung mit Wirkung *ex nunc* erfolgt; mithin bleibt die Anfechtungsmöglichkeit nach § 136 InsO grundsätzlich erhalten.[572] Die Nichtigkeit des Vertrages kommt demgegenüber nur in Betracht, wenn wichtige Gemeinschaftsinteressen der Anerkennung des Gesellschaftsverhältnisses entgegenstehen, so bei verbotenem oder sittenwidrigem Gesellschaftszweck sowie bei fehlerhafter Beteiligung nicht voll Geschäftsfähiger.[573] Nach neuerer Rechtsprechung wird der Anwendungsbereich der fehlerhaften Gesellschaft darüber hinaus in denjenigen Fällen eingeschränkt, in denen sich ein Schadensersatzanspruch des stillen Gesellschafters aus dem Gesichtspunkt des Aufklärungsverschuldens ergibt: Der Inhaber des Handelsgeschäfts hat den stillen Gesellschafter im Rahmen dieses Schadensersatzanspruchs so zu stellen, als hätte der Stille sich nicht beteiligt und seine Einlage nicht geleistet.[574]

Das Erfordernis des rechtswirksamen Zustandekommens einer stillen Gesellschaft ist von der Möglichkeit der Anfechtung einer nichtigen *Rechtshandlung* (dazu bereits D. I. 6. a)bb)) zu unterscheiden. Anders als dort erscheint es für die Frage des Vorliegens einer stillen Gesellschaft jedoch nicht sachgerecht, auch in Fällen zweifelhafter Rechtswirksamkeit die Anfechtung zuzulassen. Die Wirksamkeit des stillen Gesellschaftsvertrages betrifft eine vorgelagerte Rechtsfrage, die den Anwendungsbereich des § 136 InsO erst eröffnet. Hierzu hat die Rechtsprechung im Zusammenhang mit dem Institut der fehlerhaften Gesellschaft klar abgegrenzte Fallgruppen herausgearbeitet, die den stillen Gesellschafter als derart schutzwürdig erscheinen lassen, dass es *ausnahmsweise* gerechtfertigt ist, zu seinen Gunsten eine Nichtigkeit des Gesellschaftsvertrages mit Wirkung *ex tunc* anzunehmen. Diese Wertung würde unterlaufen, ließe man auch in diesen Fällen nichtiger Gesellschaftsverträge die Anfechtung nach §§ 129, 136 InsO zu. Das tatsächliche Bestehen der stillen Gesellschaft ist danach Voraussetzung für eine Anfechtung nach den genannten Vorschriften.

---

572 GroßkommHGB/Zutt, § 237 Rz. 5; MünchKommHGB/K. Schmidt, Anh. § 236 Rz. 9; Nerlich/Römermann, InsO, § 136 Rz. 4.

573 Vgl. BGH v. 20.3.1986 - II ZR 75/85, BGHZ 97, 243, 250; MünchKommBGB/Ulmer, § 705 Rz. 250 ff.; MünchKommInsO/Stodolkowitz, § 136 Rz. 5.

574 Vgl. BGH v. 19.7.2004 - II ZR 354/02, NJW-RR 2004, 1407, 1408; v. 21.3.2005 - II ZR 149/03, ZIP 2005, 763; v. 26.9.2005 - II ZR 314/03, ZIP 2005, 2060; OLG Braunschweig v. 8.9.2004 - 3 U 118/03, NJW-RR 2005, 341, 342.

bb) Insolvenzverfahren über das Vermögen des Geschäftsinhabers

Es muss weiter ein Antrag zur Eröffnung des Insolvenzverfahrens über das Vermögen des Geschäftsinhabers gestellt worden sein und das Verfahren darf noch nicht seinen Abschluss gefunden haben. Ist Geschäftsinhaberin eine Personengesellschaft, so ist die Antragstellung hinsichtlich der Eröffnung des Verfahrens über ihr Vermögen erforderlich, die Insolvenz lediglich eines ihrer Gesellschafter gewährt kein Anfechtungsrecht.[575]

cc) Gegenstand der Anfechtung

§ 136 InsO nennt als anfechtbare Rechtshandlungen sowohl die ganze oder teilweise Rückgewähr der Einlage als auch den ganzen oder teilweisen Erlass des Verlustanteils des Stillen. Damit wird, anders etwa als bei § 132 Abs. 1 InsO, nicht die eigentlich zugrunde liegende rechtsgeschäftliche Vereinbarung zum Gegenstand der Anfechtung, sondern die Rechtshandlungen, mit denen diese Vereinbarung vollzogen wird.

Einlagenrückgewähr ist jede Zuwendung, mit der das Guthaben des stillen Gesellschafters aus dem Unternehmen ausgekehrt wird.[576] Angesichts des Normzwecks, eine Masseschmälerung zu Lasten der Insolvenzgläubiger zu vermeiden, fallen hierunter auch alle Erfüllungssurrogate, insbesondere die Leistung an Erfüllungs Statt, die Aufrechnung und die befreiende Leistung an einen Dritten.[577] Aus dem gleichen Grund wird die Bestellung einer insolvenzfesten Sicherheit am Vermögen des Geschäftsinhabers für den Rückzahlungsanspruch erfasst, die dem Stillen ein Recht auf abgesonderte Befriedigung gewähren soll.[578]

Streitig ist, ob die Umwandlung der Einlage in ein Darlehen unter den Begriff der Rückgewähr zu subsumieren ist. Die herrschende Meinung verneint dies im Hinblick darauf, dass der Darlehensrückzahlungsanspruch ebenso wie der Anspruch auf Auszahlung des Auseinandersetzungsguthabens lediglich eine Insolvenzforderung begründe. Erst mit der Rückzahlung des Darlehensbetra-

---

575 MünchKommHGB/K. Schmidt, Anh. § 236 Rz. 10; Blaurock, Rz. 17.85.

576 V. Gerkan in: Röhricht/G. v. Westphalen, HGB, § 236 Rz. 20; Ebenroth/Boujong/Joost/Gehrlein, HGB, § 237 Rz. 13; Frege/Keller/Riedel, Rz. 1486.

577 V. Gerkan in: Röhricht/G. v. Westphalen, HGB, § 236 Rz. 20; MünchKommHGB/K. Schmidt, Anh. § 236 Rz. 12; Nerlich/Römermann, InsO, § 136 Rz. 7; Zeuner, Rz. 273; MünchHdb. StG/Polzer, § 93 Rz. 26.

578 Vgl. BGH v. 29.6.1970 – II ZR 32/68, WM 1971, 183, 184; Baumbach/Hopt, HGB, § 236 Rz. 6; GroßkommHGB/Zutt, § 237 Rz. 16; Blaurock, Rz. 17.89; Koenigs, S. 315.

ges innerhalb der durch § 136 InsO gesetzten Frist werde der Anfechtungstatbestand erfüllt.[579] Nach anderer Ansicht soll die maßgebliche Rechtshandlung bereits in der Umwandlung zu sehen sein, da das Anfechtungsrecht anderenfalls im Hinblick auf seinen zeitlichen Geltungsbereich unangemessen ausgedehnt würde, weil eine Anfechtung sonst auch dann möglich sei, wenn die Umwandlung vor, die Rückzahlung aber erst innerhalb der relevanten Jahresfrist erfolge.[580]

Richtigerweise wird insoweit nach dem Charakter der stillen Einlage zu unterscheiden sein. Unterfällt sie dem Anwendungsbereich des § 236 Abs. 1 HGB, bleibt die bloße Umwandlung in ein Darlehen im Wege der Novation ohne Auswirkungen auf die Masse. Mit der herrschenden Ansicht ist hier ein Anfechtungsrecht abzulehnen. Ähnlich verhält es sich mit kapitalersetzenden Einlagen im Sinne von §§ 32a, b GmbHG bzw. §§ 30, 31 GmbHG analog. Auch wenn die Gesellschafter die Umwandlung in ein Darlehen vereinbaren, liegen die gesetzlichen Voraussetzungen, unter denen die Einlage als kapitalersetzend zu qualifizieren war, weiterhin vor und binden das Darlehen in gleichem Maße wie zuvor die stille Einlage. Der Stille und spätere Darlehensgläubiger ist stets auf den Rang des § 39 Abs. 1 Nr. 5 InsO zu verweisen, so dass eine Masseschmälerung nicht zu befürchten ist. Anders liegt hingegen der Fall, dass die stille Einlage aufgrund der besonderen Ausgestaltung des Gesellschaftsvertrages und ihrer damit verbundenen Funktion innerhalb der Kapitalstruktur des Unternehmens dem materiellen Eigenkapital zuzurechnen ist.[581] Heben die Gesellschafter diese besondere Bindung einvernehmlich auf und vereinbaren stattdessen ein Darlehen, so kann dieses zwar bei Vorliegen der Voraussetzungen durch das parallel eingreifende Kapitalersatzrecht verstrickt werden. Dennoch verändert es seinen Charakter und ist nunmehr als Verbindlichkeit anzusehen. Damit ist, jedenfalls theoretisch, eine Verbesserung der Befriedigungsaussichten des Stillen verbunden: Während er zuvor wie der Gesellschafter einer Personengesellschaft lediglich dem § 199 S. 2 InsO unterfiel, kann er nunmehr als Gläubiger eines kapitalersetzenden Darlehens im Rang des § 39 Abs. 1 Nr. 5 InsO grundsätzlich auf Befriedigung hoffen. Wenngleich die praktischen Auswirkungen gering sind, so ist doch nicht auszuschließen, dass er auf seine nachrangige Forderung einmal eine

---

579 V. Gerkan in: Röhricht/G. v. Westphalen, HGB, § 236 Rz. 22; MünchKomm-HGB/K. Schmidt, Anh. § 236 Rz. 12; Ebenroth/Boujong/Joost/Gehrlein, HGB, § 237 Rz. 17; Smid/Zeuner, InsO, § 136 Rz. 12; MünchKommInsO/ Stodolkowitz, § 136 Rz. 17; MünchHdb. StG/Polzer, § 93 Rz. 26; Blaurock, Rz. 17.90; Koenigs, S. 315.

580 GroßkommHGB/Zutt, § 237 Rz. 16.

581 Vgl. dazu D. II. 2. b).

Zahlung erhält, die unter den Voraussetzungen des § 199 S. 2 InsO nicht erfolgt wäre. Zwar entsteht keine Konkurrenz zu den regulären Insolvenzgläubigern. Doch dienen die §§ 129 ff. InsO dem Schutz aller Gläubiger ohne Differenzierung nach ihrem Rang. Für den Ausnahmefall der stillen Einlage mit materiellem Eigenkapitalcharakter ist somit bereits die bloße Umwandlung in ein Darlehen als Einlagenrückgewähr im Sinne des § 136 InsO anzusehen. In allen anderen Konstellationen ist demgegenüber erst auf die Rückzahlung des Guthabens abzustellen, da es ansonsten an einer Massebenachteiligung fehlte.

Die Auszahlung von Gewinnanteilen fällt nur insoweit unter § 136 InsO, als diese nach § 232 Abs. 2 S. 2 HGB zum Ausgleich früherer Verluste hätten verwendet werden müssen, wenn nicht die Gewinnbeteiligung selbst in anfechtbarer Weise - durch Vereinbarung einer Erhöhung binnen der Jahresfrist - erworben wurde.[582] Grundsätzlich verbleibt der dem Stillen zustehende Gewinn ihm jedoch nach § 232 Abs. 2 HGB auch im Falle späterer Verluste, so dass deren Auskehrung den Insolvenzverwalter nicht zur Anfechtung berechtigt.

Anfechtbar ist weiter der Erlass des Verlustanteils des stillen Gesellschafters. § 136 InsO stellt dazu klar, dass nur bereits entstandene Anteile am Verlust dem Anwendungsbereich der Norm unterfallen. Die Aufhebung der Beteiligung an künftigen Verlusten erfüllt den Tatbestand hingegen nicht. Für die Differenzierung zwischen bereits entstandenen und künftigen Verlusten ist bei einer Vereinbarung während des laufenden Geschäftsjahres der Zeitpunkt des Erlasses maßgebend.[583] Zweifelhaft ist, ob für die Feststellung bei einer unterjährigen Vereinbarung die Aufstellung einer Zwischenbilanz erforderlich ist. Teilweise wird gefordert, bei deren Fehlen die Aufhebung der Verlustbeteiligung erst vom nächsten Bilanzstichtag an zuzulassen.[584] Zu Recht wird aber dieser Auffassung mit der Begründung entgegengetreten, sie widerspreche der materiellen Rechtslage.[585] Dass es für die Bestimmung des Anfechtungsgegenstandes auf die vorgenommene Rechtshandlung und nicht auf die

582 MünchKommInsO/Stodolkowitz, § 136 Rz. 20; Smid/Zeuner, InsO, § 136 Rz. 11; MünchKommHGB/K. Schmidt, Anh. § 236 Rz. 16; Ebenroth/Boujong/Joost/Gehrlein, HGB, § 237 Rz. 15; Blaurock, Rz. 17.94.

583 MünchKommInsO/Stodolkowitz, § 136 Rz. 21; Smid/Zeuner, InsO, § 136 Rz. 16; GroßkommHGB/Zutt, § 237 Rz. 20.

584 MünchKommHGB/K. Schmidt, Anh. § 236 Rz. 17.

585 MünchKommInsO/Stodolkowitz, § 136 Rz. 21; im Ergebnis auch HK-Kreft, InsO, § 136 Rz. 10.

zugrunde liegende Vereinbarung ankommt, lässt sich dem Gesetzeswortlaut des § 136 Abs. 1 InsO zweifelsfrei entnehmen. Gemäß § 397 BGB handelt es sich beim Erlass um die dinglich wirkende Aufhebung der Leistungspflicht, mithin wirkt sich der Erlass des Verlustanteils als Verfügungsgeschäft unmittelbar auf das Rechtsverhältnis zwischen Geschäftsinhaber und Stillem aus. Zwingend muss daher bei der Bestimmung der Reichweite des Anfechtungsrechts auf den Zeitpunkt des Erlassvertrages abgestellt werden. Dieses lässt sich natürlich am exaktesten durch die Aufstellung einer Zwischenbilanz umsetzen. Fehlt es daran jedoch, muss es dem Insolvenzverwalter gestattet sein, für die Berechnung der Höhe der von ihm in die Masse zurückzufordernden Summe die bereits vor Erlass entstandenen Verlustanteile pro rata temporis anzusetzen, um so zu akzeptablen Ergebnissen zu gelangen.

Der Erlass einer noch offenen Einlageforderung gegen den typischen stillen Gesellschafter fällt demgegenüber grundsätzlich nicht unter § 136 InsO.[586] Anders verhält es sich, soweit der Erlass sich auf vom Stillen zu erstattende Verlustanteile erstreckt, etwa wenn er mit der Einlage im Rückstand ist und sein Einlagekonto einen Passivsaldo aufweist, von dessen Ausgleich er ersatzlos befreit werden soll.[587] Das korrespondiert mit der Regelung des § 236 Abs. 2 HGB, die das Insolvenzrisiko des Stillen auf die erbrachte Einlage und die von ihm zu tragenden Verlustanteile begrenzt. Aus diesem Grund muss das Ergebnis auch anders ausfallen, soweit § 236 HGB aufgrund des Haftkapitalcharakters der Einlage unanwendbar ist. Dann kann der Insolvenzverwalter vom stillen Gesellschafter die Leistung einer ausstehenden Einlage zur Insolvenzmasse verlangen. Dementsprechend erfüllt der Erlass einer derartigen Einlage den Anfechtungstatbestand, da sich nur so das Insolvenzrisiko des atypischen Stillen, dessen Einlage als Quasi-Eigenkapital zu betrachten ist, sachgerecht wiederherstellen lässt.

dd) Vereinbarung

Die anfechtbaren Rechtshandlungen müssen weiter auf einer besonderen Vereinbarung zwischen Geschäftsinhaber und stillem Gesellschafter beruhen.

---

586 MünchKommInsO/Stodolkowitz, § 136 Rz. 20; Smid/Zeuner, InsO, § 136 Rz. 14; MünchKommHGB/K. Schmidt, Anh. § 236 Rz. 15; Baumbach/Hopt, HGB, § 236 Rz. 6; GroßkommHGB/Zutt, § 237 Rz. 19; Blaurock, Rz. 17.93; Koenigs, S. 317.

587 MünchKommInsO/Stodolkowitz, § 136 Rz. 20; Nerlich/Römermann, InsO, § 136 Rz. 9; GroßkommHGB/Zutt, § 237 Rz. 19; MünchKommHGB/K. Schmidt, Anh. § 236 Rz. 15; Ebenroth/Boujong/Joost/Gehrlein, HGB, § 237 Rz. 18; Blaurock, Rz. 17.93.

Zwischen Vereinbarung und Einlagenrückgewähr muss mit anderen Worten ein Kausalitätsverhältnis bestehen. Aus § 136 Abs. 1 S. 2 InsO folgt, dass die besondere Abrede auch mit der Auflösung der Gesellschaft zusammenfallen kann, aber nicht muss. An der Vereinbarung fehlt es hingegen, sofern der Stille ohnehin einen vertraglichen oder gesetzlichen Anspruch auf die vorgenommene Handlung hat. Demnach kann eine Rückgewähr der Einlage oder damit gleichzustellende Handlung, die für einen bestimmten Zeitpunkt bereits im Gesellschaftsvertrag vorgesehen war, nicht dem Anfechtungsrecht unterliegen, gleichgültig ob der Vertrag erst innerhalb der Jahresfrist des § 136 InsO geschlossen wurde oder schon zuvor.[588] Dies entspricht der *ratio legis*, denn die Notwendigkeit des Gläubigerschutzes besteht nur, wenn eine nachträgliche Verkürzung der Sollmasse zu befürchten ist. Das ist aber bei Maßnahmen, die bereits bei Gründung der Gesellschaft beschlossen werden, nicht der Fall.[589] Ebenso wenig unterfällt es § 136 InsO, wenn die Einlage nach Ausübung eines einem der Vertragspartner zustehenden Kündigungsrechts zurückgewährt wird.[590] Solange die Kündigung wirksam ist, spielt es keine Rolle, aus welchem Anlass sie erfolgte, ein Anfechtungsrecht entfällt auch bei Kündigung aus wichtigem Grund.[591] Anderes gilt, sofern das Kündigungsrecht seinerseits auf einer vertraglichen Vereinbarung beruht, die innerhalb der Jahresfrist des § 136 InsO getroffen wurde.[592] Auch wenn die Parteien nach erfolgter oder anstelle einer Kündigung die Modalitäten der Auseinandersetzung durch „Auflösungsvereinbarung", Prozessvergleich oder in anderer Weise vertraglich konkretisieren, unterliegt dies nicht der Anfechtung, sofern dem Stillen nur das gewährt wird, was er aufgrund seines Kündigungsrechts ohnehin hätte beanspruchen können.[593] Das setzt jedoch voraus, dass die Ver-

---

588 RG v. 1.5.1914 – II 21/14, RGZ 84, 434, 437 f.; BGH v. 29.6.1970 – II ZR 32/68, WM 1971, 183, 184; MünchKommInsO/Stodolkowitz, § 136 Rz. 9; Ebenroth/Boujong/Joost/Gehrlein, HGB, § 237 Rz. 6; MünchKommHGB/K. Schmidt, Anh. § 236 Rz. 18; MünchHdb. StG/Polzer, § 93 Rz. 22; Blaurock, Rz. 17.98.

589 Zeuner, Rz. 271.

590 BGH v. 27.11.2000 - II ZR 218/00, NJW 2001, 1270, 1272; OLG Stuttgart v. 16.6.1999 - 20 U 5/99, NZG 2000, 93, 94; OLG München v. 23.7.1999 - II ZR 211/99, NZG 2000, 92, 93; OLG Celle v. 22.9.1999 - 9 U 1/99, NZG 2000, 85, 87; KP-Paulus, InsO, § 136 Rz. 5; Uhlenbruck/Hirte, InsO, § 136 Rz. 9; Nerlich/Römermann, InsO, § 136 Rz. 5; Ebenroth/Boujong/Joost/Gehrlein, HGB, § 237 Rz. 7; Noack, Rz. 669.

591 BGH v. 27.11.2000 - II ZR 218/00, NJW 2001, 1270, 1272; OLG München v. 23.7.1999 - II ZR 211/99, NZG 2000, 92, 93.

592 BGH v. 29.7.1970 – II ZR 158/69, BGHZ 55, 5, 10; Zeuner, Rz. 271.

593 OLG Oldenburg v. 20.5.1999 - 1 U 24/99, NZG 1999, 896, 897; OLG München v. 23.7.1999 - II ZR 211/99, NZG 2000, 92, 93.

tragspartner auch das stille Gesellschaftsverhältnis als solches nicht mehr aufrechterhalten, denn das wäre nach erfolgter Kündigung nicht möglich gewesen.[594] Wurde die Aufhebungsvereinbarung hingegen in der irrigen oder vorgeschobenen Annahme getroffen, der Stille sei zur Kündigung berechtigt gewesen, obwohl dies tatsächlich gar nicht der Fall war, bleibt die Anfechtbarkeit bestehen.[595] § 136 InsO setzt in subjektiver Hinsicht keine Absicht der Gläubigerbenachteiligung voraus, sodass die Redlichkeit der Motive der Vertragspartner ohne Bedeutung ist.

Zweifel bestehen im Hinblick auf den von *K. Schmidt*[596] geäußerten Vorschlag, für die stille Einlage mit Eigenkapitalcharakter auf das besondere Merkmal der Vereinbarung zu verzichten. Die Teilnahme am Eigenkapitalrisiko dauere bis zum Vollzug der Abfindung an, so dass auf diese selbst und nicht auf die Vereinbarung abgestellt werden solle. Angeführt wird hierzu eine Entscheidung des OLG Hamm[597], die dem Insolvenzverwalter einer AG & Still das Anfechtungsrecht aus § 136 InsO gewährte, obwohl der stille Gesellschafter bei Vertragsabschluss arglistig getäuscht worden war. Bemerkenswerterweise wurde dabei vom Senat das Vorliegen einer besonderen Vereinbarung aber gerade bejaht. Zwar lagen objektiv die Voraussetzungen eines außerordentlichen Kündigungsrechts aufgrund der arglistigen Täuschung vor, die getroffene Auflösungsvereinbarung erfolgte jedoch ohne jeden Zusammenhang mit dieser, sondern allein aus finanziellen Gründen heraus. Die Entscheidung kann daher die Entbehrlichkeit einer Vereinbarung nicht stützen. Im Gegenteil: Der Senat erwägt, das objektive Vorliegen eines Rechts zur außerordentlichen Kündigung zur Verneinung der Anfechtbarkeit ausreichen zu lassen, nimmt davon aber im Hinblick auf den klaren Wortlaut des § 237 HGB a. F. Abstand. Dieser knüpfe an eine Vereinbarung über die Einlagenrückgewähr an, die als solche wesensmäßig subjektive Gesichtspunkte in sich trage.[598]

Zu Recht hält das Gericht am Erfordernis der Vereinbarung fest, denn die atypische stille Gesellschaft bleibt im Ausgangspunkt eine stille Gesellschaft im Sinne des Gesetzes. Auch dem Stillen, der eine Einlage mit Haftkapitalcharakter hält, muss es vom Grundsatz her gestattet sein, gesetzliche oder an-

---

594 MünchKommInsO/Stodolkowitz, § 136 Rz. 11.

595 KP-Paulus, InsO, § 136 Rz. 5; MünchKommHGB/K. Schmidt, Anh. § 236 Rz. 18; Heymann/Horn, HGB, § 237 Rz. 4.

596 MünchKommHGB, Anh. § 236 Rz. 34 f.

597 V. 2.3.1999 – 27 U 257/98, NJW-RR 1999, 1415 ff.

598 OLG Hamm, a. a. O., S. 1417.

fechtungsfrei erworbene vertragliche Rechte zur Auflösung der Gesellschaft auszuüben, ohne von vorneherein der Gefahr ausgesetzt zu sein, den erhaltenen Betrag im Falle der Insolvenz wieder in die Masse zurückerstatten zu müssen. In welchen Fällen dieses Interesse hinter Gläubigerschutzerwägungen zurückstehen muss, hat der Gesetzgeber in den §§ 129 ff. InsO niedergelegt. Scheidet eine Anfechtung nach § 136 InsO aus, so kommen auch die weiteren Anfechtungstatbestände zum Tragen, insbesondere an § 135 InsO wäre zu denken. Anlass für eine Ausdehnung des § 136 InsO im Widerspruch zu seinem Wortlaut besteht nicht. Die stärkere Kapitalbindung der stillen Einlage mit Eigenkapitalcharakter beeinflusst lediglich die Frage nach dem Anfechtungsgegenstand im Sinne des § 136 InsO, der in einer solchen Ausgestaltung wesentlich weiter zu fassen ist.

ee) Jahresfrist

Als weitere Voraussetzung muss die Vereinbarung im letzten Jahr vor dem Antrag auf Eröffnung des Insolvenzverfahrens getroffen worden sein, § 136 Abs. 1 2. Hs. InsO. Im Vergleich zur Vorgängervorschrift des § 237 HGB, die auf die Verfahrenseröffnung abstellte, hat der Gesetzgeber mit der Neufassung den Zeitpunkt auf die Antragstellung vorverlegt. Abweichend von den §§ 130 – 134 InsO ist für die Fristberechnung nicht die masseschmälernde Rechtshandlung, sondern die ihr zugrunde liegende Vereinbarung maßgebend.[599] Haben die Vertragspartner eine Einlagenrückgewähr außerhalb der Jahresfrist vereinbart, aber erst innerhalb der eines Jahres vor Stellung des Insolvenzantrags vollzogen, scheidet eine Anfechtung nach § 136 InsO folglich aus. Die Berechnung der Frist erfolgt nach § 139 InsO.[600] Die Gegenansicht[601], die hier auf die §§ 187, 188 BGB zurückgreifen will, erscheint angesichts des klaren, auf § 136 InsO ausdrücklich Bezug nehmenden Wortlauts des § 139 InsO schwerlich nachvollziehbar.

---

599 Uhlenbruck/Hirte, InsO, § 136 Rz. 8; MünchKommInsO/Stodolkowitz, § 136 Rz. 14; MünchKommHGB/K. Schmidt, Anh. § 236 Rz. 20; Ebenroth/Boujong/Jost/Gehrlein, HGB, § 237 Rz. 11.

600 KP-Paulus, InsO, § 136 Rz. 7; MünchKommInsO/Stodolkowitz, § 136 Rz. 14; HK-Kreft, InsO, § 136 Rz. 8; MünchKommHGB/K. Schmidt, Anh. § 236 Rz. 20.

601 Smid/Zeuner, InsO, § 136 Rz. 9; Nerlich/Römermann, InsO, § 136 Rz. 13.

b) Umfang

Der Umfang des Anfechtungsrechts ist streitig. Mit der herrschenden Meinung[602] ist jedoch von einer Anfechtung in der vollen Höhe des zurückgewährten Vorteils auszugehen. Die Gegenauffassung[603], die die Anfechtung unter Hinweis auf § 236 Abs. 2 HGB im Umfang auf den vom stillen Gesellschafter zu deckenden Verlustanteil begrenzen will, überzeugt nicht.

Zutreffend ist insoweit zwar, dass § 236 Abs. 2 HGB das Insolvenzrisiko des Stillen bei rückständiger Einlage auf die von ihm zu tragenden Anteile am Verlust begrenzt. Der Gesetzeswortlaut der §§ 136 i. V. m. 143, 144 InsO zwingt den Stillen jedoch dazu, seine gesamte Einlage zur Masse zurückzuerstatten und im Anschluss hinsichtlich des den auf ihn entfallenden Verlustanteil übersteigenden Betrages eine Insolvenzforderung anzumelden. Dies ist deswegen relevant, weil die Einzahlung zum Nennwert, die Wiederauszahlung aber nur in Höhe der Insolvenzquote zu erfolgen hat. Eine Begrenzung auf den Verlustanteil führte auch darum zu einer Masseschmälerung zum Nachteil der Gläubiger, weil sie die Regelung des § 236 Abs. 1 HGB außer Acht ließe. Danach kommt dem Stillen im Hinblick auf seine Forderung wegen der einmal erbrachten Einlage die Stellung eines Insolvenzgläubigers zu, was aber gerade heißt, dass er nur nach Maßgabe der Quote Befriedigung erhält. Die Begrenzung der Anfechtung in dem vorgeschlagenen Umfang würde nicht nur sein durch § 236 HGB definiertes Insolvenzrisiko zu Lasten der übrigen Gläubiger verringern, sondern auch den Regelungszweck des § 136 InsO unterlaufen, der die Vorteile auszugleichen sucht, die dem Stillen aufgrund seiner besonderen Nähe zum Geschäftsinhaber gewährt werden.

Soweit § 236 HGB wegen des Haftkapitalcharakters der Einlage keine Anwendung findet, ist der Insolvenzverwalter wegen der besonderen Kapitalbindung ohnehin vollumfänglich zur Anfechtung berechtigt.

c) Ausschluss der Anfechtung

Nach § 136 Abs. 2 InsO ist die Anfechtung allerdings dann ausgeschlossen, wenn der Eröffnungsgrund für das Insolvenzverfahren erst nach der Vereinbarung der Rückgewähr oder des Erlasses eingetreten ist. Es kommen inso-

---

602 MünchKommInsO/Stodolkowitz, § 136 Rz. 16; GroßkommHGB/Zutt, § 237 Rz. 14; MünchHdb. StG/Polzer, § 93 Rz. 25; Blaurock, Rz. 17.105; Zeuner, Rz. 273; K. Schmidt, KTS 1977, 1, 65, 71.

603 KP-Paulus, InsO, § 136 Rz. 9.

weit alle Eröffnungsgründe der §§ 17 – 19 InsO in Betracht, das heißt neben der Zahlungsunfähigkeit und bei juristischen Personen bzw. Gesellschaften ohne Haftung einer natürlichen Person der Überschuldung auch die drohende Zahlungsunfähigkeit nach § 18 InsO.[604] Die Insolvenzordnung bewirkt hier eine Änderung gegenüber dem bisherigen § 237 Abs. 2 HGB a. F. Danach war die Anfechtung ausgeschlossen, wenn der Konkurs seinen Grund in „Umständen" hatte, die erst nach der Vereinbarung der Rückgewähr oder des Erlasses eintraten, dass diese sich bereits in einer Überschuldung oder der Zahlungsunfähigkeit manifestiert hatten, war hingegen nicht erforderlich.[605] Die Neuregelung soll dem Zweck dienen, den Ausnahmetatbestand „für die Praxis handhabbar" zu machen.[606] Ob das mit Hilfe der gewählten Präzisierung gelingen wird, ist zweifelhaft, da jedenfalls die Feststellung drohender Zahlungsunfähigkeit im Nachhinein mit erheblichen Unsicherheiten belastet sein dürfte. Darüber hinaus bringt § 136 Abs. 2 InsO eine Einschränkung des Anfechtungstatbestandes gegenüber dem bisherigen Rechtszustand mit sich, da für den Ausschluss der Anfechtbarkeit nunmehr an einen früheren Zeitpunkt angeknüpft wird.[607]

Die Verknüpfung der Anfechtbarkeit mit dem Eintritt des Eröffnungsgrundes zeigt deutlich, dass der Normzweck des § 136 InsO nicht in der Nähe zur Absichtsanfechtung zu suchen ist. Die Vorschrift dient vielmehr der Umsetzung des Grundsatzes der Gleichbehandlung der Gläubiger, der dann zur Anwendung gelangen soll, wenn das Unternehmen materiell insolvent ist und ein Eröffnungsantrag eigentlich hätte gestellt werden müssen.[608] Bezogen auf diesen Zeitpunkt gilt es, masseschmälernde Maßnahmen zu verhindern. Zuvor vereinbarte Leistungen an einen stillen Gesellschafter unterliegen dem Sonderanfechtungstatbestand mithin nicht.

d) Analoge Anwendung des § 136 InsO auf alle Formen der langfristigen Fremdfinanzierung?

In der Rechtsprechung weitgehend ungeklärt und auch in der Literatur nicht ausdiskutiert ist der insbesondere von *K. Schmidt* mehrfach angeführte

604 Allg. Ansicht, vgl. z. B. MünchKommInsO/Stodolkowitz, § 136 Rz. 24; Uhlenbruck/Hirte, InsO, § 136 Rz. 11; KP-Paulus, InsO, § 136 Rz. 8; Noack, Rz. 672; Blaurock, Rz. 17.83; Zeuner, Rz. 275.

605 Vgl. BGH v. 1.3.1982 – II ZR 23/81, BGHZ 83, 341, 346.

606 Begr. RegE , BT-Drucks 12/2443, S. 161.

607 Uhlenbruck/Hirte, InsO, § 136 Rz. 11; HK-Kreft, InsO, § 136 Rz. 3.

608 Vgl. MünchKommInsO/Stodolkowitz, § 136 Rz. 24.

Vorschlag, § 136 InsO auf jede Form langfristiger Fremdfinanzierung von Unternehmen analog anzuwenden.

aa) Die Auffassung *K. Schmidts*

Ausgangspunkt der Überlegungen *K. Schmidts* ist die Trennung von Einlage- und Organisationsverhältnis im Rahmen der stillen Gesellschaft. Daraus wird die Schlussfolgerung gezogen, die stille Einlage als solche habe unabhängig von einer etwaigen mitunternehmerischen Zweckverfolgung der stillen Beteiligung als Mittel der Fremdfinanzierung stets Kreditfunktion.[609] Diese kreditgeschäftliche Deutung bereite den Boden für eine rechtsformunabhängige Anwendung der Gläubigerschutzvorschrift des § 136 InsO, um so der Gefahr einer Unterkapitalisierung entgegenzuwirken. Die Vorschrift sei keine gesellschaftsrechtliche, sondern eine kreditrechtliche Norm, die keine Konsequenz aus der für den Gläubigerschutz irrelevanten gesellschaftsrechtlichen Bindung des stillen Gesellschafters, sondern aus der Tatsache ziehe, dass die stille Einlage, soweit sie nach § 236 HGB als Konkursforderung geltend gemacht werden könne, ein qualifizierter Kredit sei.[610] Es könne daher aus Gläubigersicht nicht darum gehen, welche Kreditverhältnisse so qualifiziert seien, dass das Recht der stillen Gesellschaft auf sie zutreffe, sondern nur darum, welche Kreditverhältnisse als qualifizierte Kreditverhältnisse eine Anwendung der Schutzvorschrift geböten. Die *ratio legis* beruhe nicht auf den gesellschaftlichen Beziehungen zwischen Unternehmer und Stillem und einer darauf gegründeten Vermutung der Bösgläubigkeit, auf die seinerzeit der ADHGB-Gesetzgeber die Norm gestützt habe. Vielmehr knüpfe der Normzweck des § 136 InsO bei dem durch langfristige Finanzierung entstehenden Informationsvorsprung des stillen Gesellschafters als „Insider" an.[611] Die dazu führenden Informations- und Kontrollrechte würden einem langfristigen Kreditgläubiger typischerweise ebenso wie dem Stillen eingeräumt.

Zwei Analogievoraussetzungen seien daher erforderlich: Zum einen müsse der Kreditnehmer Träger eines Unternehmens sein. Zum anderen müsse der Kredit der langfristigen Fremdfinanzierung des Unternehmens dienen, im

---

609 Vgl. dazu schon B. III. 2.

610 Schlegelberger/K. Schmidt, HGB, § 237 Rz. 34; K. Schmidt, ZHR 140 (1976), 475, 489; ders. ZIP 1981, 689, 697.

611 MünchKommHGB/K. Schmidt, Anh. § 236 Rz. 33; K. Schmidt, ZHR 140 (1976), 475, 490; ders. ZIP 1981, 689, 697.

Einvernehmen der Parteien also einen nicht nur vorübergehenden Kapitalbedarf decken.[612]

Dem Einwand, diese Voraussetzungen seien zu unbestimmt, hält *K. Schmidt* entgegen, dass sich auch das Gesetz eines schwer abgrenzbaren und überdies mit dem Normzweck nicht vereinbaren Unterscheidungskriteriums bediene, wenn es § 136 InsO auf stille Gesellschaftsverhältnisse beschränke.[613] Außerdem würden die Abgrenzungsschwierigkeiten in der Praxis schon deswegen nicht erheblich sein, weil bei den Krediten, die als kurzfristig nicht unter die ratio legis fielen, schon die Voraussetzungen des § 136 InsO - etwa die Rückzahlung aufgrund einer nachträglichen Abrede - nicht vorlägen.[614]
Die vorgeschlagene Analogie werde in drei Fällen praktisch: Wenn statt einer stillen Beteiligung ein partiarisches Darlehen aufgenommen werde; wenn der Kreditgeber Gesellschafter der Kreditnehmerin sei, sein Kredit aber nicht nachweisbar eigenkapitalersetzend war, z. B. weil er mit dem Ziel abgezogen wurde, dem Zugriff des Eigenkapitalersatzrechts zu entgehen; schließlich könne auch die Anfechtung eines Abzugs langfristiger Kredite in der Insolvenz gegenüber institutionellen Kreditgebern vereinfacht werden.[615]

In Anlehnung an *K. Schmidt* befürwortet auch *Benne*[616] aufgrund der systematischen Nähe zu § 30 KO a. F. (entspricht im Wesentlichen den §§ 130 - 132 InsO) eine analoge Anwendung auf systemnahe Fremdinvestoren im Bereich der GmbH.

bb) Abweichende Auffassungen

Soweit ersichtlich, ist die Frage einer analogen Anwendung des § 136 InsO von der Rechtsprechung bisher lediglich in zwei Entscheidungen erwogen, im Ergebnis jedoch abgelehnt worden, da er wie die Vorschriften des Kapitalersatzrechts Ausprägung der Finanzierungs- und Finanzierungsfolgenverantwortung von Gesellschaftern sei und daher nicht auf dem Gesellschafterkreis nicht zuzurechnende Kreditgeber ausgeweitet werden könne.[617] Auch die Lite-

612 MünchKommHGB/K. Schmidt, a. a. O.; Schlegelberger/K. Schmidt, a. a. O.; K. Schmidt, ZHR 140 (1976), a. a. O.

613 MünchKommHGB/K. Schmidt, a. a. O.; Schlegelberger/K. Schmidt, a. a. O.

614 K. Schmidt, ZHR 140 (1976), 475, 491.

615 MünchKommHGB/K. Schmidt, a. a. O.

616 S. 161, 191; zustimmend außerdem v. Gerkan in: Röhricht/G. v. Westphalen, HGB, § 236 Rz. 38, wenngleich ohne inhaltliche Begründung.

617 Vgl. OLG Dresden v. 8.9.1999 - 19 U 101/99, DStR 2000, 649 mit Anm. Haas; OLG Hamm v. 4.4.2000 - 27 U 154/99, NZI 2000, 544, 545.

ratur steht dem zur Diskussion gestellten Vorschlag skeptisch gegenüber, soweit sie sich denn überhaupt dazu äußert. Die Ablehnung wird in erster Linie darauf gestützt, dass bei einem bloßen Darlehensverhältnis die gesellschaftsrechtliche Nähe des Kreditgebers zum Unternehmen fehle, die den Grund der erleichterten Anfechtung darstelle.[618] Der Sonderanfechtungstatbestand für die stille Gesellschaft könne nicht aus diesem gesellschaftsrechtlichen Zusammenhang herausgelöst und zu einer allgemeinen kreditrechtlichen Norm uminterpretiert werden.[619] Die Annahme, dem Gläubiger eines langfristigen Unternehmenskredites würden typischerweise die gleichen Kontrollbefugnisse eingeräumt wie einem stillen Gesellschafter, sei unzutreffend; im Übrigen sei die Bedeutung einer solchen Ausdehnung des Geltungsbereiches so gering, dass sie sich gar nicht „lohnen“ würde, da jedenfalls Bankkredite in der Regel aufgrund einer bereits bei Kreditvergabe getroffenen Vereinbarung oder aufgrund einseitiger Kündigungserklärung der Bank zurückgezahlt würden und die Anfechtungsvoraussetzungen schon deshalb nicht vorlägen.[620] Außerdem setze sich eine analoge Anwendung auf alle längerfristigen Kredite in Widerspruch zu dem Tatbestand des § 32b GmbHG, bei dem der Gesetzgeber vorausgesetzt habe, dass Kredite Dritter im letzten Jahr vor Verfahrenseröffnung grundsätzlich wirksam zurückgezahlt werden könnten.[621]

cc) Stellungnahme

Eine Auseinandersetzung mit der Frage nach der analogen Anwendbarkeit des § 136 InsO auf alle Formen langfristiger Kreditverhältnisse kann nicht vorgenommen werden, ohne sich den Charakter der stillen Einlage noch einmal vor Augen zu führen. Wie bereits an anderer Stelle dargelegt, geht auch die vorliegende Arbeit davon aus, dass der stillen Einlage im Grundsatz Fremdkapitalcharakter zukommt[622]. Das wird besonders anhand der Regelung des § 236 HGB deutlich, die dem stillen Gesellschafter in der Insolvenz des Geschäftsinhabers die Stellung eines Insolvenzgläubigers einräumt und ihn damit mehr in die Nähe eines Kreditgebers als eines Gesellschafters rückt. An der daraus abzuleitenden Aussage, die dem Unternehmen belassene Einlage des Stillen sei ein „qualifizierter Kredit“, ändert auch die Tatsache nichts, dass in be-

---

618 MünchKommInsO/Stodolkowitz, § 136 Rz. 8; Baumbach/Hueck/Fastrich, GmbHG, § 32a Rz. 9, letztere befürworten aber zumindest eine analoge Anwendung des § 136 InsO auf nicht eigenkapitalersetzende Gesellschafterkredite.

619 Kollhosser, WM 1985, 929, 932.

620 MünchKommInsO/Stodolkowitz, § 136 Rz. 8; Kollhosser, WM 1985, 929, 933.

621 Kollhosser, WM 1985, 929, 932; insoweit jedenfalls zweifelnd Hachenburg/Ulmer, GmbHG, § 32a, b Rz. 22.

622 Vgl. B. III. 1.

stimmten Vertragsgestaltungen die Rolle des Stillen im Organisationsverhältnis hinsichtlich seiner vermögensmäßigen Beteiligung und seiner Mitspracherechte derart atypisch ausgestaltet sein kann, dass seine Einlage im Einzelfall als haftendes Kapital zu qualifizieren ist. Gerade diese kreditrechtliche Deutung der stillen Einlage wurde diesseits zum Anlass genommen, die althergebrachte Differenzierung zwischen (typischer) stiller Gesellschaft und partiarischen Darlehensverhältnissen aufzuheben, da eine Unterscheidung nach den Voraussetzungen nicht sinnvoll möglich und im Hinblick auf die Rechtsfolgen auch nicht erforderlich ist. Mit der dadurch getroffenen Aussage, dass partiarische Darlehensverhältnisse stille Gesellschaften *sind*, wird der Anwendungsbereich des § 136 InsO demnach bereits erheblich erweitert, ohne dass es dazu noch einer Analogie bedürfte.

Das erscheint auch angesichts des Normzwecks sachgerecht. Als insolvenzrechtlicher Anfechtungstatbestand dient § 136 InsO der Korrektur von Vorgängen, mit denen Unternehmen vor Insolvenzeröffnung Fremdmittel entzogen werden. Dennoch weist die Vorschrift gegenüber den allgemeinen Anfechtungstatbeständen die Besonderheit auf, rein objektiv ausgestaltet und damit frei von den subjektiven Voraussetzungen der Gläubigerbenachteiligungsabsicht und der Kenntnis des Anfechtungsgegners zu sein, die Anfechtungsmöglichkeit für den Insolvenzverwalter wird mithin erheblich erweitert.[623] Der Grund dafür wird durchweg in der besonderen Nähe des stillen Gesellschafters zum Geschäftsinhaber gesehen.[624] Auch der Gesetzgeber verweist zur Begründung auf die „besonderen gesellschaftsrechtlichen Beziehungen".[625] Bei der dem gesetzlichen Leitbild folgenden typischen stillen Gesellschaft beschränken sich diese jedoch auf ein absolutes Minimum. Ausweislich der insoweit einschlägigen Regelung des § 233 HGB erschöpft sich die gesellschaftsrechtliche Mitwirkung des Stillen in seiner Berechtigung, die abschriftliche Mitteilung des Jahresabschlusses zu verlangen und dessen Richtigkeit unter Einsichtnahme in die Bücher zu prüfen. Auch eine vermögensmäßige Beteiligung des Stillen besteht grundsätzlich nicht. Es fragt sich daher, ob die *ratio* der erleichterten Anfechtungsmöglichkeit tatsächlich in einer abstrakt zu betrachtenden, gesellschaftsrechtlichen Verbundenheit der

---

623 Uhlenbruck/Hirte, InsO, § 136 Rz. 1; KP-Paulus, InsO, § 136 Rz. 1; Baumbach/Hopt, HGB, § 236 Rz. 6.

624 MünchKommInsO/Stodolkowitz, § 136 Rz. 1; Uhlenbruck/Hirte, InsO, § 136 Rz. 1; KP-Paulus, InsO, § 136 Rz. 1; Nerlich/Römermann, InsO, § 136 Rz. 2; HK-Kreft, InsO, § 136 Rz. 2; Blaurock, Rz. 17.79; Koenigs, S. 345

625 Begr. RegE, BT-Drucks 12/2443, S. 161.

Vertragspartner liegen kann. Angesichts des Charakters der stillen Gesellschaft, die jedenfalls in ihrer typischen Ausprägung zwar Gesellschaft im Rechtssinne ist, aber dennoch Züge eines Darlehensverhältnisses aufweist, erscheint es weit eher angemessen, auf die aus dieser Sonderbeziehung fließenden Folgen abzustellen. Diese bestehen darin, dass der Stille im Verhältnis zum Geschäftsinhaber aufgrund seiner Kontrollrechte eine Stellung innehat, die es ihm ermöglicht, in die Vermögenslage des Unternehmens Einblick zu nehmen. Damit verbunden ist naturgemäß die Gefahr, dass er im Falle einer Verschlechterung der Vermögensverhältnisse seine Einlage im Zusammenwirken mit dem Geschäftsinhaber abzieht, um sich so vor Verlusten zu schützen. Mithin muss die Regelung des § 136 InsO als Schutz gegen Schmälerungen der Masse aufgrund von besonderem Insiderwissen aufgefasst werden.[626] Dann lässt sich die Vorschrift aber nicht mehr in die gesellschaftsrechtliche Systematik von Finanzierungs- und Finanzierungsfolgenverantwortung einordnen. Vielmehr ist der Weg frei für eine anfechtungsrechtliche Deutung der Vorschrift, die ganz im Sinne des Grundgedankens der Insolvenzanfechtung die Gleichbehandlung der Gläubiger gewährleisten und eine Bevorzugung des stillen Gesellschafters verhindern soll.[627]

Sinn und Zweck des Sonderanfechtungstatbestandes sind also in der besonderen Nähe des stillen Gesellschafters zum Geschäftsinhaber zu suchen, das Näheverhältnis ist aber nicht aufgrund von gesellschaftsrechtlichen Beziehungen um ihrer selbst willen, sondern aufgrund der daraus fließenden Kontrollrechte von Bedeutung. Von diesem Ausgangspunkt her betrachtet spricht manches für eine analoge Anwendung auf langfristige Kreditverhältnisse. Jedenfalls die Banken als institutionelle Kreditgeber lassen sich regelmäßig Informations- und Kontrollrechte einräumen, die denen des § 233 HGB entsprechen. Dazu gehören zumindest die Vorlage von Jahresabschlüssen und betriebswirtschaftlichen Planrechnungen, teilweise sogar Mitwirkungsrechte durch einen Sitz im Aufsichts- oder Beirat. In diesem Kontext ist auch die stetig zunehmende Verbreitung der im anglo-amerikanischen Raum entwickelten so genannten Financial Covenants im inländischen Kreditgeschäft zu sehen, die dem Darlehensgeber Einfluss auf und Einblick in die Geschäfts-

---

626 Nerlich/Römermann, InsO, § 136 Rz. 2; Smid/Zeuner, InsO, § 136 Rz. 1; GroßkommHGB/Zutt, § 237 Rz. 1; Blaurock, Rz. 17.79; Kübler/Assmann, § 9 II. 4.; Häsemeyer, Rz. 31.54; dies sehen auch Kollhosser, a. a. O., und MünchKommInsO/Stodolkowitz, § 136 Rz. 1.

627 Vgl. MünchKommHGB/K. Schmidt, Anh. § 236 Rz. 3.

führung des Schuldnerunternehmens gewähren.[628] Diese Nebenabreden stellen für den Kreditnehmer Mindestanforderungen an die Vermögenssituation, den Ertrag oder die Liquidität auf und geben Ziele in Form von Kennzahlen vor, die mit entsprechenden Informationspflichten des Kreditnehmers einhergehen. Der besondere Nutzen von Financial Covenants wird gerade auch darin gesehen, dass sie eine Krise des Kreditnehmers frühzeitig erkennen lassen und dem Kreditgeber damit die Möglichkeit geben, auf eine Verschlechterung des Kreditrisikos zu reagieren, bevor die Krise in ein Insolvenzverfahren und den damit verbundenen Kreditausfall mündet.[629] Auch wenn die Vereinbarung solcher Covenants noch nicht der Regelfall ist, so bleibt doch festzuhalten, dass das „Insiderwissen" von langfristigen Kreditgebern dem des stillen Gesellschafters durchaus entspricht und oftmals sogar darüber hinausgeht.

Eine analoge Anwendung des § 136 InsO scheitert weiter nicht an einer Sperrwirkung des § 32b GmbHG. Die Vorschrift betrifft die Anfechtung von Darlehen oder ähnliche Leistungen eines Dritten, der nicht zum Personenkreis des § 32a GmbHG gehört, dessen Forderung aber durch einen Gesellschafter oder gleichgestellten Dritten abgesichert ist. Da sie die Eröffnung des Insolvenzverfahrens voraussetzt, ist sie in engem Zusammenhang mit dem Insolvenzanfechtungsrecht zu sehen.[630] Ebenso wenig wie die dort normierten Tatbestände begründet § 32b GmbHG jedoch ein Ausschließlichkeitsverhältnis zu anderen Anfechtungstatbeständen, vielmehr stehen die einzelnen Vorschriften selbständig nebeneinander.[631] Es handelt sich um ein System, das im Interesse des Gläubigerschutzes zahlreiche Überschneidungen zulässt.

Davon ausgehend, dass partiarische Darlehensverhältnisse ohnehin bereits einer unmittelbaren Anwendung der Norm unterfallen, ist den Kritikern einer analogen Anwendung jedoch zuzugeben, dass der Anwendungsbereich hierfür aller Voraussicht nach sehr begrenzt sein würde. Insbesondere Banken werden sich bei der Vergabe langfristiger Kredite dadurch absichern, dass sie sich schon im ursprünglichen Vertrag ausreichende Kündigungsmöglichkeiten für den Fall der Vermögensverschlechterung einräumen lassen. Bei Ausübung

---

[628] Vgl. Hellner/Steuer/Wittig, Rz. 4/3139 ff.; Häger/Elkemann-Reusch, Rz. 152; Fleischer, ZIP 1998, 313; Thießen, ZBB 1996, 19, 20 f.

[629] Hellner/Steuer/Wittig, Rz. 4/3157; Fleischer, ZIP 1998, 313, 314; Thießen, ZBB 1996, 19, 22.

[630] Uhlenbruck/Hirte, InsO, § 135 Rz. 44.

[631] Vgl. D. VI. 1. c).

eines solchen, von Anfang an vertraglich vorgesehenen oder außerhalb der Jahresfrist vereinbarten Kündigungsrechts fehlt es jedoch an der Vereinbarung im Sinne des § 136 InsO. Allein ein geringer Anwendungsbereich vermag aber noch nicht zur Ablehnung einer Analogie auszureichen, da ein Bedürfnis dafür angesichts der oben ausgeführten Erwägungen nicht völlig von der Hand zu weisen ist.

Fraglich bleibt, wann ein Unternehmenskredit in diesem Sinne als „langfristig" anzusehen ist. Stille Gesellschaften sind, auch in ihrer Unterform als partiarische Darlehen, in der Praxis regelmäßig auf eine lange Laufzeit angelegt. Das ergibt sich schon aus dem Merkmal der Gewinnbeteiligung, das im Interesse der Parteien zumeist nicht auf kurzfristige Ertragsschwankungen, sondern auf langfristige Wertzuwächse gerichtet sein dürfte. Dies ist bei festverzinslichen Krediten anders, da die Vertragsparteien nicht auf eine Nivellierung des Zinssatzes durch Zeitablauf angewiesen sind. Die Problematik wird von *K. Schmidt* durchaus gesehen.[632] Er verweist in diesem Zusammenhang darauf, dass alle Kredite, bei denen sich die Frage einer Anfechtung aufgrund einer nachträglichen Vereinbarung gar nicht erst stelle, per se kurzfristig, folglich alle diejenigen, bei denen die Frage einer Anfechtung überhaupt auftauche, langfristig seien [633] - diese Auffassung dürfte es sich hier wohl aber zu einfach machen. Zudem begegnet *K. Schmidt* dieser Frage mit der Feststellung, dass sich auch das Gesetz, indem es die Norm auf stille Gesellschaftsverhältnisse beschränke, eines Unterscheidungskriteriums bediene, das schwer abgrenzbar sei, wie die Abgrenzung zum partiarischen Darlehen zeige. Gerade diese Hürde besteht nach der vorliegend vertretenen Auffassung aber nicht mehr. Der damit bezweckte Gewinn an Rechtssicherheit sollte nicht leichtfertig wieder aufgegeben werden.

Es bietet sich hier an, zum Zwecke einer klaren Abgrenzung auf bereits vorhandene Kategorien abzustellen. Gemäß § 285 Nr. 1 a) HGB sind etwa Verbindlichkeiten mit einer Restlaufzeit von mehr als fünf Jahren im Anhang zum Jahresabschluss der Kapitalgesellschaften gesondert auszuweisen. Die gleiche Laufzeit ist im Bilanzrecht der Banken maßgebend für die Untergliederung bestehender Forderungen an Kunden: Dort sind die Bilanzposten im Anhang auf Basis einer Aufgliederung nach Restlaufzeiten auszuweisen; langfristige Verbindlichkeiten mit einer Restlaufzeit von mehr als fünf Jahren bilden dabei

---

632 MünchKommHGB/K. Schmidt, Anh. § 236 Rz. 33; Schlegelberger/K. Schmidt, HGB, § 237 Rz. 34.

633 K. Schmidt, ZHR 140 (1976), 475, 491.

einen besonderen Gliederungspunkt (§ 9 Abs. 1 Nr. 2, Abs. 2 Nr. 4 der Verordnung über die Rechnungslegung der Kreditinstitute - RechKredV). Demgemäß sollte eine analoge Anwendung des § 136 InsO auf alle Formen langfristiger Fremdfinanzierung - bei Vorliegen der weiteren Voraussetzungen - immer dann erfolgen, wenn diese eine Laufzeit von fünf Jahren überschreiten. Gerade bei solchen Kreditengagements werden die Kreditinstitute aufgrund der besonderen, durch die lange Laufzeit bedingten Risikolage regelmäßig Kontrollrechte beanspruchen, die, wie dargelegt, denen eines stillen Gesellschafters entsprechen oder sogar darüber hinausgehen.

Zusammenfassend ist danach festzuhalten, dass der Anwendungsbereich des § 136 InsO bereits durch die Erfassung partiarischer Darlehen ohnehin erheblich ausgedehnt wird. Sinn und Zweck der Regelung gebieten eine Ausdehnung auch auf alle weiteren Formen langfristiger Fremdfinanzierung von Unternehmen, da § 136 InsO als Sonderanfechtungstatbestand dem besonderen Insiderwissen des Kapitalgebers Rechung trägt. Dem Erfordernis nach hinreichender Bestimmtheit der Analogievoraussetzungen kann durch Bezugnahme auf § 285 Nr. 1 a) HGB, § 9 Abs. 1 Nr. 2, Abs. 2 Nr. 4 RechKredV begegnet werden. Danach wird die Anwendung des § 136 InsO für alle Finanzierungsverhältnisse eröffnet, die eine Laufzeit von mehr als fünf Jahren aufweisen.

VII. Der stille Gesellschafter im Insolvenzplanverfahren

Unter Geltung des zweigleisigen Regimes von Konkurs- und Vergleichsordnung wurde die stille Gesellschaft durch Eröffnung des Vergleichsverfahrens nicht aufgelöst.[634] Folgerichtig war der Stille im Vergleichsverfahren über das Vermögen des Geschäftsinhabers auch nicht Vergleichsgläubiger, § 25 VerglO a. F., da er vor Auflösung der Gesellschaft keinen Vermögensanspruch geltend machen kann.[635] Jedoch war anerkannt, dass die Eröffnung des Vergleichsverfahrens für den stillen Gesellschafter wegen der Gefährdung seines Rückforderungsrechtes regelmäßig einen wichtigen Grund zur außerordentlichen Kündigung gemäß § 723 BGB darstellte.[636]

---

634 BGH v. 24.2.1969 – II ZR 123/67, BGHZ 51, 350 f.; Ebenroth/Boujong/Joost/Gehrlein, HGB, § 236 Rz. 20; Blaurock, Rz. 17.8.

635 BGH v. 24.2.1969 – II ZR 123/67, BGHZ 51, 350 f.

636 BGH v. 24.2.1969, a. a. O., S. 353; Schlegelberger/K. Schmidt, HGB, § 341 Rz. 41; Ebenroth/Boujong/Joost/Gehrlein, HGB, § 236 Rz. 23.

Mit Einführung der Insolvenzordnung ist das Vergleichsverfahren im so genannten Insolvenzplanverfahren der §§ 217 ff. InsO aufgegangen. Zweck dieses Verfahrens ist es, den Beteiligten selbst zu ermöglichen, abweichend von den gesetzlich in der Insolvenzordnung vorgesehenen Regelungen eine einvernehmliche Lösung zur Bewältigung der Insolvenz zu finden (§ 217 InsO). Damit sollen die Beteiligten im allseitigen Interesse von dem vorgegebenen Verfahrensmodell abweichen können, wenn sie meinen, dadurch das Verfahrensziel besser verwirklichen zu können. Beteiligte in diesem Sinne sind die absonderungsberechtigten Gläubiger, die Insolvenzgläubiger und der Schuldner (§ 222 InsO). Die Abweichung kann sich auf die Bereiche der Befriedigung der absonderungsberechtigten Gläubiger und der Insolvenzgläubiger, der Verwertung der Insolvenzmasse und deren Verteilung an die Beteiligten sowie der Haftung des Schuldners nach Beendigung des Insolvenzverfahrens beziehen.[637] Der Schwerpunkt des Anwendungsbereichs liegt, wie nicht zuletzt ein Blick auf § 1 S. 1 InsO verdeutlicht, im Bereich der Unternehmenssanierung, mit der das Ziel eines Erhalts des Unternehmens im Einvernehmen der Beteiligten am ehesten gelingen wird.[638] Gleichwohl kann ein Insolvenzplan auch Grundlage einer Liquidation sein.

Da die Erstellung eines Insolvenzplanes die Insolvenzeröffnung und die damit gemäß § 728 BGB verbundene Auflösung der stillen Gesellschaft zwingend voraussetzt, nimmt der stille Gesellschafter grundsätzlich als Insolvenzgläubiger am Verfahren teil. Seine Rechtsstellung bestimmt sich nach der Art seiner Forderung, die entweder im Rahmen des § 236 HGB reguläre Insolvenzforderung oder bei eigenkapitalersetzendem Charakter der stillen Einlage nachrangig im Sinne § 39 Abs. 1 Nr. 5 InsO sein kann. Demgegenüber kann der Stille bei materiellem Eigenkapitalcharakter seiner Einlage überhaupt keine Insolvenzforderung geltend machen (vgl. D. II. 2. b)bb)(4)). Da ihm in diesen Fällen nicht die Position eines Insolvenzgläubigers zukommt, nimmt er als Haftungsverantwortlicher auch nicht am Planverfahren teil.
Nach der Qualität der Forderung richtet sich die Zugehörigkeit zu einer bestimmten Gläubigergruppe (§ 222 Abs. 2 InsO). Innerhalb jeder Gruppe sind grundsätzlich alle Beteiligten gleich zu behandeln (§ 226 Abs. 1 InsO). Es wird in diesem Zusammenhang als zulässig angesehen, bei der Gruppenbildung zwischen stillen Gesellschaftern mit und ohne Verlustbeteiligung nach § 226 Abs. 2 InsO zu unterscheiden.[639]

---

637 Bork, Rz. 311.

638 Bork, Rz. 312.

639 MünchKommHGB/K. Schmidt, § 236 Rz. 24.

Dabei ist zu beachten, dass nachrangige Insolvenzforderungen gemäß § 225 Abs. 1 InsO als erlassen gelten, sofern im Insolvenzplan nichts Abweichendes festgelegt ist. Im Übrigen kann gemäß § 224 InsO bestimmt werden, in welchem Umfang die Forderung des stillen Gesellschafters gekürzt, gestundet, gesichert oder sonst verändert werden soll. Mit Bestätigung des Insolvenzplanes durch das Insolvenzgericht gemäß § 248 InsO wirkt sich eine solche Vereinbarung gestaltend auf das Einlageverhältnis aus.

Alternativ ist es möglich, die mit Verfahrenseröffnung aufgelöste stille Gesellschaft mit Zustimmung des Stillen fortzusetzen. An die Stelle der Insolvenzforderung des Stillen wegen der Einlage tritt sodann eine Beteiligung an den Ergebnissen des fortgeführten Unternehmens nach Maßgabe des Plans.[640] Zweifelhaft ist insoweit allerdings, ob eine Fortsetzung des stillen Gesellschaftsverhältnisses unmittelbar im Insolvenzplanverfahren beschlossen werden kann.[641] Im Ergebnis dürfte eine solche Möglichkeit abzulehnen sein. Zwar ist der stille Gesellschafter mit seinem Anspruch auf das Aus-einandersetzungsguthaben grundsätzlich Insolvenzgläubiger und damit gemäß § 217 InsO Beteiligter des Insolvenzplanverfahrens. Der Fortsetzung des stillen Gesellschaftsverhältnisse steht daher nicht entgegen, dass der Plan nicht in die Rechte der Gesellschafter des insolventen Unternehmens eingreifen kann.[642] Jedoch setzt die Fortsetzung der stillen Gesellschaft zunächst einmal die Fortführung des insolventen Geschäftsinhaber-Unternehmens voraus. Soweit es sich dabei um eine Gesellschaft handelt, ist diese aber rechtsformunabhängig durch die Eröffnung des Insolvenzverfahrens aufgelöst.[643] Gleichwohl ist die Fortsetzung der Schuldnergesellschaft grundsätzlich möglich. Die Gesellschafter der Geschäftsinhaberin können die Fortsetzung der Gesellschaft beschließen, wenn das Insolvenzverfahren eingestellt oder nach Bestätigung eines Insolvenzplans, der den Fortbestand der Gesellschaft vorsieht, aufgehoben worden ist.[644] Wird die Unternehmensfortführung eines Einzelunterneh-

[640] BGH v. 24.2.1969 - II ZR 123/67, BGHZ 51, 350, 351 (zum alten Recht); Uhlenbruck/Hirte, InsO, § 11 Rz. 392; Häsemeyer, Rz. 31.58.

[641] Ablehnend MünchKommHGB/K. Schmidt, § 236 Rz. 24; zustimmend MünchKommInsO/Eidenmüller, § 221 Rz. 82 ff.; gegebenenfalls unter der aufschiebenden Bedingung einer positiven Entscheidung über die Fortführung des insolventen Unternehmens.

[642] Uhlenbruck/Lüer, InsO, Vor §§ 217 - 269 Rz. 40; Nerlich/Römermann/Braun, InsO, § 217 Rz. 35.

[643] Vgl. § 262 Abs. 1 Nr. 3 AktG, § 60 Abs. 1 Nr. 4 GmbHG, § 101 GenG, § 42 Abs. 1 BGB, § 131 Abs. 1 Nr. 3 (ggf. i.V.m. § 161 II) HGB, § 728 Abs. 1 BGB, § 9 PartGG.

[644] Uhlenbruck/Hirte, InsO, § 11 Rz. 153 u. 306.

mens im Insolvenzplan vorgesehen, bedarf es gemäß § 230 Abs. 1 InsO einer besonderen Erklärung des Schuldners, dass er zur Fortführung bereit sei. Erforderlich sind als Voraussetzungen einer Fortführung mitgliedschaftliche Beschlüsse bzw. persönliche Erklärungen, die außerhalb des Insolvenzplans stehen und durch diesen weder bewirkt noch ersetzt werden können.[645] Aus diesem Grunde sollte auch die Erklärung über die Fortsetzung der stillen Gesellschaft nicht unmittelbar in den Insolvenzplan aufgenommen werden.
Ein geeignetes Mittel für eine Fortführung bzw. Wiederbegründung der stillen Gesellschaft bietet hingegen die Vorschrift des § 249 InsO. Sie ermöglicht die Aufstellung eines bedingten Insolvenplanes, der erst nach Durchführung bestimmter Maßnahmen vom Insolvenzgericht bestätigt wird. Auf diese Weise kann die Fortsetzung der stillen Gesellschaft zur Voraussetzung eines bedingten Plans gemacht werden, deren Erfüllung vor Bestätigung durch das Insolvenzgericht vorliegen muss. Im Hinblick auf eine Erstellung des Insolvenzplans mit der Zielrichtung einer Unternehmenssanierung ist diese Möglichkeit von einiger Bedeutung, kann dadurch doch ein Kapitalverlust des Unternehmens durch Auskehrung des Auseinandersetzungsguthabens zur Verteilung an die Gläubiger vermieden werden.

645 Uhlenbruck/Lüer, InsO, § 249 Rz. 2.

E. Die stille Gesellschaft in der Insolvenz des stillen Gesellschafters

Es bleibt schließlich zu erörtern, welche Auswirkungen die Eröffnung des Insolvenzverfahrens über das Vermögen des stillen Gesellschafters auf die stille Gesellschaft hat.

I. Auflösung der stillen Gesellschaft

Auch mit Eröffnung des Insolvenzverfahrens über das Vermögen des Stillen, mithin mit Erlass des Eröffnungsbeschlusses, wird die stille Gesellschaft gemäß § 728 Abs. 2 S. 1 BGB aufgelöst.[646] Der Anspruch des stillen Gesellschafters auf Rückerstattung der Einlage bzw. ein sich nach § 235 HGB ergebendes Auseinandersetzungsguthaben werden zur Masse gezogen und unterliegen dort dem Zugriff seiner Gläubiger. Die Einlage wird damit den Gläubigern wieder als Haftungsgegenstand zugeführt.

Die Auflösung der stillen Gesellschaft durch die Insolvenz des Stillen ist im Hinblick auf die Unternehmensinteressen des Inhabers nicht unproblematisch. Ohne Aufschub durch eine Kündigungsfrist wird der Anspruch auf das Auseinandersetzungsguthaben zu Gunsten der Masse fällig und kann vom Insolvenzverwalter geltend gemacht werden. Dadurch kann dem Geschäftsinhaber-Unternehmen kurzfristig - unter Umständen dringend benötigtes - Kapital entzogen werden, was zu wirtschaftlichen Schwierigkeiten führen kann. Die Situation ist eine andere als bei der Überlassung eines Darlehens, auf dessen Fälligkeit die Insolvenzeröffnung ohne Einfluss bleibt.[647] Die sofortige Rückzahlung ist auch nicht etwa durch eine vertragliche Abrede zu umgehen, die als Vereinbarung zu Lasten der Insolvenzgläubiger diesen gegenüber unwirksam wäre.[648] Insofern besteht ein Widerstreit zwischen dem Interesse an der Unternehmenserhaltung und den Masse- bzw. Gläubigerinteressen. Beide sind schutzwerte Güter, zu deren Gunsten sich jeweils Argumente von einiger Überzeugungskraft ins Feld führen lassen.
Die Problematik war durchaus Gegenstand des historischen Gesetzgebungsverfahrens. Dabei wurde die Frage der Auflösung kontrovers diskutiert. Erst in dritter und letzter Lesung kam schließlich die bis heute fortgeltende Ent-

---

646 Nahezu einhellige Auffassung, vgl. nur Uhlenbruck/Hirte, InsO, § 11 Rz. 393; Noack, Rz. 666; Blaurock, Rz. 17.112; zum alten Recht BGH v. 24.2.1969 - II ZR 123/67, BGHZ 51, 350, 351 f.; a.A. ohne Begründung lediglich Geck, DStR 1994, 657, 660.

647 K. Schmidt, KTS 1977, 1, 6.

648 P. Hartmann, S. 127.

scheidung zustande, den Konkurs des stillen Gesellschafters unter die Auflösungsgründe zu fassen, weil die Gläubiger des Stillen - unabhängig von der Rechtsnatur der stillen Gesellschaft - den gleichen Schutz verdienten wie bei einer offenen Handelsgesellschaft.[649] Ausschlaggebende Erwägung war dabei, die Gläubiger vor der typischen Gefahr zu schützen, dass der Schuldner seine Vermögenswerte durch Einbringung in ein Unternehmen dauerhaft vor dem Gläubigerzugriff in Sicherheit bringen könnte.[650] Den bestehenden Interessenkonflikt hat der Gesetzgeber damit eindeutig zu Gunsten der Insolvenzmasse entschieden - etwaige, durch die Auflösung bedingte Schwierigkeiten des Geschäftsinhabers sind im Hinblick darauf zu akzeptieren.

II. Fortsetzungsvereinbarung

Während die Auflösungsfolge in der zweigliedrigen stillen Gesellschaft zwingend ist[651] kann sich in einer stillen Gesellschaft, die in der Weise atypisch ausgestaltet ist, dass eine Mehrzahl von Gesellschaftern durch ein einheitliches gesellschaftsrechtliches Band verbunden wird[652], im Falle der Insolvenz eines stillen Gesellschafters die Frage nach abweichenden Regelungen stellen. Eine ausdrückliche gesetzliche Regelung besteht insoweit nicht, auch aus § 234 HGB lässt sich insoweit nichts Weiterführendes entnehmen, da die Vorschrift für den Fall der Auflösung durch Kündigung nur bezüglich der Voraussetzungen, nicht auch wegen der Rechtsfolgen auf das Recht der offenen Handelsgesellschaft verweist. Während in der Vergangenheit aus dem Charakter der stillen Gesellschaft als reiner Innengesellschaft geschlussfolgert wurde, dass eine Fortführung der aufgelösten Gesellschaft nicht möglich sei[653] und daher auch die Möglichkeit einer Fortsetzungsvereinbarung verneint wurde, zeigt sich die heute herrschende Meinung der Vereinbarung einer Fortsetzungsklausel im Sinne des § 736 BGB gegenüber aufgeschlossen.[654]

Die Möglichkeit der Fortführung ist in der mehrgliedrigen stillen Gesellschaft sachgerecht und verdient insbesondere auch unter Berücksichtigung der Dif-

---

649 Schubert, Protokolle, S. 4653.

650 Schubert, Protokolle, S. 4653, vgl. auch K. Schmidt, KTS 1977, 1, 11 f.

651 Vgl. D. I.

652 Vgl. dazu C. III. 2.c).

653 Düringer/Hachenburg/Flechtheim, HGB, § 339 Anm. 3; Koenigs, S. 261.

654 Uhlenbruck/Hirte, InsO, § 11 Rz. 384; HK-Marotzke, InsO, § 118 Rz. 6; GroßkommHGB/Zutt, § 234 Rz. 8; MünchKommHGB/K. Schmidt, § 234 Rz. 11 f.; Ebenroth/Boujong/Joost/Gehrlein, HGB, § 234 Rn. 16; Heymann/Horn, HGB, § 234 Rz. 21; Blaurock, Rz. 17.112; Reusch, S. 246.

ferenzierung zwischen Einlage- und Organisationsverhältnis Zustimmung. Das Einlageverhältnis ist notwendig zweigliedrig und lässt sich nicht durch vertragliche Vereinbarung insolvenzfest ausgestalten. Mit dem Ausscheiden des stillen Gesellschafters wird das Einlageverhältnis aufgelöst, ein sich ergebender Anspruch auf das Auseinandersetzungsguthaben fällt der Insolvenzmasse zu, wo er den Gläubigern des Stillen zur Verfügung steht. Hingegen berührt die mehrgliedrige Verbandsstruktur der atypischen stillen Gesellschaft ausschließlich die Ausgestaltung des Organisationsverhältnisses. Hier kann oftmals ein gewichtiges Interesse bestehen, die Gesellschaft bei Ausscheiden eines Einzelnen unter den verbleibenden Gesellschaftern fortzuführen. Obwohl noch immer Innengesellschaft, weist die mehrgliedrige stille Gesellschaft verbandsmäßige Strukturen auf, deren Beibehaltung für alle Beteiligten sinnvoll sein kann. Gewichtige Argumente, die insoweit grundsätzlich bestehende Vertragsfreiheit zu beschränken, sind in diesem Fall nicht ersichtlich. Insbesondere ist eine Beschränkung auch nicht mit Blick auf den Gesetzeszweck geboten. Hintergrund der gesetzlich angeordneten Auflösungsfolge ist, wie dargelegt, das Bestreben, das vom Stillen eingelegte Kapital im Interesse seiner Gläubiger verwertbar zu machen. Dem kann aber bereits durch Auflösung des zweigliedrigen Einlageverhältnisses hinreichend Rechnung getragen werden. Der Auflösung der Gesellschaft insgesamt, mit schwerwiegenden Folgen auch für die verbleibenden Gesellschafter, bedarf es dazu nicht.
Aus diesem Grunde ist die Vereinbarung von Fortsetzungsklauseln in der mehrgliedrigen stillen Gesellschaft aus Gründen der Vertragsfreiheit zuzulassen.

Weitergehend ist für die kapitalistisch strukturierte stille Publikumspersonengesellschaft eine analoge Anwendung des § 131 Abs. 3 Nr. 2 HGB zu erwägen.[655] Der Unterschied in den Rechtsfolgen gegenüber einer Fortsetzungsklausel nach § 736 BGB erklärt sich aus einem unterschiedlichen Regel-Ausnahme-Verhältnis: Während die §§ 728, 736 BGB im Grundsatz von einer Auflösung der Gesellschaft ausgehen, die jedoch durch eine ausdrücklich auf den Fortbestand gerichtete Vertragsgestaltung abgewendet werden kann, sieht § 131 Abs. 3 Nr. 2 HGB die Fortführung der Gesellschaft unter Ausscheiden des einzelnen Gesellschafters als gesetzlichen Regelfall vor, der mangels abweichender Vereinbarung zum Tragen kommt.
Eine Publikumspersonengesellschaft vereint eine Vielzahl von Anlegern in gemeinsamen gesellschaftsrechtlichen Strukturen. Als Publikumsgesellschaft

655 Bejahend Staudinger/Habermeier, BGB, § 736 Rz. 1; MünchKommHGB/K. Schmidt, § 234 Rz. 12; Blaurock, Rz. 19.61.

werden solche Personengesellschaften bezeichnet, die zur Kapitalsammlung auf den Beitritt einer Vielzahl öffentlich geworbener, rein kapitalistisch beteiligter Anleger auf der Basis vorformulierter, inhaltlich übereinstimmender Gesellschaftsverträge angelegt sind.[656] Ihre Organisationsverfassung ist daher mehr korporationsrechtlicher denn personalistischer Natur. Dort, wo der höchstpersönliche Charakter des Zusammenschlusses, wie er für die Personengesellschaft typisch ist, nicht mehr erkennbar ist, kann es gerechtfertigt sein, die Anwendbarkeit der auf dem gesetzlichen Leitbild der Personengesellschaft beruhenden Regelungen im Interesse von Anleger- und Gläubigerschutz einer kritischen Überprüfung zu unterziehen. Diese Überlegung hat Rechtsprechung und Schrifttum veranlasst, den Bedürfnissen der Organisation und den schützenswerten Interessen ihrer Mitglieder durch Entwicklung zahlreicher Sonderregeln Rechnung zu tragen.[657]

Eine Prüfung der Rechtsfolgen der Insolvenz eines stillen Gesellschafters muss diese strukturellen Besonderheiten berücksichtigen. In Publikumspersonengesellschaften kommt es auch für ihren Bestand nicht auf die Person des einzelnen Mitglieds an. Eine enge, vertrauensvolle Zusammenarbeit zwischen den einzelnen Anlegern findet nicht statt. Die Gesellschaft ist von vorneherein darauf angelegt, eine Vielzahl von Gesellschaftern aufzunehmen, wobei die Person des einzelnen Mitglieds zurücktritt. Entscheidend ist seine Fähigkeit zur Kapitalaufbringung und seine Funktion als Geldgeber. Auch ein fester Mitgliederbestand ist nicht vorgesehen.[658] Aus diesem Grunde ist es im Einklang mit den auch im Übrigen für die Publikumsgesellschaft entwickelten Sonderregeln sachgerecht, den Bestand der Gesellschaft vom Ausscheiden des einzelnen insolventen stillen Gesellschafters unabhängig zu machen, ohne dass es dazu einer ausdrücklichen vertraglichen Vereinbarung bedarf. Zweifeln lässt sich allerdings daran, ob eine analoge Anwendung des § 131 Abs. 3 Nr. 2 HGB der geeignete Weg ist, dieses Ergebnis zu erreichen. Die Vorschrift entstammt dem Recht der offenen Handelsgesellschaft und bezieht ihre Legitimation damit aus dem typischen Charakter einer Personengesellschaft. Ihre Systematik, die das Ausscheiden des Gesellschafters gegenüber der Auflösung der Gesellschaft zur Regel erklärt, entspringt dem Bedürfnis, Wertverluste durch Zerschlagung des Gesellschaftsvermögens zu vermei-

---

656 BGH v. 14.4.1975 - II ZR 147/73, BGHZ 64, 238, 241; v. 3.5.1982 - II ZR 78/81, BGHZ 84, 11, 13 f.

657 Vgl. dazu Staudinger/Habermeier, BGB, Vorbem zu §§ 705 - 740 Rz. 69; Reusch, S. 36 ff.

658 Reusch, S. 27.

den[659], legt jedoch dabei das Leitbild einer typischerweise personalistisch strukturierten offenen Handelsgesellschaft zu Grunde.
Angesichts dessen erscheint es vorzugswürdig, bei fehlender ausdrücklicher Vereinbarung eine stillschweigende Fortsetzungsklausel im Sinne des § 736 BGB anzunehmen.[660] Ein solches Ergebnis entspricht dem hypothetischen Parteiwillen unter Heranziehung der Grundsätze ergänzender Vertragsauslegung[661]: Bei der Vielzahl von Anlegern in der kapitalistisch strukturierten Publikumspersonengesellschaft wird der einzelne Anleger regelmäßig ein - mit dem Geschäftsinhaber übereinstimmendes - Interesse daran haben, seine Einlage als Kapitalanlage für die gesamte vereinbarte Laufzeit unabhängig von Veränderungen im Mitgliederbestand im Unternehmen zu belassen. Fehlt es in der Publikumsgesellschaft an einer Regelung zur Fortführung für den Fall der Insolvenz eines Stillen, ist insoweit mangels abweichender Anhaltspunkte von einer planwidrigen Regelungslücke im Gesellschaftsvertrag auszugehen, die die Gesellschafter verständigerweise durch eine Fortsetzungsvereinbarung geschlossen hätten, wenn dieser Punkt von ihnen ausreichend bedacht worden wäre.

Im Ergebnis ist mithin - unabhängig von der Art und Weise der Herleitung - für den Sonderfall der stillen Publikumspersonengesellschaft im Falle der Insolvenz eines stillen Gesellschafters auch ohne ausdrückliche vertragliche Vereinbarung von einem Ausscheiden des Betroffenen und einer Fortsetzung der Gesellschaft unter den verbliebenen Gesellschaftern auszugehen.

III. Auseinandersetzung

Das Auseinandersetzungsguthaben berechnet sich nach § 235 HGB.[662] Besonderheiten bei der Berechnung gegenüber einer Auflösung in Folge der Insolvenz des Geschäftsinhabers ergeben sich nicht, es ist daher auf die dortigen Ausführungen[663] zu verweisen. Stichtag ist ebenfalls der Zeitpunkt der Auflösung.
Der Insolvenzverwalter kann den Anspruch auf ein sich ergebendes Auseinandersetzungsguthaben des stillen Gesellschafters zur Insolvenzmasse zie-

---

659 Baumbach/Hopt, HGB, § 131 Rz. 1.
660 Im Ergebnis ebenso Heymann/Horn, HGB, § 234 Rz. 21; MünchHdb. StG/Polzer, § 91 Rz. 38; Reusch, S. 239.
661 Dazu vgl. Staudinger/Roth, BGB, § 157 Rz. 4 ff.
662 MünchKommHGB/K. Schmidt, § 236 Rz. 44; Ebenroth/Boujong/Joost/Gehrlein, HGB, § 236 Rz. 19; Haas in: Gottwald, InsR-Hdb., § 94 Rz. 170; Blaurock, Rz. 17.112.
663 Vgl. D. V. 1.

hen, dort steht das Guthaben zur Verteilung an die Insolvenzgläubiger zur Verfügung. Ergibt sich hingegen ein Passivsaldo, weil der stille Gesellschafter mit seiner Einlage im Rückstand war und eine Verlustbeteiligung übernommen hatte, ist der Geschäftsinhaber mit seiner Forderung Insolvenzgläubiger im Sinne des § 38 InsO.[664]

Die herrschende Meinung will die Auseinandersetzung wie in der Insolvenz des Geschäftsinhabers auch für den Fall der Insolvenz des Stillen in analoger Anwendung des § 84 Abs. 1 S. 1 InsO außerhalb des Insolvenzverfahrens stattfinden lassen.[665] Die entsprechende Anwendung dieser Vorschrift begegnet jedoch den gleichen Bedenken wie schon in der Insolvenz des Geschäftsinhabers.[666] Wie dargelegt entspringt der Normzweck der Vorschrift der Überlegung, dass bei Beteiligung mehrerer an einem Vermögensgegenstand aufgrund einer Gemeinschaft oder Gesellschaft nicht der gesamte Gegenstand zur Insolvenzmasse gezogen werden darf, um die Beschlagnahmewirkung des Insolvenzverfahrens nicht ungerechtfertigterweise auf Außenstehende zu erstrecken.[667] Die Auseinandersetzung hat für diese Fälle daher in Anwendung des § 84 Abs. 1 S. 1 InsO außerhalb des Insolvenzverfahrens nach den für das jeweilige Rechtsverhältnis geltenden Vorschriften stattzufinden. Hintergrund der gesetzlichen Regelung ist damit das Bestehen einer dinglichen Gemeinschaft.

Eine solche besteht jedoch im Rahmen der stillen Gesellschaft mangels eines gemeinschaftlichen Vermögens gerade nicht. Schon aus diesem Grunde fehlt es an einer vergleichbaren Interessenlage, die die Annahme einer Analogie rechtfertigen könnte. Aber auch die rechtsfolgenorientierte Argumentation, mit der die herrschende Meinung in der Insolvenz des Geschäftsinhabers für eine Anwendung des § 84 Abs. 1 S. 1 InsO streitet, um den stillen Gesellschafter nicht den Risiken einer Forderungsanmeldung zur Tabelle auszusetzen, wird in der Insolvenz des Stillen entbehrlich. Hier tritt der Insolvenzverwalter nicht auf der Seite des Schuldners, sondern als Forderungsgläubiger auf, so dass das insolvenzrechtliche Feststellungsverfahren

---

664 Nerlich/Römermann/Wittkowski, InsO, § 84 Rz. 14; Haas in: Gottwald, InsR-Hdb., § 94 Rz. 170; Blaurock, Rz. 17.112 f.

665 Ebenroth/Boujong/Joost/Gehrlein, HGB, § 236 Rz. 19; GroßkommHGB/Zutt, § 236 Rz. 20; KP-Lüke, InsO, § 84 Rz. 15; Hess/Weis/Wienberg, InsO, § 84 Rz. 5; Blaurock, Rz. 17.112; zu § 16 KO: Kuhn/Uhlenbruck, KO § 16 Rz. 6a; Koenigs, S. 322.

666 Vgl. dazu schon D. V. 2.

667 Uhlenbruck/Hirte, InsO, § 84 Rz. 1; MünchKommInsO/Stodolkowitz, § 84 Rz. 1.

nicht zum Tragen kommt. Soweit dem Geschäftsinhaber überhaupt einmal wegen eines sich in der Auseinandersetzung ergebenden Passivsaldos eine Insolvenzforderung zusteht, hat er als Inhaber des Unternehmens alle Informationen in der Hand, um seinen Anspruch der Höhe nach präzise zu berechnen und sodann in eben dieser Höhe zur Tabelle anzumelden. Die Frage nach einem etwa bestehenden Auskunftsanspruch stellt sich nicht.

Wegen des Fehlens einer dinglichen Gemeinschaft ist jedoch eine Auseinandersetzung außerhalb des Insolvenzverfahrens ohnehin zwingend, ohne dass es dazu eines Rückgriffs auf die Vorschrift des § 84 Abs. 1 S. 1 InsO bedürfte.[668] Die Einlage des stillen Gesellschafters befindet sich nach § 230 HGB im alleinigen Vermögen des Geschäftsinhabers. Das Geschäftsinhaber-Unternehmen wird aber durch die Insolvenz des Stillen in keiner Weise berührt. Da der Stille keine dingliche Berechtigung bezüglich der Einlage hat, steht nicht zu befürchten, dass ein im Gemeinschaftseigentum stehender Vermögensgegenstand zu Lasten eines unbeteiligten Dritten zur Insolvenzmasse gezogen und ungerechtfertigterweise dem Insolvenzbeschlag unterworfen werden könnte. Für den Geschäftsinhaber bedeutet daher die Tatsache, dass die Auflösung in Folge der Insolvenz des stillen Gesellschafters stattfindet, hinsichtlich der Art und Weise der Auseinandersetzung keine Besonderheiten gegenüber einer Auflösung der stillen Gesellschaft aus sonstigem Grund. Er wird die Forderungsberechnung in Anwendung des § 235 HGB in gleicher Weise durchführen, wie er es auch sonst getan hätte[669] und dem Insolvenzverwalter Auskunft über die Höhe des sich ergebenden Schlussguthabens erteilen. Ergibt sich daraus ein positiver Saldo zu Gunsten des stillen Gesellschafters, wird der Geschäftsinhaber diesen Betrag - nicht anders als wenn er vom Stillen ein Darlehen erhalten hätte - zur Insolvenzmasse einzahlen. Erfüllt der Geschäftsinhaber diese Verpflichtung nicht freiwillig, kann der Insolvenzverwalter im Rahmen seiner Verfügungsbefugnis aus § 80 Abs. 1 InsO Klage auf Leistung zur Masse erheben. Von der Auseinandersetzung erfasst wird auch die Abwicklung der schwebenden Geschäfte im Sinne des § 235 Abs. 2 HGB, an denen der stille Gesellschafter nach Auflösung zu beteiligen ist. Das Wahlrecht des Insolvenzverwalters aus § 103 InsO kann naturgemäß nicht zur Anwendung gelangen, da es sich bei den schwebenden Geschäften nicht um solche des Schuldners, sondern ausschließlich um solche des nicht insolvenzbefangenen Geschäftsinhabers handelt.

---

[668] MünchKommHGB/K. Schmidt, § 236 Rz. 44; MünchKommInsO/Stodolkowitz, § 84 Rz. 12.

[669] MünchKommHGB/K. Schmidt, § 236 Rz. 44; Heckel, S. 87.

Zutreffend ist daher die Auseinandersetzung auch für den Fall der Insolvenz des stillen Gesellschafters außerhalb des Insolvenzverfahrens vorzunehmen - einer Analogie zu der Vorschrift des § 84 Abs. 1 S. 1 InsO bedarf es dazu allerdings nicht.

Ein Absonderungsrecht des Geschäftsinhabers nach § 84 Abs. 1 S. 2 InsO liegt schon angesichts von Sinn und Zweck dieser Regelung, die ein gemeinschaftliches Vermögen voraussetzt, fern. Ihre Anwendung wird, soweit ersichtlich, auch nicht vertreten.[670]

[670] Vgl. zur Unanwendbarkeit des § 84 Abs. 1 S. 2 InsO im Fall der Insolvenz des Geschäftsinhabers KP-Lüke, InsO, § 84 Rz. 16; Breutigam/Blersch/Goetsch, InsO, § 84 Rz. 5; Uhlenbruck/Hirte, InsO, § 84 Rz. 6; v. Gerkan in: Röhricht/G. v. Westphalen, HGB, § 236 Rz. 7; MünchKommHGB/K. Schmidt, § 236 Rz. 21; Blaurock, Rz. 17.56; MünchHdb. StG/Polzer, § 93 Rz. 6; ebenso zu § 51 KO: BGH v. 18.12.1954 - II ZR 177/53, BB 1955, 331; Kilger/K. Schmidt, KO, § 51 Rz. 1; Kuhn/Uhlenbruck, KO, § 51 Rz. 1; Schlegelberger/K. Schmidt, HGB, § 341 Rz. 18; GroßkommHGB/Zutt, § 236 Rz. 8; Koenigs, S. 308.

F. Zusammenfassung der wesentlichen Ergebnisse

I. Begriff und Erscheinungsformen

Die stille Gesellschaft ist durch eine weitgehende Dispositivität der in den §§ 230 ff. HGB niedergelegten Vorschriften gekennzeichnet. Dies führt dazu, dass sich die stille Gesellschaft in der praktischen Anwendung vor dem Hintergrund einer Vielzahl denkbarer Gesellschaftszwecke zu einem stark ausdifferenzierten Gesellschaftstyp entwickelt hat. Wesentliche Fragestellungen mit Bezug auf die stille Gesellschaft lassen sich daher - unabhängig von der Bezeichnung als „typisch" oder „atypisch" - nur im Kontext des konkreten Gesellschaftsvertrages beantworten. Der Anwendungsbereich der §§ 230 ff. HGB wird zudem dadurch erheblich erweitert, dass auch partiarische Darlehen sachgerechterweise dem Recht der stillen Gesellschaft zu unterstellen sind.
Die stille Gesellschaft ist - obwohl Gesellschaft im Rechtssinne - maßgeblich dadurch gekennzeichnet, dass der stillen Einlage aufgrund der gesetzgeberischen Regelung *im Grundsatz* Fremdkapitalcharakter im Sinne eines qualifizierten Kredits zukommt, was besonders anhand der Vorschrift des § 236 HGB deutlich wird. Um der durch diese Besonderheit gekennzeichneten Stellung der stillen Gesellschaft im System der Personengesellschaften gerecht zu werden, sollte zwischen dem Einlage- und dem Organisationsverhältnis differenziert werden.

Als Innengesellschaft ohne eigenes Gesellschaftsvermögen ist die stille Gesellschaft als solche nicht insolvenzfähig, denkbar ist lediglich die Insolvenz eines ihrer Gesellschafter.

II. Insolvenz des Geschäftsinhabers

In der Insolvenz des Geschäftsinhabers wird die stille Gesellschaft gemäß § 728 Abs. 2 S. 1 BGB aufgelöst. Nur ausnahmsweise ist in der stillen Publikumsgesellschaft für den Fall der Privatinsolvenz eines Geschäftsinhabers, der das Unternehmen treuhänderisch für die Stillen führt, eine (u. U. stillschweigende) Fortsetzungsvereinbarung im Sinne von § 736 BGB zulässig; die Gesellschaft wird dann als BGB-Gesellschaft unter den Stillen weitergeführt.

Typischerweise ist die Rechtsstellung des stillen Gesellschafters in der Insolvenz durch die Regelung des § 236 HGB gekennzeichnet, wonach ihm hinsichtlich des seinen Anteil am Verlust übersteigenden Betrages die Stellung eines Insolvenzgläubigers eingeräumt wird; eine rückständige Einlage muss er nur noch insoweit in die Insolvenzmasse einzahlen, als dies zur Deckung seines Verlustanteils erforderlich ist. Der stille Gesellschafter ist sodann Insolvenzgläubiger im Sinne des § 38 InsO mit allen verfahrensmäßigen Rechten. Allerdings können sich im Einzelfall zahlreiche Konstellationen ergeben, in denen die Vorschrift des § 236 HGB überlagert wird oder gänzlich unanwendbar ist, da der stillen Einlage Haftkapitalcharakter zukommt.

Dies kommt zum einen aufgrund einer (qualifizierten) Rangrücktrittsvereinbarung in Betracht. Daneben kann aus der gesellschaftsvertraglichen Ausgestaltung der stillen Gesellschaft eine Einordnung der stillen Einlage als materielles Haftkapital folgen, weil der stille Gesellschafter derart in das Unternehmen des Geschäftsinhabers eingebunden ist, dass die Prämisse von der Nähe des stillen Gesellschafters zu einem Kreditgeber aufzugeben ist. Insoweit ist darauf abzustellen, ob der stille Gesellschafter - bei rechtsformspezifischer Differenzierung - aufgrund gesteigerter Verwaltungsrechte unternehmerischen Einfluss ausüben kann und er schuldrechtlich am Gesellschaftsvermögen beteiligt ist, sofern seine Einlage in Nutzungs- und Investitionsfunktion dem von Gesellschafterseite überlassenen Eigenkapital vergleichbar ist. Eine Sonderform materiellen Eigenkapitals stellen Finanzplanabreden dar.
Ist die stille Einlage als materielles Haftkapital zu qualifizieren, ist die Vorschrift des § 236 HGB insgesamt unanwendbar.

Des Weiteren kann die stille Einlage dem Anwendungsbereich des Kapitalersatzrechts unterfallen, wenngleich dies im Umkehrschluss nicht bedeutet, dass alle kapitalersetzenden Darlehen als stille Gesellschaften zu behandeln wären. Ist der stille Gesellschafter nicht unmittelbar an der Inhabergesellschaft beteiligt, ist er dem Normadressatenkreis zuzurechnen, soweit er hinsichtlich Vermögensbeteiligung und Mitwirkungsrechten einem Gesellschafter der Inhabergesellschaft vergleichbar ist. In der Aktiengesellschaft und der SE wird hierfür allerdings regelmäßig ein Besitz von mindestens 25 % des Aktienkapitals zu fordern sein. Rechtsfolge ist der Nachrang der Insolvenzforderung wegen der Einlage gemäß § 39 Abs. 1 Nr. 5 InsO. Die Privilegierungen des § 32a Abs. 3 S. 2 und 3 GmbHG greifen auch zu Gunsten des Stillen.

Die Qualifizierung der stillen Einlage beeinflusst ihren Ansatz im Überschuldungsstatus. Neben der typischen ist auch die eigenkapitalersetzende stille Einlage nach einer kritisch zu betrachtenden Entscheidung des Bundesgerichtshofs[671] bei der Feststellung der Überschuldung als Verbindlichkeit zu

[671] V. 8.1.2001 - II ZR 88/99, NJW 2001, 1280.

berücksichtigen, solange der stille Gesellschafter nicht einen umfassenden Rangrücktritt des Inhalts erklärt, dass er die Leistung nur aus künftigen Bilanzgewinnen oder aus einem Liquidationsüberschuss zurückfordern werde.

Die Durchführung der Auseinandersetzung erfolgt entgegen der überwiegenden Meinung *ohne* Heranziehung des § 84 Abs. 1 S. 1 InsO, der seinem Normzweck nach ein - bei der stillen Gesellschaft nicht vorhandenes - dinglich gebundenes Vermögen voraussetzt. Es hat sich gezeigt, dass der von der herrschenden Meinung verfolgte rechtsfolgenorientierte Ansatz mit Blick auf die Besonderheiten des insolvenzrechtlichen Feststellungsverfahrens entbehrlich ist. Insbesondere steht dem stillen Gesellschafter unabhängig von der Vorschrift des § 84 Abs. 1 S. 1 InsO ein Auskunfts- und Rechnungslegungsanspruch gegen den Insolvenzverwalter zu, den er gegebenenfalls auch vor Forderungsanmeldung im Klagewege durchsetzen kann. Dadurch wird er in die Lage versetzt, eine konkret bezifferte Forderung anzumelden.
Zwar bleibt auf diese Weise das Risiko eines Widerspruchs im Prüfungstermin bestehen, dieses Risiko hat der stille Gesellschafter jedoch, nachdem ihm die Berechungsgrundlagen seines Anspruches zugänglich sind, wie alle anderen Insolvenzgläubiger zu tragen.
Ein Absonderungsrecht nach § 84 Abs. 1 S. 2 InsO kommt nicht in Betracht.

Im Rahmen des Insolvenzanfechtungsrechts ist festzuhalten, dass das speziell auf die stille Gesellschaft zugeschnittene Anfechtungsrecht des § 136 InsO als Schutz der Masse vor Schmälerungen durch Insiderwissen zu verstehen ist. Ausgehend davon, dass partiarische Darlehensverträge dem Recht der stillen Gesellschaft zu unterstellen sind, findet die Regelung auch auf diese Rechtsverhältnisse uneingeschränkt Anwendung. Sie sollte darüber hinaus auf alle Formen langfristiger Fremdfinanzierung von Unternehmen analog angewendet werden, da insbesondere institutionelle Kreditgeber sich regelmäßig Informations- und Kontrollrechte einräumen lassen, die denen des § 233 HGB entsprechen oder sogar darüber hinausgehen. Als langfristig in diesem Sinne sind in Anlehnung an § 285 Nr. 1 a) HGB bzw. § 9 Abs. 1 Nr. 2, Abs. 2 Nr. 4 RechKredV Kreditverhältnisse mit einer Laufzeit von mehr als fünf Jahren anzusehen.

III. Insolvenz des stillen Gesellschafters

Auch durch die Eröffnung eines Insolvenzverfahrens über das Vermögen des stillen Gesellschafters wird die stille Gesellschaft gemäß § 728 Abs. 1 S. 2 BGB aufgelöst, um dessen Gläubigern ein zugunsten des stillen Gesellschafters bestehendes Einlageguthaben als Haftungsmasse zuzuführen. Allerdings ist in der mehrgliedrigen stillen Gesellschaft eine Fortsetzungsvereinbarung im Sinne des § 736 BGB zulässig.

Die Auseinandersetzung findet auch hier außerhalb des Insolvenzverfahrens statt, ohne dass es dazu der Vorschrift des § 84 Abs. 1 S. 1 InsO bedürfte, die eine - im Rahmen der stillen Gesellschaft gerade nicht vorhandene - dingliche Gemeinschaft voraussetzt. Sie ist in der Insolvenz des Stillen mit Blick auf die Rechtsfolgen erst recht entbehrlich, da hier der Insolvenzverwalter als Gläubiger auftritt. Das insolvenzrechtliche Feststellungsverfahren und die damit verbundenen Schwierigkeiten der Forderungsberechnung kommen damit nicht zum Tragen. Ein Absonderungsrecht nach § 84 Abs. 1 S. 2 InsO kommt auch in der Insolvenz des stillen Gesellschafters nicht in Betracht.

Literaturverzeichnis

Altmeppen, Holger: Anmerkung zu BGH, Urteil vom 8.1.2001, ZIP 2001, S. 240 ff.

Ders.: Kapitalersatz und Rangrücktritt unter Geltung der InsO, ZHR 164 (2000), S. 349 ff.

Ders.: Verschlimmbesserungen im Kapitalersatzrecht, ZIP 1996, S. 1455.

Aulinger, Leonhard: Die atypische stille Gesellschaft, Düsseldorf 1955.

Bauer, Kilian: Die Passivierung eigenkapitalersetzender Gesellschafterforderungen im Überschuldungsstatus, ZInsO 2001, S. 486 ff.

Baumbach, Adolf/Hopt, Klaus J.: Handelsgesetzbuch, 32. Auflage, München 2006.

Baumbach, Adolf/Hueck, Alfred: GmbH-Gesetz, 18. Auflage, München 2006.

Beintmann, Ulrike: Eigenkapitalersetzende Gesellschafterdarlehen im Überschuldungsstatus, Bielefeld 1998.

Benne, Dietmar: Haftungsdurchgriff in der GmbH, insbesondere im Fall der Unterkapitalisierung, Köln 1978.

Blaurock, Uwe: Handbuch der stillen Gesellschaft, 6. Auflage, Köln 2003.

Ders.: Zur stillen Beteiligung mehrerer Personen an einer Apotheke, NJW 1972, S. 1119 ff.

Bork, Reinhard: Einführung in das Insolvenzrecht, 4. Auflage, Tübingen 2005.

Ders.: Aktuelle Probleme des Aktienrechts, ZIP 1990, S. 1037 ff.

Böttcher, Conrad/Zartmann, Hugo/Faut, Eberhard: Stille Gesellschaft und Unterbeteiligung, 3. Auflage, Stuttgart 1978.

Breutigam, Axel/Blersch, Jürgen/Goetsch, Hans W.: Insolvenzrecht, Band 1, Kommentierung §§ 1-173 InsO, Loseblattsammlung, Stand: April 2004.

Döllerer, Georg: Die atypische stille Gesellschaft – gelöste und ungelöste Probleme, DStR 1985, S. 295 ff.

Dörrie, Robin: Das Sanierungsprivileg des § 32a Abs. 3 Satz 3 GmbHG, ZIP 1999, S. 12 ff.

Düringer, Adelbert/Hachenburg, Max: Handelsgesetzbuch, II. Band, 2. Hälfte, §§ 105-177, 335-342, 3. Auflage, Mannheim, Berlin, Leipzig 1932 (zitiert: Düringer/Hachenburg/Bearbeiter, HGB).

Ebenroth, Carsten Thomas/Boujong, Karlheinz/Joost, Detlev: Handelsgesetzbuch, München 2001 (zitiert: Ebenroth/Boujong/Joost/Bearbeiter, HGB).

Engler, Carsten: Die Kommanditgesellschaft (KG) und die stille Gesellschaft im Allgemeinen Deutschen Handelsgesetzbuch (ADHGB) von 1861, Frankfurt a. M. 1999.

Ensthaler, Jürgen: Gemeinschaftskommentar zum Handelsgesetzbuch, 6. Auflage, Neuwied, Kriftel, Berlin 1999 (zitiert: GK-HGB/Bearbeiter).

Fischer, Roland: Die Bedeutung eines Rangrücktritts für den Überschuldungsstatus einer GmbH, GmbHR 2000, S. 66 ff.

Fleck, Hans-Joachim: Die Bilanzierung kapitalersetzender Gesellschafterdarlehen in der GmbH, Festschrift für Döllerer, 1988, S. 109 ff.

Fleischer, Holger: Der Finanzplankredit im Gesamtgefüge der einlagegleichen Gesellschafterleistungen, DStR 1999, S. 1774 ff.

Ders.: Covenants und Kapitalersatz, ZIP 1998, S. 313 ff.

Ders.: Eigenkapitalersetzende Gesellschafterdarlehen und Überschuldungsstatus, ZIP 1996, S. 773 ff.

Ders.: Finanzplankredite und Eigenkapitalersatz im Gesellschaftsrecht, Köln 1995.

Flume, Werner: Allgemeiner Teil des Bürgerlichen Rechts, erster Band, erster Teil, Die Personengesellschaft, Berlin 1977.

Frege, Michael/Keller, Ulrich/Riedel, Ernst: Insolvenzrecht, 6. Auflage, München 2002.

Geck, Reinhard: Die Auflösung der stillen Gesellschaft unter besonderer Berücksichtigung der Auseinandersetzung, DStR 1994, S. 657 ff.

Gerkan, Hartwin von: Der Entwurf des „Kapitalaufnahmeerleichterungsgesetzes" und das Recht des Eigenkapitalersatzes, GmbHR 1997, S. 677 ff.

Ders.: Schwerpunkte und Entwicklungen im Recht der kapitalersetzenden Gesellschafterleistungen, GmbHR 1986, S. 218 ff.

Gerkan, Hartwin von/Hommelhoff, Peter (Hrsg.): Handbuch des Kapitalersatzrechts, 1. Auflage, Köln 2000 (zitiert: v. Gerkan/Hommelhoff/Bearbeiter (1. Aufl.)).

Dies.: Handbuch des Kapitalersatzrechts, 2. Auflage, Köln 2002 (zitiert: v. Gerkan/Hommelhoff/Bearbeiter).

Goette, Wulf: Anmerkung zu BGH, Urteil vom 8.1.2001, DStR 2001, S. 179 ff.

Ders.: Einige Aspekte des Kapitalersatzrechts aus richterlicher Sicht, ZHR 162 (1998), S. 223 ff.

Ders.: Die höchstrichterliche Rechtsprechung zur Behandlung eigenkapitalersetzender Leistungen im GmbH-Recht, DStR 1997, S. 2027 ff.

Ders.: Anmerkung zu BGH, Beschluss vom 28.9.1995, DStR 1995, S. 1843 f.

Gottwald, Peter (Hrsg.): Insolvenzrechtshandbuch, 3. Auflage, München 2006 (zitiert: Bearbeiter in: Gottwald, InsR-Hdb.).

Groh, Manfred: Eigenkapitalersatz in der Bilanz, BB 1993, S. 1882 ff.

Großkommentar zum Aktiengesetz: §§ 92-94 (11. Lieferung), 4. Auflage, Berlin 1999, §§ 179-191 (5. Lieferung), 4. Auflage, Berlin 1995 (zitiert: GroßkommAktG/Bearbeiter)

Grunewald, Barbara: Gesellschaftsrecht, 6. Auflage, Tübingen 2005.

Haarmeyer, Hans/Wutzke, Wolfgang, Förster, Karsten: Handbuch zur Insolvenzordnung, 3. Auflage, München 2001.

Habersack, Mathias: Grundfragen der freiwilligen oder erzwungenen Subordination von Gesellschafterkrediten, ZGR 2000, S. 384 ff.

Ders.: Eigenkapitalersatz im Gesellschaftsrecht, ZHR 162 (1998), S. 201 ff.

Ders.: Der Finanzplankredit und das Recht der eigenkapitalersetzenden Gesellschafterhilfen, ZHR 161 (1997), S. 457 ff.

Hachenburg, Max/Ulmer, Peter: GmbHG, Band 1, §§ 1-34, 8. Auflage, Berlin 1992, Band 3, §§ 53-85, 8. Auflage, Berlin 1997.

Häger, Michael/Elkemann-Reusch, Manfred: Mezzanine Finanzierungsinstrumente, Berlin 2004.

Hartmann, Bernhard: Der ausscheidende Gesellschafter in der Wirtschaftspraxis, 4. Auflage, Köln 1983.

Hartmann, Peter: Die stille Gesellschaft, 2. Auflage, Freiburg 1974.

Häsemeyer, Ludwig: Insolvenzrecht, 3. Auflage, Köln 2003.

Heckel, Sven-Olaf: Innengesellschaften im Konkurs, Frankfurt am Main 1990.

Heidelberger Kommentar zur Insolvenzordnung, 4. Auflage, Heidelberg 2006 (zitiert: HK-Bearbeiter, InsO).

Hellner, Thorwald/Steuer, Stephan: Bankrecht und Bankpraxis, Band 2, Loseblattsammlung, Stand: Januar 2006 (zitiert: Hellner/Steuer/Bearbeiter).

Hense, Heinz Hermann: Die stille Gesellschaft im handelsrechtlichen Jahresabschluss, Düsseldorf 1990.

Hess, Harald/Obermüller, Manfred: Insolvenzplan, Restschuldbefreiung und Verbraucherinsolvenz, 3. Auflage, Heidelberg 2003.

Hess, Harald/Weis, Michaela/Wienberg, Rüdiger: Insolvenzordnung, Band 1, 2. Auflage, Heidelberg 2001.

Hey, Andreas: Eigenkapitalersetzender Charakter der stillen Einlage des GmbH-Gesellschafters, GmbHR 2001, S. 1100 ff.

Heymann, Ernst: Handelsgesetzbuch, Band 2, 2. Auflage, Berlin 1996 (zitiert: Heymann/Bearbeiter, HGB).

Hirte, Heribert: Kapitalgesellschaftsrecht, 5. Auflage, Köln 2006 (zitiert: Hirte, KapGesR).

Ders.: Bilanzierung kapitalersetzender Darlehen im Überschuldungsstatus, DStR 2000, S. 1829 ff.
Ders.: Das Kapitalersatzrecht nach Inkrafttreten der Reformgesetzgebung, ZInsO 1998, S. 147 ff.
Hommelhoff, Peter: Eigenkapitalersetzende Gesellschafterdarlehen und Konkursantragspflicht, Festschrift für Döllerer, 1988, S. 245 ff.
Huber, Ulrich: Vermögensanteil, Kapitalanteil und Gesellschaftsanteil an Personalgesellschaften des Handelsrechts, Heidelberg 1970.
Hueck, Alfred: Die stille Beteiligung bei Handelsgesellschaften, Festschrift für Lehmann, 1937, S. 239 ff.
Hueck, Götz/Windbichler, Christine: Gesellschaftsrecht, 20. Auflage, München 2003.
Huffer, Henning: Das partiarische Rechtsgeschäft als Rechtstypus, München 1970.
Hüffer, Uwe: Aktiengesetz, 7. Auflage, München 2006.

Jaeger, Ernst: Konkursordnung, §§ 1-42, 9. Auflage, Berlin 1997, Stand der Bearbeitung §§ 10-18: November 1979 (zitiert: Jaeger/Bearbeiter, KO).
Joost, Detlev: Eigenkapitalersetzende Kommanditistenleistungen, ZGR 1987, S. 370 ff.
Junker, Abbo: Das eigenkapitalersetzende Aktionärsdarlehen, ZHR 156 (1992), S. 394 ff.

Keßler, Jürgen: Zivilrechtliche Haftungsrisiken der Betriebsaufspaltung, GmbHR 1993, S. 541 ff.
Kilger, Joachim/Schmidt, Karsten: Insolvenzgesetze, KO/VglO/GesO, 17. Auflage, München 1997.
Klauss, Herbert/Mittelbach, Rolf: Die stille Gesellschaft, 2. Auflage, Ludwigshafen 1980.
Klöpper, Beatrice: Kündigung und Abfindung stiller Gesellschafter, Bielefeld 1998.
Knobbe-Keuk, Brigitte: Bilanz- und Unternehmenssteuerrecht, 9. Auflage, Köln 1993.
Dies.: Stille Beteiligung und Verbindlichkeiten mit Rangrücktrittsvereinbarung im Überschuldungsstatus und in der Handelsbilanz des Geschäftsinhabers, ZIP 1983, S. 127 ff.
Koenigs, Folkmar: Die stille Gesellschaft, Berlin 1961.
Koller, Ingo/Roth, Wulf-Henning/Morck, Winfried: Handelsgesetzbuch, 5. Auflage, München 2005.

Kollhosser, Helmut: Kredite als Eigenkapitalersatz bei stillen Kapitalbeteiligungen?, WM 1985, S. 929 ff.

Kölner Kommentar zum Aktiengesetz, Band 1, §§ 1-75 AktG, 2. Auflage, Köln 1988, Band 2, §§ 76-117 AktG, 2. Auflage, Köln 1996, Stand der Bearbeitung §§ 76-94 AktG: Dezember 1988, Band 6, §§ 15-22, 291-328 AktG, 3. Auflage, Köln 2004 (zitiert: KölnKommAktG/Bearbeiter).

Kübler, Bruno M./Prütting, Hanns: Kommentar zur Insolvenzordnung, Band I und Band II, Loseblattsammlung, Stand: August 2006 (zitiert: KP-Bearbeiter, InsO).

Kübler, Friedrich/Assmann, Heinz-Dieter: Gesellschaftsrecht, 6. Auflage, Heidelberg 2006.

Kuhn, Georg/Uhlenbruck, Wilhelm: Konkursordnung, 11. Auflage, München 1994.

Kühnle, Horst: Stille Gesellschaft und partiarisches Darlehen, Köln 1967.

Lang/Weidmüller: Genossenschaftsgesetz, 34. Auflage, Berlin 2005 (zitiert: Lang/Weidmüller/Bearbeiter, GenG).

Larenz, Karl: Lehrbuch des Schuldrechts, Band 2, 9. Auflage, München 1968, 10. Auflage, München 1972 (zitiert: Larenz, SchuldR II).

Larenz, Karl/Canaris, Klaus-Wilhelm: Lehrbuch des Schuldrechts, Band 2, Halbband 2, 13. Auflage, München 1994.

Dies.: Methodenlehre der Rechtswissenschaft, 3. Auflage, Berlin 1995.

Livonius, Barbara: Passivierung von Forderungen mit Rangrücktritt im Überschuldungsstatus nach der Insolvenzordnung, ZInsO 1998, S. 309 ff.

Lübbert, Erich: Die rechtliche Natur der stillen Gesellschaft unter besonderer Berücksichtigung ihrer historischen Entwicklung, ZHR 58 (1906), S. 464 ff.

Lutter, Marcus: Zahlungseinstellung und Überschuldung unter der neuen Insolvenzordnung, ZIP 1999, S. 641 ff.

Lutter, Marcus/Hommelhoff, Peter: GmbH-Gesetz, 16. Auflage, Köln 2004.

Dies.: Nachrangiges Haftkapital und Unterkapitalisierung in der GmbH, ZGR 1979, S. 31 ff.

Manz, Gerhard/Mayer, Barbara/Schröder, Albert: Europäische Aktiengesellschaft, Baden-Baden 2005.

Medicus, Dieter: Schuldrecht, Besonderer Teil, 13. Auflage, München 2006.

Michalski, Lutz/de Vries, K.: Eigenkapitalersatz, Unterkapitalisierung und Finanzplankredite, NZG 1999, S. 181 ff.

Mincke, Wolfgang: Kreditsicherung und kapitalersetzende Darlehen, ZGR 1987, S. 521 ff.

Münchner Kommentar zum Aktiengesetz, Band 8, §§ 278-328, 2. Auflage, München 2000 (zitiert: MünchKommAktG/Bearbeiter).
Münchner Kommentar zum Bürgerlichen Gesetzbuch, Band 5, §§ 705-853, 4. Auflage, München 2004 (zitiert: MünchKommBGB/Bearbeiter).
Münchner Kommentar zum Handelsgesetzbuch, Band 3, §§ 161-237, Konzernrecht der Personengesellschaften, München 2002 (zitiert: MünchKomm-HGB/Bearbeiter).
Münchner Kommentar zur Insolvenzordnung, Band 1, §§ 1-102 InsO, InsVV, München 2001, Band 2, §§ 103-335 InsO, München 2003 (zitiert: MünchKommInsO/Bearbeiter).

Nerlich, Jörg/Römermann, Volker: Insolvenzordnung, Loseblattsammlung, Stand: April 2006 (zitiert: Nerlich/Römermann bzw. Nerlich/Römermann/Bearbeiter, InsO).
Noack, Ulrich: Gesellschaftsrecht, Köln 1999.

Paulick, Heinz: Handbuch der stillen Gesellschaft, 3. Auflage, Köln 1981.
Pentz, Andreas: Die Änderungen und Ergänzungen der Kapitalersatzregeln im GmbH-Gesetz, GmbHR 1999, S. 437 ff.
Pichler, Jens: Unternehmenssanierung auf Grundlage des geänderten § 32a GmbHG, WM 1999, S. 411 ff.
Post, Manfried/Hoffmann, Günther F.: Die stille Beteiligung am Unternehmen der Kapitalgesellschaft, 2. Auflage, Bielefeld 1984.
Priester, Hans-Joachim: Kurzkommentar zu BGH, Urteil vom 8.1.2001, EWiR 2001, S. 329 f.
Ders.: Sind eigenkapitalersetzende Gesellschafterdarlehen Eigenkapital?, DB 1991, S. 1917 ff.
Ders.: Gläubigerrücktritt zur Vermeidung der Überschuldung, DB 1977, S. 2429 ff.
Puchelt, Ernst Sigismund (Hrsg.): ADHGB, Band I, 4. Auflage 1893 (zitiert: Puchelt/Bearbeiter, ADHGB).

Rasner, Henning: Die atypische stille Gesellschaft, Bielefeld 1961.
Renner, Cornelius: Die Stellung des atypischen stillen Gesellschafters in der Insolvenz des Geschäftsinhabers, ZIP 2002, S. 1430 ff.
Reusch, Peter: Die stille Gesellschaft als Publikumspersonengesellschaft, Berlin 1989.
Ders.: Eigenkapital und Eigenkapitalersatz im Rahmen der stillen Gesellschaft, BB 1989, S. 2358 ff.

Reuter, Dieter: Verbesserung der Risikokapitalausstattung der Unternehmen durch Mitarbeiterbeteiligung?, NJW 1984, S. 1849 ff.

Riegger, Bodo/Weipert, Lutz (Hrsg.): Münchner Handbuch des Gesellschaftsrechts, Band 2, 2. Auflage, München 2004 (zitiert: MünchHdb. StG/Bearbeiter).

Röhricht, Volker/Graf von Westphalen, Friedrich (Hrsg.): Handelsgesetzbuch, 2. Auflage, Köln 2001 (zitiert: Bearbeiter in: Röhricht/G. v. Westphalen).

Roth, Günter H./Altmeppen, Holger: GmbHG, 5. Auflage, München 2005.

Rowedder, Heinz/Schmidt-Leithoff, Christian: GmbHG, 4. Auflage, München 2002 (zitiert: Rowedder/Schmidt-Leithoff bzw. Rowedder/Schmidt-Leithoff/Bearbeiter, GmbHG).

Rümker, Dietrich: Formen kapitalersetzender Gesellschafterdarlehen in der Bankpraxis, Festschrift für Stimpel, 1985, S. 673 ff.

Ders.: Überlegungen zur gesellschafterlichen Finanzierungsverantwortung, ZGR 1988, S. 494 ff.

Schlegelberger, Franz: Handelsgesetzbuch, Band III/2. Halbband, §§ 161-177a, 335-342 (230-237 n. F.), 5. Auflage, München 1986 (zitiert: Schlegelberger/Bearbeiter, HGB).

Schlitt, Michael: Die GmbH & Co. KG in der Insolvenz nach neuem Recht, NZG 1998, S. 701 ff.

Ders.: Die Informationsrechte des stillen Gesellschafters in der typischen stillen Gesellschaft und in der Publikumspersonengesellschaft, Berlin 1996.

Schmid, Jürgen/Hamann, Hartmut: Die Einlage des atypisch stillen Gesellschafters als haftendes Eigenkapital, DStR 1992, S. 950 ff.

Schmidt, Harry: Stille Gesellschaft und AGB-Gesetz, ZHR 159 (1995), S. 734 ff.

Schmidt, Karsten: Gesellschaftsrecht, 4. Auflage, München 2002 (zitiert: K. Schmidt, GesR).

Ders.: Eigenkapital und Überschuldungsfeststellung, GmbHR 1999, S. 9 ff.

Ders.: Finanzplanfinanzierung, Rangrücktritt und Eigenkapitalersatz, ZIP 1999, S. 1241 ff.

Ders.: Zwerganteile im GmbH-Kapitalersatzrecht, ZIP 1996, S. 1586 ff.

Ders.: Quasi-Eigenkapital als haftungsrechtliches und bilanzielles Problem, Festschrift für Goerdeler, 1987, S. 487 ff.

Ders.: Konkursgründe und präventiver Gläubigerschutz, AG 1978, S. 334 ff.

Ders.: Das Vollstreckungs- und Insolvenzrecht der stillen Gesellschaft, KTS 1977, S. 1 ff. und S. 65 ff.

Ders.: Die Kreditfunktion der stillen Einlage, ZHR 140 (1976), S. 475 ff.

Ders.: Die Vertragsparteien bei der stillen Beteiligung, DB 1976, S. 1705 ff.
Schmidt, Karsten/Jungmann, Carsten: Anmeldung von Insolvenzforderungen mit Rechnungslegungslast des Schuldners, NZI 2002, S. 65 ff.
Schmidt, Karsten/Uhlenbruck, Wilhelm: Die GmbH in Krise, Sanierung und Insolvenz, 3. Auflage, Köln 2003 (zitiert: K. Schmidt/Uhlenbruck bzw. K. Schmidt/Uhlenbruck/Bearbeiter).
Schmidt, Ludwig: Einkommensteuergesetz, 25. Auflage, München 2006.
Schneider, Uwe H./Reusch, Peter: Die Vertretung und die Mitwirkung der Gesellschafter bei der Gründung einer GmbH & Still, DB 1989, S. 713 ff.
Scholz, Franz: Kommentar zum GmbH-Gesetz, Band 1, §§ 1-44, Konzernrecht, 9. Auflage, Köln 2000, Band 2, §§ 45-87, 9. Auflage, Köln 2002 (zitiert: Scholz/Bearbeiter, GmbHG).
Schön, Wolfgang: Gibt es das partiarische Darlehen?, ZGR 1993, S. 210 ff.
Schubert, Werner (Hrsg.): Protokolle der Commission zur Berathung eines allgemeinen deutschen Handelsgesetz-Buches, Band 9, Nachdruck der Ausgabe Nürnberg 1861, Frankfurt am Main 1984.
Schulze-Osterloh, Joachim: Der atypische stille Gesellschafter ist der typische stille Gesellschafter!, Festschrift für Kruse, 2001, S. 377 ff.
Schulze zur Wiesche, Dieter: Die GmbH & Still, 4. Auflage, München 2003.
Sieger, Jürgen/Aleth, Franz: Finanzplankredite: Stand der Rechtsprechung und offene Fragen, GmbHR 2000, S. 462 ff.
Smid, Stefan: Insolvenzordnung, 2. Auflage, Stuttgart 2001 (zitiert: Smid bzw. Smid/Bearbeiter, InsO).
Staub: Handelsgesetzbuch, Zweiter Band, §§ 178-342, 14. Auflage, Berlin, Leipzig 1933 (zitiert: Staub/Bearbeiter, HGB).
Staub: Handelsgesetzbuch, §§ 105-237, 4. Auflage, Berlin 2004 (zitiert: GroßkommHGB/Bearbeiter).
Staudinger, Julius von: Kommentar zum Bürgerlichen Gesetzbuch mit Einführungsgesetzen und Nebengesetzen, Erstes Buch, Allgemeiner Teil, §§ 134-163, 14. Bearbeitung, Berlin 2003, §§ 164-240, 15. Bearbeitung, Berlin 2004, Zweites Buch, Recht der Schuldverhältnisse, §§ 581-597, Landpacht, §§ 598-610, 12. Auflage, Berlin 1989, §§ 705-740, 13. Bearbeitung, Berlin 2003 (zitiert: Staudinger/Bearbeiter, BGB).
Sudhoff, Heinrich: Die GmbH & Co. StG, DB 1969, S. 2069 ff.
Ders.: Gewinnanteil und Auseinandersetzungsquote des stillen Gesellschafters, NJW 1960, S. 2121 ff.

Teller, Horst/Steffan, Bernhard: Rangrücktrittsvereinbarungen zur Vermeidung der Überschuldung bei der GmbH, 3. Auflage, Köln 2003.

Thießen, Friedrich: Covenants in Kreditverträgen: Alternative oder Ergänzung zum Insolvenzrecht?, ZBB 1996, S. 19 ff.
Thümmel, Roderich C.: Die Europäische Aktiengesellschaft (SE), Frankfurt am Main 2005.

Uhlenbruck, Wilhelm: Insolvenzordnung, 12. Auflage, München 2003 (zitiert: Uhlenbruck/Bearbeiter, InsO).
Ders.: Abschreibungsgesellschaften, Düsseldorf 1974.

Vollmer, Lothar/Maurer, Torsten: Die Eignung von sanierenden stillen Beteiligungen und Sanierungsgenußscheinen zur Abwehr der Überschuldung, DB 1994, S. 1173 ff.

Wagner, Klaus-R.: Der atypisch stille Gesellschafter im Konkurs der Massengesellschaft, KTS 1979, S. 53 ff.
Wahl, Adalbert: Die Vermögenseinlage des atypischen stillen Gesellschafters in der Handelsbilanz und im Überschuldungsstatus der GmbH, GmbHR 1975, S. 169 ff.
Weigl, Gerald: Anwendungs- und Problemfelder der stillen Gesellschaft, DStR 1999, S. 1568 ff.
Weimar, Robert: Die GmbH & Still im Fortschritt des Gesellschaftsrechts, ZIP 1993, S. 1509 ff.
Ders.: Die KG & Still – eine stille Gesellschaft?, DB 1987, S. 1077 ff.
Westermann, Harm Peter: Banken als Kreditgeber und Gesellschafter, ZIP 1982, S. 379 ff.

Zacharias, Erwin/Hebig, Michael/Rinnewitz, Jürgen: Die atypisch stille Gesellschaft, 2. Auflage, Bielefeld 2000.
Zeuner, Mark: Die Anfechtung in der Insolvenz, München 1999.
Zinkeisen, Klaus: Der Umfang der Gewinnbeteiligung und des Auseinandersetzungsguthabens des stillen Gesellschafters, Hamburg 1972.

Schriften zum Wirtschafts- und Medienrecht, Steuerrecht und Zivilprozeßrecht

Herausgegeben von Jürgen Costede und Gerald Spindler

- Band 1 Reiner Fu: Die stille Gesellschaft im internationalen Steuerrecht aus deutscher Sicht. 1997.
- Band 2 Kirsten Forsblad: Restschuldbefreiung und Verbraucherinsolvenz im künftigen deutschen Insolvenzrecht. 1997.
- Band 3 Vassilios Tountopoulos: Die Reichweite der registerrechtlichen Gründungsprüfung einer AG. Eine Untersuchung unter rechtsvergleichendem Aspekt. 1998.
- Band 4 Franc Pfahl: Die Maßgeblichkeit der Handelsbilanz, ein dem Steuerbilanzrecht vorgegebenes Grundprinzip? Von der Notwendigkeit einer steuerrechtlichen Begründung der durch § 5 Abs. 1 EStG in das Steuerrecht übernommenen handelsrechtlichen Vorschriften der Gewinnermittlung. 1999.
- Band 5 Michael Schröder: Die Wertpapierhandelsaufsicht nach dem Zweiten Finanzmarktförderungsgesetz. 1998.
- Band 6 Daniela Hasche: Die Sachgründung der GmbH. 1999.
- Band 7 Oliver Wendt: Die rechtliche Problematik von Strahlenschäden. Rechtliche und rechtstatsächliche Aspekte der Haftung für Strahlenschäden unter Einbeziehung der Vorfälle in der strahlentherapeutischen Abteilung des Universitäts-Krankenhauses Eppendorf. 2000.
- Band 8 Susanne Matussek: Zum Werbungskostenbegriff im Einkommensteuerrecht. 2000.
- Band 9 Klaas Ziervogel: Rufausbeutung im Rahmen vergleichender Werbung. Veränderungen im Zuge der gesetzlichen Regelung vergleichender Werbung. 2002.
- Band 10 Sven Wortberg: Lösungsklauseln und Insolvenz. 2003.
- Band 11 Eva Ullrich: Die Zurechnung von Buchgutschriften. Zufluß und Leistungsfähigkeit im Einkommensteuerrecht. 2004.
- Band 12 Carmen Werner: Einkommensteuerrechtliche Zurechnungen bei mittelbaren Beteiligungen an Personengesellschaften. 2003.
- Band 13 Ulf Andreas Nissen: Die Online-Videokonferenz im Zivilprozess. 2004.
- Band 14 Oliver Wiegmann: Grund, Grenzen und Wirkungsweise des § 105 InsO. 2004.
- Band 15 Holger Seidler: Eigene Aktien. Eine Analyse des Aktien-, Handelsbilanz- und Kapitalmarktrechts zur Ermittlung von Deregulierungspotential und Regulierungsbedarf. 2004.
- Band 16 Stefan Eck: Providerhaftung von Konzernunternehmen. Rechtliche Zusammenschau von Konzernunternehmen bei der Verbreitung rechtsverletzender Informationen im Internet. 2004.
- Band 17 Frauke Fasold: Die einkommensteuerliche Problematik der Buchwertfortführung. Übertragung stiller Reserven und Gewinnrealisierung im Einkommensteuerrecht. 2005.
- Band 18 Thomas Linke: Selbstregulierte Streitlösung für deutsche Domains. 2005.
- Band 19 Malte Abel: Pfändungsschutz nach § 851 ZPO. Speziell die Pfändung zweckgebundener Forderungen. 2005.
- Band 20 Harriet Eidam: Typische Risiken des elektronischen Rechtsgeschäftsverkehrs. 2005.
- Band 21 Katharina Schmitz: Haftung für Links. Zur Verantwortlichkeit des Hyperlinksetzers und Suchmaschinenbetreibers unter besonderer Berücksichtigung von Verkehrs- und Garantenpflichten. 2006.
- Band 22 Thomas Miserre: Rundfunk-, Multimedia- und Telekommunikationsrecht. Abgrenzung der Anwendungsbereiche von Art. 5 I 2 GG, Rundfunkstaatsvertrag, Teledienstegesetz, Mediendienstestaatsvertrag und Telekommunikationsgesetz. 2006.

Band 23 Mona Bandehzadeh: Jugendschutz im Rundfunk und in den Telemedien. Eine Würdigung des Staatsvertrages über den Schutz der Menschenwürde und den Jugendschutz in Rundfunk und Telemedien unter verfassungsrechtlichen Aspekten. 2007.

Band 24 Judith Volkmann: Mediation im Zivilprozess. Rechtliche Rahmenbedingungen für ein gerichtsinternes Mediationsangebot. 2006.

Band 25 Tino Grattenthaler: Die Vergütung von Vorstandsmitgliedern in Aktiengesellschaften. Eine grundlegende Betrachtung mit ausgesuchten Schwerpunkten aus rechtswissenschaftlicher Sicht. 2007.

Band 26 Till Dunckel: Online-Auktionen und Wettbewerbsrecht. 2007.

Band 27 Lena Katharina Landsmann: Die stille Gesellschaft in der Insolvenz. 2007.

Simon Schilling

Insolvenz einer englischen Limited mit Verwaltungssitz in Deutschland

Frankfurt am Main, Berlin, Bern, Bruxelles, New York, Oxford, Wien, 2006.
295 S.
Europäische Hochschulschriften: Reihe 2, Rechtswissenschaft. Bd. 4393
ISBN-10: 3-631-55468-0 / ISBN-13: 978-3-631-55468-5 · br. € 51.50*

Die Arbeit behandelt die Insolvenz einer englischen Limited mit Verwaltungssitz in Deutschland. Sie begnügt sich dabei nicht mit der Darstellung der seit der Inspire Art-Entscheidung des EuGH auftretenden materiellrechtlichen Folgeprobleme bei der Anwendung deutschen Sachrechts. Vielmehr werden die beiden Varianten – Hauptverfahren in Deutschland kombiniert mit englischem Sekundärverfahren und umgekehrt – durchgespielt. Zu Beginn werden die unterschiedlichen Voraussetzungen im englischen und deutschen Insolvenzeröffnungsverfahren gegenübergestellt und einer vergleichenden Würdigung unterzogen. Es folgt eine Darstellung verfahrensrechtlicher Fragen bei der Anwendung der Europäischen Insolvenzverfahrensverordnung. In einem letzten Teil widmet sich die Arbeit schließlich der Frage nach dem anwendbaren Sachrecht.

[...] ist dieses Buch ein unentbehrlicher Begleiter für jeden mit insolvenzrechtlichen Fragen der Limited befassten Juristen, da es alle wesentlichen Aspekte des Themas systematisch und vollständig abhandelt. Dass der Autor neben der rechtsdogmatischen Aufbereitung immer bemüht ist, auch praxisnahe Lösungen anzubieten, erhöht den Wert des Buches erheblich. Das Werk sollte daher in keiner Handbibliothek eines Insolvenzrechtlers fehlen.
Zeitschrift für das gesamte Insolvenzrecht (ZInsO) 12/2006

Aus dem Inhalt: Deutsches und englisches Insolvenzeröffnungsverfahren im Anwendungsbereich der EuInsVO · Verfahrensrechtliche Besonderheiten im Rahmen eines grenzüberschreitenden Insolvenzverfahrens innerhalb der EU

Kolibri 360 GmbH
Ferdinand-Jühlke-Straße 7
99095 Erfurt, Deutschland
produktsicherheit@kolibri360.de

Druck:
CPI Druckdienstleistungen GmbH
im Auftrag der
Kolibri 360 GmbH
Ferdinand-Jühlke-Str. 7
99095 Erfurt